Felicidade

RICHARD LAYARD

Felicidade

Lições de uma nova ciência

Tradução
Maria Clara De Biase W. Fernandes

BestSeller

CIP-BRASIL. CATALOGAÇÃO-NA-FONTE
SINDICATO NACIONAL DOS EDITORES DE LIVROS, RJ.

L455f Layard, P. R. G. (P. Richard G.)
Felicidade: lições de uma nova ciência / Richard Layard; tradução Maria Clara De Biase W. Fernandes. - Rio de Janeiro: Best*Seller*, 2008.

ISBN 978-85-7684-167-8

1. Felicidade. I. Título.

08-1819 CDD: 170
CDU: 17.023.34

Título original
HAPPINESS

Capa: Sense Design
Editoração eletrônica: Abreu's System

Impresso no Brasil

ISBN 978-85-7684-167-8

Para Daniel Kahneman,
um explorador destemido

Agradecimentos

Este livro é quase uma produção conjunta — devido ao número de pessoas que me ajudaram. Nunca teria acontecido sem Daniel Kahneman. Em 1998, ele ministrou as Robbins Lectures, na London School of Economics, entusiasmando-me com a evidência de que a felicidade pode ser medida e explicada. Eu esperava ouvir essa notícia desde que escrevi pela primeira vez sobre a felicidade, em 1980, e logo decidi escrever este livro.

Fui extremamente afortunado em todos os passos. Daniel Kahneman me convidou para duas visitas importantes ao Center for Health and Well-Being, em Princeton, pelas quais sou muito grato. Disso surgiram duas conferências de dois dias na London School of Economics, uma geral e a outra sobre o primeiro rascunho deste livro, que levou à sua reescrita maciça. Ao mesmo tempo, Nicholas Humphrey,

Michael Marmot e eu dirigimos um pequeno fórum sobre a felicidade, em reuniões mensais durante um ano.

Além disso, fui convidado a ministrar as Robbins Lectures de 2003 sobre o tema "Felicidade: a ciência social tem uma pista?" Essas palestras, disponíveis na web, pareceram tocar num ponto sensível. O site recebeu 50 mil acessos e produziu mil e-mails. Sou extremamente grato a todos que escreveram.

É impossível agradecer adequadamente a todas as 35 pessoas que comentaram generosamente sobre este livro. Muitas delas também forneceram outros conselhos vitais. As pessoas que me ajudaram mais incluem:

Psicologia: Sarah Blakemore, Avshalom Caspi, David Clark, Helena Cronin, Richard Davidson, Ed Diener, Dylan Evans, Jeffrey Gray (morto tragicamente), David Halpern, Nicholas Humphrey, Felicia Huppert, Oliver James, Daniel Kahneman e Tim Shallice.

Medicina/Psiquiatria: Michael Marmot, Randolph Nesse, Steven Rose, Michael Rutter, Burton Singer, Leslie Turnberg, Simon Wessely e Lewis Wolpert.

Sociologia/Antropologia: Mary Douglas, Kate Gravron, Tony Giddens, Christopher Jencks, Sara McLanahan, Robert Putnam e Garry Runciman.

Filosofia: Roger Crisp, Keith Dowding, Bhikihu Parekh, Amartya Sen e Peter Singer.

Economia: Tim Besley, Andrew Clark, Gavyn Davies, Mike Elsby, Stanley Fischer, Richard Freeman, Bruno Frey, John Helliwell, Will Hutton, Richard Jackman, Hamish McRae, Alan Manning, Stephen Nickell, Andrew Oswald, Matthew Rabin e Robert Skidelsky.

Geral: Colin Ash, Jane Atkinson, William Barnes, Chris Beauman, Bob Gravron, Molly Meacher, Julia Neuberger, Hetan Shah e Nigel Wentworth.

É desnecessário dizer que eles nem sempre concordam comigo.

Cinco pessoas foram particularmente cruciais. Andrew Oswald foi o pioneiro dos estudos sobre a felicidade na Grã-Bretanha, primeiro na London School of Economics e depois em Warwick. Richard Davidson é o principal neuropsicólogo nesse campo e me iniciou generosamente aqui e em seu laboratório. Nicholas Humphrey e Randolph Nesse são grandes pensadores evolucionistas e Michael Marmot é um pioneiro nos aspectos sociais da saúde. Todos forneceram muito conhecimento e incentivo.

Todo o projeto dependeu do apoio da London School of Economics, que foi meu lar feliz durante quatro anos, e do Economic and Social Research Council, que financiou generosamente o Centre for Economic Performance durante os últimos 25 anos.

No Centro eu tive uma sorte incrível com a minha equipe: Linda Cleavely foi uma produtora brilhante de manuscritos; Niall Flynn um assistente de pesquisa cuidadoso e aplicado; e Marion O'Brien, como sempre, uma perfeita organizadora de minha vida. Foi-me concedido o privilégio de ter uma agente maravilhosa, Caroline Dawnay, da PFD, e, na Penguin, dois grandes editores — Scott Moyers, em Nova York, e Stuart Proffitt, em Londres — que aprimoraram muito este livro.

Molly, minha mulher, com sua fé no projeto, sua clareza mental e seu apoio tornou tudo isso possível.

Agradeço a todos vocês.
Richard

Sumário

PARTE II

O que pode ser feito?

Prefácio

Sou economista — adoro o que faço e tem me sido bastante útil. Mas a economia equipara as mudanças na felicidade social com as mudanças no poder aquisitivo — ou quase isso. Nunca aceitei essa visão, refutada pela história dos últimos cinqüenta anos. A nova ciência da felicidade torna possível criar uma visão alternativa, baseada em evidências em vez de afirmações. A partir daí podemos ter uma nova visão de quais políticas e estilos de vida são sensatos, tendo como base a nova psicologia, a economia, a neurociência, a sociologia e a filosofia.

Chegou a hora de tentar — de invadir campos que anjos temem pisar. Então, eis a minha experiência em uma visão baseada nas novas evidências de como é possível viver melhor. É preciso um aperfeiçoamento maciço à medida que o conhecimento se acumula. Mas espero que este livro acelere a mudança para uma nova perspectiva na qual os sentimentos das pessoas têm prioridade. Essa mudança já deveria ter ocorrido há muito tempo.

Tantas pessoas ajudaram tão generosamente neste livro que descrevo seu papel em uma nota separada no final. Foram psicólogos, neurocientistas, sociólogos, filósofos e, é claro, economistas — todos partilhando um desejo de aperfeiçoamento humano.

Se este livro puder proporcionar algo, espero que seja um pouco de felicidade.

Richard Layard

LONDRES, JULHO DE 2004

I
PARTE

O problema

"Os pesquisadores dizem que eu não sou mais feliz por ser mais rico, mas você sabe quanto os pesquisadores ganham?"

CAPÍTULO

1

Qual é o problema?

Tudo é perdido, quando
o desejo fica repartido.

LADY MACBETH

Há um paradoxo no centro de nossa vida. A maioria das pessoas deseja mais renda e se esforça para obtê-la. Contudo, quando as sociedades ocidentais ficaram mais ricas, seus integrantes não se tornaram mais felizes.

Isso não é uma simples ladainha. É um fato comprovado por muitas pesquisas científicas. Como demonstrarei, temos bons meios para avaliar o quanto as pessoas são felizes, e todas as evidências dizem que, tipicamente, elas não são mais felizes hoje do que eram cinqüenta anos atrás. No entanto, durante esse tempo a renda média mais do que dobrou. Esse paradoxo é igualmente verdadeiro para os Estados Unidos, a Grã-Bretanha e o Japão.[1]

Mas nossa vida não está infinitamente mais confortável? De fato, temos mais alimentos, carros e roupas, casas maiores, mais aquecimento central, férias no exterior, uma semana de trabalho mais curta, melhores empregos e, acima de tudo, mais saúde. Ainda assim, não somos mais felizes. Apesar de todos os esforços de governos, professores, médicos e empresários, a felicidade humana não aumentou.

Esse fato deveria ser o ponto de partida de todas as discussões sobre como melhorar nosso destino. Deveria fazer cada governo reavaliar seus objetivos e cada um de nós repensar suas metas.

Uma coisa está clara: com a renda de subsistência garantida, não é fácil tornar as pessoas mais felizes. Se quisermos que elas o sejam, realmente temos de saber que condições geram felicidade e como cultivá-las. É disso que trata este livro — das causas da felicidade e dos meios que temos para influir nela.

Se realmente queremos ser mais felizes, o que devemos fazer diferente? Ainda não sabemos nem metade das respostas. Mas temos evidências suficientes para repensar a política governamental e reavaliar escolhas e filosofias de vida pessoais.

A principal evidência provém da nova psicologia da felicidade, mas a neurociência, a sociologia, a economia e a filosofia também têm seu papel. Reunindo-as, podemos produzir uma nova visão de como viver melhor, tanto em sociedade quanto interiormente.

Que filosofia?

A filosofia é a do Iluminismo do século XVIII, articulada por Jeremy Bentham. Se você passar sob o belo pórtico da University College London o encontrará ali, perto do saguão de entrada. Um homem idoso, vestido em trajes do século XVIII e sentado em uma caixa de vidro. As roupas e o corpo são dele, mas não a cabeça, que é uma réplica em cera. Ele está ali porque inspirou a fundação da universidade e, como requisitou, ainda assiste às reuniões do conselho, sendo para isso carregado até lá. Homem tímido e bondoso que nunca se casou, doou seu dinheiro para boas causas. Também foi um dos primeiros intelectuais a praticar corrida, ou trote, como a chamava, o que fez até pouco antes de morrer. Mas, apesar de suas singularidades, Bentham foi um dos maiores pensadores do Iluminismo.

Ele dizia que a melhor sociedade é aquela em que os cidadãos são mais felizes. Portanto, a melhor política pública é a que produz mais felicidade. E quando se trata de comportamento individual, a ação moral correta é aquela que produz mais felicidade para as pessoas que afeta. Este é o princípio da Felicidade Maior. É fundamentalmente igualitário, porque a felicidade de todos deve ter o mesmo valor. Também é fundamentalmente humano, porque afirma que, em última análise, o que importa é o que as pessoas sentem. Essencialmente, está próximo das passagens de abertura da Declaração de Independência dos Estados Unidos.

Esse nobre ideal impulsionou grande parte do progresso social ocorrido nos últimos duzentos anos, mas nunca foi fácil de aplicar, porque se sabia muito pouco sobre a natureza e as causas da felicidade. Isso o deixou vulnerável a filosofias que questionavam o próprio ideal. No século XIX, essas filosofias alternativas estavam freqüentemente ligadas a conceitos religiosos de moralidade. Porém, no século XX, a crença religiosa diminuiu, assim como a crença na religião secular do socialismo. Em conseqüência disso, não subsistiu nenhum sistema amplamente aceito de crença ética. Esse vácuo foi preenchido pela não-filosofia do individualismo exacerbado.

Na melhor das hipóteses, o individualismo oferecia um ideal de "auto-realização". Mas esse evangelho falhou. Não aumentou a felicidade, porque tornou cada indivíduo ansioso demais com o que poderia obter para si mesmo. Se realmente desejamos ser felizes, precisamos de um conceito de bem comum para o qual contribuir.

Portanto, agora a tendência está mudando. As pessoas clamam por um conceito de bem comum — exatamente o que fornece o ideal do Iluminismo, que define o bem comum como a maior felicidade de todas, que exige que cuidemos dos outros tão bem quanto de nós mesmos. Além disso, defende uma camaradagem em relação aos outros que, em si, aumenta a felicidade e diminui o isolamento.

Que psicologia?

Ao mesmo tempo, hoje a nova psicologia oferece um *insight* real da natureza da felicidade e do que a ocasiona. Por isso, agora a filosofia do Iluminismo pode finalmente ser aplicada, usando evidências em vez de especulação.

Felicidade é se sentir bem e infelicidade é se sentir mal. Em todos os momentos nós nos sentimos entre maravilhosos e semimortos, e hoje essa sensação pode ser avaliada por meio de perguntas às pessoas ou monitoramento cerebral. Feito isso, podemos explicar o nível básico de felicidade — a qualidade de vida que uma pessoa experimenta. Toda vida é complicada, mas é essencial separar os fatores que realmente importam.

Alguns fatores são externos, sociais: algumas sociedades realmente são mais felizes. Outros são internos, de nossa vida interior. Na Parte I do livro, analiso como esses fatores-chave nos afetam. Na Parte II, concentro-me no tipo de sociedade e práticas pessoais que nos ajudariam a ter uma vida mais feliz. O último capítulo resume minhas conclusões.

Que mensagem social?

Então, de que maneira, como uma sociedade, podemos influir na felicidade das pessoas? Uma abordagem é a do raciocínio teórico, usando economia elementar. Esta conclui que não há mal algum no comportamento egoísta, contanto que os mercados possam funcionar: com mão invisível, mercados perfeitos nos levarão à maior felicidade possível, dados os nossos desejos e recursos.[2] Desde que os desejos das pessoas sejam aceitos, a renda nacional se tornará uma substituta da felicidade nacional. O papel do governo é corrigir as imperfeições do mercado e remover todos os obstáculos à mobilidade do trabalho e ao emprego flexível. Essa visão de felicidade nacional é a que domina o pensamento e os pronunciamentos dos líderes dos governos ocidentais.

A alternativa é descobrir o que realmente torna as pessoas felizes. Certamente, elas odeiam a pobreza absoluta e odiaram o comunismo. Mas há mais na vida do que prosperidade e liberdade. Neste livro, examinaremos outros fatos-chave sobre a natureza humana e como devemos reagir a eles.

- Nossos desejos não se apresentam como presume a economia elementar. Na verdade, dependem muito do que as outras pessoas têm e daquilo a que nós mesmos nos acostumamos. Também são influenciados pela educação, publicidade e televisão. Somos constantemente guiados pelo desejo de não ficar atrás das outras pessoas. Isso leva à *corrida por status*, que causa ainda mais problemas, pois se eu me saio melhor, outra pessoa deve se sair pior. O que podemos fazer a esse respeito?

- As pessoas precisam desesperadamente de *segurança* — no trabalho, na família e em suas comunidades. Elas detestam o desemprego, a desintegração familiar e o crime nas ruas. Mas o indivíduo não pode, totalmente sozinho, determinar se perderá o emprego, o cônjuge ou a carteira. Isso depende, em parte, de forças externas. Então, como a comunidade pode promover um estilo de vida mais seguro?
- As pessoas querem *confiar* umas nas outras. Mas nos Estados Unidos e na Grã-Bretanha (embora não na Europa Continental) os níveis de confiança caíram drasticamente nas últimas décadas. Como é possível manter a confiança quando a sociedade está cada vez mais instável e anônima?

No século XVII, o filósofo individualista Thomas Hobbes propôs que pensássemos sobre os problemas humanos considerando os homens "como se mesmo agora brotassem do solo e subitamente (como cogumelos) chegassem à completa maturidade, sem qualquer tipo de compromisso uns com os outros".[3] Mas pessoas não são cogumelos. Somos inerentemente sociais e nossa felicidade depende, acima de tudo, da qualidade de nossos relacionamentos com os outros. Temos de desenvolver políticas públicas que levem em conta esse "fator de relacionamento".

Que mensagem pessoal?

Também há um fator interno, pessoal. A felicidade depende não só de nossa situação externa e dos relacionamentos, como também de nossas atitudes. Pelas suas experiências em

Auschwitz, Viktor Frankl concluiu que, em última instância, "tudo pode ser tirado de um homem, exceto uma coisa, a última das liberdades humanas — a de escolher sua atitude em uma série de circunstâncias".[4]

Os pensamentos realmente afetam os sentimentos. Como veremos, as pessoas são mais felizes se são compassivas e gratas pelo que têm. Quando a vida fica difícil, essas qualidades se tornam ainda mais importantes.

Ao longo dos séculos, pais, professores e clérigos têm se empenhado em incutir esses traços de compaixão e aceitação. Hoje sabemos mais do que nunca sobre como desenvolvê-los. A terapia cognitiva moderna se desenvolveu nos últimos trinta anos como uma futura substituta da psicanálise, voltada para o passado. Por meio da experimentação sistemática, descobriu modos de promover o pensamento positivo e dissipar sistematicamente os pensamentos negativos que nos afligem. Nos últimos anos, esses *insights* têm sido generalizados pela "psicologia positiva", para oferecer um meio de todos nós, deprimidos ou não, encontrarmos sentido e aumentarmos nossa alegria de viver. Quais são esses *insights*?

Muitas das idéias são tão antigas quanto o budismo e reaparecem ao longo dos séculos em todas as tradições religiosas concentradas na vida interior. Em todos os casos são oferecidas técnicas para liberar a força positiva em cada um de nós, que os religiosos chamam de divina. Essas técnicas poderiam muito bem se tornar a base psicológica da cultura do século XXI.

Ainda assim, nossa natureza é recalcitrante e algumas pessoas acham impossível ser positivas sem alguma ajuda física. Até cinqüenta anos atrás não havia um tratamento eficaz para a doença mental. Mas na década de 1950 foram descobertas drogas que, apesar dos efeitos colaterais, forneciam alívio a muitos que sofriam de esquizofrenia, depressão ou ansiedade. Isso, seguido pelo desenvolvimento das terapias cognitiva e comportamental, deu nova vida a milhões de pessoas que de outro modo estariam semimortas. Mas quanto esse processo ainda pode avançar no alívio da infelicidade?

Os seres humanos conquistaram, em grande parte, a natureza, mas ainda têm de conquistar a si mesmos. Nos últimos cinqüenta anos, acabamos com a escassez material absoluta no Ocidente. Com boas políticas e ajuda ocidental, o mesmo poderia ocorrer em todo o mundo no espaço de cem anos. Mas nesse meio-tempo nós, os ocidentais, não ficamos mais felizes. Mudar isso é o novo desafio e a nova fronteira — e muito mais difícil do que a geração de riqueza tradicional. Felizmente, já há ferramentas disponíveis suficientes para encher este pequeno livro.

"John Stuart Mill ensinou que a felicidade do indivíduo está em primeiro lugar. Ele não revelou nomes, mas desconfio que você e eu somos o tipo de gente em que ele estava pensando."

CAPÍTULO

2

O que é felicidade?

Mesmo não estando realmente descontente,
ele estava longe de estar contente.

P. G. Wodehouse[1]

No final do século XIX os médicos notaram algo estranho nas pessoas com lesão cerebral. Elas tendiam mais a ficar deprimidas quando o dano era do lado esquerdo do cérebro. Com o correr do tempo, isso se tornou mais evidente e chegou a ser descoberto que o dano no lado direito do cérebro, às vezes, produzia alegria.[2] A partir desse início obscuro surgiu uma nova ciência, que avalia o que ocorre no cérebro quando a pessoa tem sentimentos positivos e negativos.

Esse é o quadro geral:[3] as boas sensações são experimentadas pela atividade no lado esquerdo do cérebro, atrás da testa; as pessoas se sentem deprimidas se essa parte do cérebro pára de funcionar; as más sensações estão ligadas à atividade cerebral atrás do lado direito da testa; quando essa parte do cérebro está inativa, as pessoas podem se sentir alegres.

Esses avanços científicos mudaram nosso modo de pensar sobre a felicidade. Até recentemente, se as pessoas diziam que eram felizes, os céticos consideravam essa afirmação apenas subjetiva. Não havia uma boa maneira de demonstrar que era algo objetivo. Mas agora sabemos que o que as pessoas dizem sobre como se sentem corresponde intimamente aos seus níveis reais de atividade em partes diferentes do cérebro, que podem ser mensurados de modos científicos padronizados.

O sentimento de felicidade

Então, o que é o sentimento de felicidade? Existe um estado de "se sentir bem" ou "se sentir mal", que é uma dimensão de toda a vida desperta? As pessoas sabem dizer a qualquer momento como se sentem? A felicidade é algo como a temperatura, sempre presente, oscilando quer você pense nisso ou não? Se for assim, posso comparar minha felicidade com a sua?

Basicamente, a resposta para todas estas perguntas é sim. Isso pode surpreender os céticos. Mas não surpreenderia a maioria das pessoas, no passado ou no presente. Elas sempre souberam como se sentiam e têm usado sua introspecção para deduzir como os outros se sentem. Como elas próprias sorriem quando estão felizes, deduzem que, quando as outras pessoas sorriem, também estão. Ocorre o mesmo quando vêem os outros franzindo a testa ou chorando. É por sentimentos de empatia imaginativa que, ao longo da história, as pessoas têm sido capazes de reagir às alegrias e tristezas umas das outras.

Portanto, quando falo em felicidade, refiro-me a se sentir bem — aproveitar a vida e desejar que essa sensação se mantenha. Quando falo em infelicidade, refiro-me a se sentir mal e desejar que as coisas fossem diferentes. Há inúmeras fontes de felicidade, sofrimento e aflição. Mas todas as nossas experiências têm uma dimensão que corresponde ao quanto nos sentimos bem ou mal. Na verdade, a maioria das pessoas acha fácil dizer o quanto se sente bem. Nas pesquisas sociais, tais perguntas apresentam níveis de resposta mais altos do que a média das perguntas das pesquisas.

A escassez de "não sei" demonstra que as pessoas realmente sabem como se sentem e reconhecem a validade da pergunta.

Quando se trata de como nos sentimos, a maioria de nós tem uma visão um tanto longa. Aceitamos os altos e baixos e nos importamos principalmente com nossa felicidade média em um período de tempo maior. Mas essa média é tirada de uma série de momentos. Em cada momento de nossa vida desperta experimentamos mais ou menos felicidade, assim como experimentamos mais ou menos barulho. Há muitas fontes diferentes de ruído, de um trombone a uma britadeira, mas podemos sentir a intensidade de cada uma. Da mesma forma, há muitas fontes diferentes de contentamento, mas podemos comparar a intensidade de cada uma. Também há muitos tipos de sofrimento, de dor de dente a úlcera estomacal e depressão, mas podemos comparar a dor que provocam. Além disso, como veremos, a felicidade começa onde a infelicidade termina.[4]

Então, como descobrir o quanto as pessoas são felizes ou infelizes — em geral e de momento a momento? Tanto a psicologia quanto a neurociência estão começando a nos dar ferramentas para obtermos respostas precisas.

Fazendo perguntas

A maneira mais óbvia de se descobrir se as pessoas são, de modo geral, felizes, é fazer perguntas a indivíduos em uma amostra ao acaso de famílias. Uma pergunta típica é: "Em geral, você diria que é muito feliz, razoavelmente feliz ou não muito feliz?". As pessoas nos Estados Unidos e na Grã-Bretanha respondem bastante similarmente, como mostra a tabela a seguir. É interessante notar que as respostas de homens e mulheres são muito parecidas.

O quanto somos felizes? (porcentagem)[5]

	Estados Unidos	Grã-Bretanha
Muito felizes	38	36
Razoavelmente felizes	53	57
Não muito felizes	9	7
	100	100

Mas todos os que respondem à pergunta usam as palavras do mesmo modo? Felizmente, suas respostas podem ser conferidas de forma independente. Em muitos casos, amigos ou colegas também são inquiridos separadamente sobre a felicidade da pessoa. Essas avaliações independentes vêm a ser bem relacionadas com o modo como a pessoa se avalia. O mesmo acontece com avaliações feitas por um entrevistador que não conhece a pessoa.[6]

Os sentimentos oscilam

É claro que os sentimentos oscilam de um momento e de um dia para outro. Recentemente os psicólogos começaram a estudar como o humor varia de acordo com a atividade. Darei apenas um exemplo de um estudo de cerca de novecentas mulheres que trabalham no Texas.[7] Foi-lhes pedido que dividissem o dia de trabalho anterior em episódios, como em um filme: tipicamente, elas identificaram cerca de 14. Então descreveram o que fizeram em cada episódio e com quem. Finalmente, foi-lhes perguntado como se sentiram em cada episódio, em 12 dimensões que podem ser combinadas em um único índice de sensações boas ou más.

A tabela mostra do que as mulheres gostaram mais (sexo) e menos (ir de casa para o trabalho e vice-versa). A tabela a seguir mostra a companhia que mais apreciaram. Elas são altamente gregárias, quase preferindo qualquer companhia — exceto a do chefe — a ficar sozinhas.

Felicidade em atividades diferentes[8]

Atividade	Média de felicidade	Média de horas por dia
Fazer sexo	4,7	0,2
Socializar-se	4,0	2,3
Relaxar	3,9	2,2
Rezar/meditar	3,8	0,4
Comer	3,8	2,2
Prática de exercícios	3,8	0,2
Assistir tevê	3,6	2,2
Fazer compras	3,2	0,4
Cozinhar	3,2	1,1
Falar ao telefone	3,1	2,5
Cuidar dos filhos	3,0	1,1
Computador/e-mail/Internet	3,0	1,9
Trabalho doméstico	3,0	1,1
Trabalho	2,7	6,9
Ida/volta do trabalho	2,6	1,6

Nota: Mais de um tipo de atividade é possível em qualquer momento.

Também podemos usar esses relatos para avaliar como as sensações mudam ao longo do dia. Como mostra o diagrama abaixo, essas pessoas se sentem melhor com o passar do tempo, exceto por um pico na hora do almoço.

Felicidade na interação com pessoas diferentes[9]

Interagindo com	Média de felicidade	Média de horas por dia
Amigos	3,7	2,6
Parentes	3,4	1,0
Cônjuge/Companheiro(a)	3,3	2,7
Filhos	3,3	2,3
Clientes	2,8	4,5
Colegas de trabalho	2,8	5,7
Sozinho(a)	2,7	3,4
Chefe	2,4	2,4

Nota: Mais de um tipo de atividade ou companhia é possível em qualquer momento.

Média de felicidade em horas diferentes do dia[10]

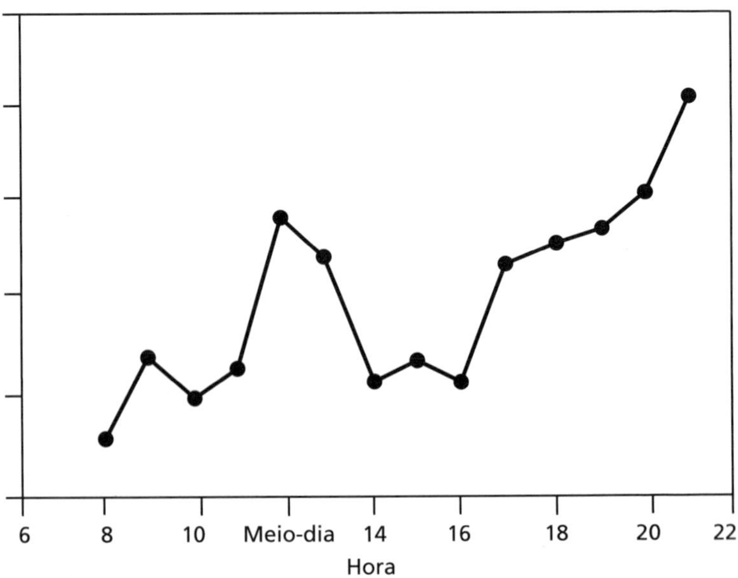

Mostrei essas descobertas para salientar que a felicidade é um sentimento e que os sentimentos ocorrem continuamente durante toda a nossa vida desperta. É claro que em determinados momentos eles são influenciados por lembranças de experiências passadas e antecipação de futuras. As lembranças e antecipações são partes importantes da vida mental, mas não propõem problemas conceituais na avaliação da felicidade — seja instantânea ou média em um período de tempo maior.

Este livro trata da felicidade *média* individual a longo prazo, em vez das oscilações momentâneas. Embora a felicidade média possa ser influenciada pelo padrão de nossas atividades, é afetada, principalmente, por nosso temperamento básico, nossas atitudes e aspectos-chave de nossa situação de vida — relacionamentos, saúde e preocupações financeiras.

Ondas cerebrais

Os céticos talvez ainda questionem se a felicidade é realmente um sentimento objetivo que pode ser devidamente comparado entre as pessoas. Para certificá-los, podemos recorrer à psicologia cerebral moderna com seus novos e sensacionais *insights* do que acontece quando uma pessoa se sente feliz ou infeliz. Esse trabalho está sendo atualmente conduzido por Richard Davidson, da University of Wisconsin.[11]

Na maioria de seus estudos, Davidson mede a atividade em partes diferentes do cérebro pondo eletrodos sobre o couro cabeludo e lendo a atividade elétrica. Essas medições de EEG são então relacionadas com os sentimentos que as pessoas relatam. Quando elas experimentam sentimentos positivos, há mais atividade elétrica na parte frontal esquerda do cérebro; quando experimentam sentimentos negativos, há mais atividade na parte frontal direita. Por exemplo, quando é mostrado a alguém um trecho de filme engraçado, o lado esquerdo do cérebro dessa pessoa se torna mais ativo e o direito menos ativo; ela também ri e faz relatos positivos sobre seu humor. Quando lhe é mostrada uma passagem assustadora ou desagradável, ocorre o oposto.

Descobertas semelhantes foram feitas pelo escaneamento direto do que ocorre no cérebro. Por exemplo, as pessoas são postas em aparelhos de imagem por ressonância magnética (IRM) ou tomografia por emissão de pósitron (PET, de *positron emission tomography*) e lhes são mostradas figuras bonitas ou desagradáveis. Primeiro elas vêem um bebê feliz e depois um bebê doente. A PET registra as mudanças correspondentes ao uso de glicose no cérebro como manchas claras nas fotografias. A figura bonita ativa o lado esquerdo do cérebro e a desagradável ativa o lado direito.[12]

Respostas cerebrais para as duas imagens

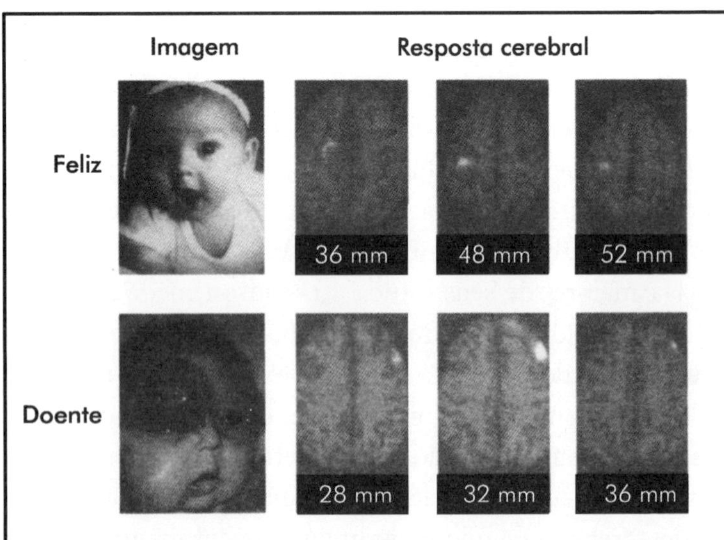

Portanto, há uma conexão direta entre a atividade cerebral e o humor. Ambos podem ser alterados por uma experiência externa, como olhar para figuras. Também podem ser alterados diretamente por meios físicos. Usando ímãs muito poderosos é possível estimular a atividade no lado esquerdo do cérebro anterior, e isso melhora automaticamente o humor. Na verdade, esse método tem sido usado para aliviar a depressão.[13] Uma descoberta ainda mais notável é que melhora o sistema imunológico, extremamente influenciado pelo humor.[14]

Assim, temos medidas físicas claras de como os sentimentos variam ao longo do tempo. Também podemos usar medidas físicas para comparar a felicidade das pessoas. Elas diferem no padrão de seus EEGs, mesmo em repouso. Aquelas cujo lado esquerdo é especialmente ativo (que usam mais o lado esquerdo do cérebro) relatam lembranças e sentimentos mais positivos do que as que usam mais o lado direito. Elas sorriem mais e seus amigos as consideram mais felizes. Já as pessoas cujo lado direito é especialmente ativo relatam lembranças e pensamentos mais negativos, sorriem menos e seus amigos as consideram menos felizes.

Portanto, uma medida natural da felicidade é a diferença na atividade do lado esquerdo e direito do cérebro anterior. Essa variação está intimamente ligada a muitas avaliações de humor auto-relatadas. E há outra descoberta interessante. Quando pessoas diferentes são expostas a experiências boas (como videoclipes agradáveis), as naturalmente felizes em repouso sentem mais felicidade. E quando são expostas a experiências desagradáveis, sentem menos desconforto.

A abordagem do EEG funciona bem até mesmo com recém-nascidos.[15] Quando é dado a um recém-nascido algo gostoso para sugar, o lado esquerdo de seu cérebro anterior começa a se ativar, enquanto um sabor azedo provoca atividade no lado direito. Com dez meses, a atividade cerebral de um bebê em repouso prediz o quanto ele reagirá bem se sua mãe desaparecer por um minuto. Os bebês mais ativos do lado direito tendem a berrar, enquanto os mais ativos do lado esquerdo continuam felizes. Com dois meses e meio, os mais ativos do lado esquerdo são mais exploradores, enquanto os mais ativos do lado direito se agarram mais às mães. Contudo, até a adolescência ocorrem muitas mudanças nas diferenças entre as crianças, tanto nos traços de caráter quanto nas ondas cerebrais. Nos adultos, as diferenças são ainda mais consolidadas.

Os lobos frontais não são a única parte do cérebro envolvida na emoção. Por exemplo, as amígdalas cerebrais, situadas mais profundamente no cérebro, são sedes de emoções primárias. Elas acionam o centro de comando que mobiliza o corpo para reagir a estímulos assustadores — a síndrome de luta ou fuga. Mas as amígdalas cerebrais humanas não diferem muito das dos mamíferos inferiores e funcionam inconscientemente. Contudo, nossa experiência consciente está especialmente ligada aos lobos frontais, altamente desenvolvidos no homem.[16]

Portanto, a neurociência confirma o caráter objetivo da felicidade e da dor. Eis uma experiência fascinante realizada com várias pessoas. É aplicada uma compressa muito quente, com a mesma temperatura, na perna de cada pessoa. Elas fazem relatos muito diferentes, mas altamente relacionados com os diversos níveis de atividade cerebral na parte relevante do córtex.[17] Isso confirma a ligação entre o que as pessoas relatam e a atividade cerebral objetiva. Não há diferença entre o que as pessoas pensam que sentem e o que "realmente" sentem, como alguns filósofos sociais gostariam que acreditássemos.

Uma dimensão única

Mas isso tudo não é um pouco simplista? Certamente há muitos tipos de felicidade e sofrimento. E em que sentido a felicidade é o oposto do sofrimento?

De fato, há muitos tipos de sensações boas e más. No lado positivo há a de amar e ser amado, a da conquista, a da descoberta, a do conforto, a da tranqüilidade, a da alegria e muitas outras. No negativo há medo, raiva tristeza, culpa, tédio etc. Mas, como eu disse, isso não difere da situação com sofrimentos e prazeres puramente "físicos": um sofrimento pode ser comparado com outro e um prazer pode ser comparado com outro. Similarmente, o sofrimento mental e físico pode ser comparado, assim como o prazer mental e físico.[18]

Mas a felicidade é realmente uma dimensão *única* de experiência que vai da dor à alegria extrema? Ou é possível ser feliz e infeliz ao mesmo tempo? A resposta geral para isso é não; não é possível ser feliz e infeliz ao mesmo tempo. Os sentimentos positivos diminuem os negativos e vice-versa.[19] Portanto, temos apenas uma dimensão que varia de extremamente negativa a extremamente positiva.

Para que isso não pareça muito mecânico, devemos imediatamente observar que a felicidade pode ser excitada ou tranqüila e o sofrimento pode ser agitado ou deprimido. Estas são distinções importantes que correspondem a níveis diferentes de "estímulo". A série de possibilidades é ilustrada no diagrama, que acaba com qualquer impressão de que a felicidade só pode ser excitante ou hedonista.

As duas dimensões do sentimento

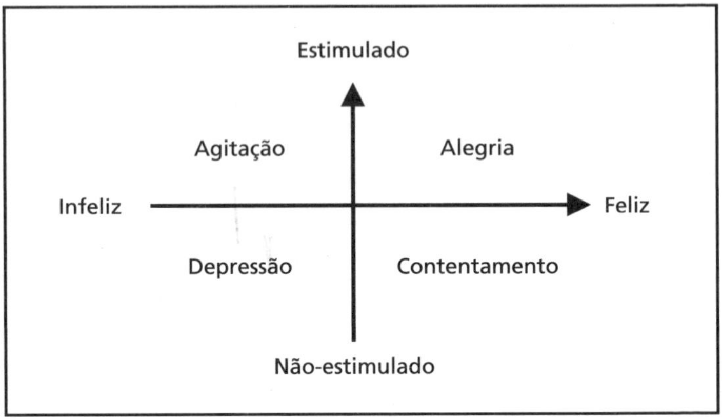

(Uma das formas mais agradáveis de experiência estimulada é quando você está tão absorto em algo que não nota mais nada. Tais experiências de "fluxo" podem ser maravilhosas, tanto no momento quanto em retrospecto.[20])

As qualidades da felicidade

O conceito de felicidade que descrevi é basicamente o desenvolvido pelo Iluminismo do século XVIII, relacionado com como nos sentimos e levamos nossas vidas. Inspirou notavelmente os autores da Declaração de Independência dos Estados Unidos e tornou-se essencial para nossa herança ocidental.

Difere, por exemplo, da abordagem usada por Aristóteles e seus muitos seguidores. Aristóteles acreditava que o objetivo da vida era a *eudemonia*, ou um *tipo* de felicidade associada à conduta virtuosa e reflexão filosófica. A idéia de tipos de felicidade, de prazeres maiores ou menores, foi revivida no século XIX por John Stuart Mill e sobrevive até hoje. Mill acreditava que a felicidade de experiências diferentes podia variar em quantidade *e* qualidade. (Ele não aceitava que a satisfação proporcionada pelo jogo infantil Pushpin tivesse o mesmo valor da mesma quantidade de satisfação proporcionada pela poesia.)

A intuição de Mill estava certa, mas sua formulação errada. As pessoas que encontram um sentido em suas vidas *são* mais felizes do que as que passam de um prazer para outro. Carol Ryff, da University of Wisconsin, forneceu amplas evidências disso. Ela compilou avaliações refinadas de coisas como objetivo de vida, autonomia, relacionamentos positivos, crescimento pessoal e auto-aceitação e as usou para criar um índice de bem-estar psicológico. Em uma amostra de adultos americanos esse índice está altamente correlacionado com o padrão das avaliações auto-relatadas de felicidade e satisfação com a vida.[21]

Portanto, Mill estava certo em sua intuição sobre as verdadeiras *fontes* da felicidade duradoura, mas errado em argumentar que alguns tipos de felicidade são *intrinsecamente* melhores do que outros.[22] Na verdade, fazer isso é essencialmente paternalista. É óbvio que alguns prazeres, como os fornecidos pela cocaína, não podem em sua natureza ser duradouros; trabalham contra a felicidade da pessoa a longo prazo. De igual modo, alguns prazeres doentios, como os dos sádicos, devem ser evitados porque diminuem a felicidade das pessoas. Mas nenhuma sensação boa é em si ruim — só o pode ser devido às suas conseqüências.[23]

A felicidade melhora a saúde

Em setembro de 1932, a madre superiora da American School Sisters of Notre Dame decidiu pedir a todas as novas freiras que escrevessem um resumo de suas autobiografias. Esses resumos foram guardados e recentemente avaliados de modo independente por psicólogos para mostrar a quantidade de sentimentos positivos que revelavam. Essas avaliações foram então comparadas com o quanto cada freira tinha vivido. Notavelmente, a quantidade de sentimentos positivos que uma freira revelava na casa dos vinte anos era um ótimo prognóstico do quanto ela viveria.

Das freiras ainda vivas em 1991, apenas 21% de um quarto das mais alegres morreram nos nove anos seguintes, comparado com 55% de um quarto das menos alegres.[24] Isso demonstra como a felicidade pode aumentar a expectativa de vida.

Na verdade, a maioria das formas de boas sensações experimentadas *é* boa para você. Independentemente de como avaliamos a felicidade, ela parece ser conducente à saúde física (igualando-se a outras coisas).[25] As pessoas felizes tendem a ter um sistema imunológico mais forte e níveis mais baixos de cortisol liberado pelo estresse. Se expostas artificialmente ao vírus da gripe, tendem menos a contrair a doença. Além disso, tendem mais a se recuperar de grandes cirurgias.

Igualmente, quando a pessoa tem uma experiência feliz, a química do corpo melhora e a pressão sangüínea e os batimentos cardíacos tendem a diminuir.[26] Experiências especialmente boas podem ter efeitos muito duradouros na saúde. Se considerarmos os 750 atores e atrizes que já foram indicados para Oscars, podemos presumir que antes da escolha os vencedores e perdedores eram, em média, igualmente saudáveis. Contudo, os vencedores viveram, em média, quatro anos mais do que os perdedores.[27] Esse foi o ganho da vitória.

A função da felicidade

Espero agora tê-lo convencido de que a felicidade existe e geralmente é benéfica para a saúde física. Mas isso não a torna sumamente importante. Ela é sumamente importante porque é nosso mecanismo motivador geral. Tentamos nos sentir bem e evitar o sofrimento (não momento a momento, mas em geral).[28]

Sem esse impulso teríamos perecido muito tempo atrás, porque o que faz com que nos sintamos bem (sexo, alimento, amor, amizade e assim por diante) geralmente também é favorável à nossa sobrevivência. E o que faz com que nos sintamos mal é nocivo à nossa sobrevivência (fogo, desidratação, veneno, ostracismo). Portanto, tentando nos sentir bem e evitar o sofrimento, buscamos o que é bom para nós e evitamos o que não é. Dessa forma, sobrevivemos como espécie. A busca pelas boas sensações é o mecanismo que preservou e multiplicou a raça humana.

Algumas pessoas questionam se temos algum sistema geral de motivação. Elas dizem que temos impulsos distintos de ter sexo, nos alimentar e assim por diante e que reagimos a eles independentemente de seu efeito em nossa sensação geral de bem-estar.[29] As evidências são do contrário porque, freqüentemente, temos de escolher entre satisfazer impulsos diferentes, e nossas escolhas variam de acordo com o quanto é fácil satisfazer um impulso comparado com outro. Portanto, deve haver uma avaliação global que compare como impulsos diferentes contribuem para a satisfação total.

Quando uma fonte de satisfação tem um custo-benefício menor do que outra, usufruímos menos dela. Essa é a chamada lei da demanda, confirmada do princípio ao fim da vida humana e entre muitas espécies animais.[30] Ela não é unicamente humana e provavelmente se aplica à maioria dos seres vivos, que tendem a buscar o máximo possível seu próprio bem. Nos animais inferiores o processo é inconsciente, como quase sempre o é até mesmo nos seres humanos, já que a consciência não poderia lidar com toda essa enorme tarefa. Contudo, nós realmente temos lobos frontais maciços que outros mamíferos não têm e, provavelmente, é aí que a parte consciente da operação de equilíbrio é realizada.

Experiências demonstram que em todos os momentos avaliamos nossa situação, com freqüência inconscientemente.[31] Somos atraídos pelos elementos de nossa situação de que gostamos e evitamos os de que não gostamos. Esse padrão de "aproximação" e "evitação" é essencial para o nosso comportamento.

Eis duas experiências engenhosas do psicólogo John Bargh que ilustram o funcionamento desse mecanismo de aproximação e evitação. Sua técnica é exibir palavras boas ou más em uma tela e observar como as pessoas reagem. Na primeira experiência, exibiu as palavras subliminarmente e registrou o impacto no humor da pessoa. As palavras boas (como "música") o melhoraram e as más (como "verme") o pioraram. Depois ele examinou o comportamento de aproximação e evitação, tornando legíveis as palavras na tela e pedindo à pessoa para removê-las com uma alavanca. O instinto humano é o de puxar o que gosta e empurrar o que deseja evitar. Por isso, Bargh dividiu as pessoas em dois grupos. Disse ao grupo A para se comportar de modo natural — puxar a alavanca quando as palavras eram boas e empurrar quando eram más — e ao grupo B para se comportar "inaturalmente" — fazer o oposto. O grupo A realizou o trabalho muito mais rapidamente, confirmando o quanto é básico o mecanismo de abordagem e evitação.

Portanto, há em cada um de nós uma capacidade de avaliar o quanto estamos felizes com nossa situação que nos leva a nos aproximar do que nos torna felizes e a evitar o oposto. Das várias possibilidades abertas para nós, escolhemos a combinação de atividades que fará com que nos sintamos melhor. Fazendo isso, somos mais do que puramente reativos: planejamos para o futuro, o que às vezes envolve nos negarmos hoje em prol de gratificação futura.

Esse modelo psicológico geral é parecido com o que os economistas usam desde Adam Smith.[32] Queremos ser felizes e agimos para promover nossa felicidade presente e futura de acordo com as oportunidades que nos são apresentadas.

É claro que todos podem cometer erros. Algumas coisas que as pessoas fazem são nocivas à sobrevivência, como fumar e a fome auto-imposta da anorexia nervosa. Além disso, freqüentemente as pessoas têm uma visão estreita e não são boas em prever seus sentimentos futuros. A seleção natural não produziu corpos perfeitos nem psiques perfeitas. Contudo, fomos claramente feitos para ser saudáveis, embora às vezes adoeçamos. Similarmente, fomos feitos para nos sentir bem, mesmo se às vezes cometemos erros. É impossível explicar a ação e sobrevivência humanas exceto pelo desejo de obter boas sensações.

Isso levanta a questão óbvia de por quê, nesse caso, não somos mais felizes. Por que há tanta ansiedade e depressão? A ansiedade e a depressão tiveram um papel na explicação de nossa sobrevivência? É quase certo que sim. Até mesmo hoje, é uma boa idéia ficar ansioso enquanto se dirige um carro ou se escreve um livro. Uma boa dose de autocrítica evita que você cometa alguns erros graves. E freqüentemente é melhor você não acreditar em grande parte do que ouve das pessoas até que seja independentemente confirmado.

Era ainda mais importante estar em guarda no início da evolução humana, na savana africana. Quando você corre o risco de ser devorado por um leão é uma boa idéia ser extremamente cauteloso. (É melhor ter um detector de fumaça que faz barulho quando a torrada queima do que um que permanece silencioso enquanto a casa pega fogo.) Até mesmo a depressão pode ter tido alguma função. Quando confrontados com um oponente invencível, os cães mostram sinais de depressão que tiram a vontade do oponente de atacar. O mesmo pode ser verdadeiro em relação aos seres humanos.[33]

Hoje em dia esses mecanismos de ansiedade e depressão são muito menos essenciais do que eram na savana africana. Usando nossos cérebros, conquistamos em grande parte a natureza. Derrotamos a maioria dos vertebrados e muitos insetos e bactérias. Em conseqüência, aumentamos nossos números de alguns milhares para alguns bilhões em muito pouco tempo — um avanço surpreendente. Muito de nossa ansiedade e depressão não é mais necessário. Agora o grande desafio é usar nosso domínio da natureza para dominar a nós mesmos e obter mais da felicidade que todos desejamos.

Então, como estamos nos saindo?

"Eu tenho a tigela, o osso, o quintal grande.
Sei que deveria estar feliz."

CAPÍTULO

3

Estamos nos tornando mais felizes?

O dinheiro é melhor do que a pobreza, nem que seja por razões financeiras.

Woody Allen

Algumas pessoas sempre acreditaram que as coisas estão piorando. Porém, nos últimos cinqüenta anos, podemos verificar se estão certas. Não estão. Tampouco o estão os otimistas ferrenhos que nos dizem que a vida está melhor do que nunca. A vida pode ser melhor para alguns, mas as evidências são de que, para a maioria dos ocidentais, a vida não melhorou desde 1950.[1]

Nos Estados Unidos as pessoas não estão mais felizes, embora seus padrões de vida tenham mais do que dobrado. Não tem havido um aumento no número de pessoas "muito felizes" ou uma queda substancial nas "não muito felizes". O diagrama a seguir salienta bem essa situação. A história é a mesma na Grã-Bretanha, onde a felicidade está estática desde 1975 e não é mais elevada do que na década de 1950 (segundo evidências mais frágeis).[2] Isso tem ocorrido apesar de grandes aumentos na renda real em todos os pontos de distribuição de renda. O caso do Japão é parecido.[3]

Renda e felicidade nos Estados Unidos[4]

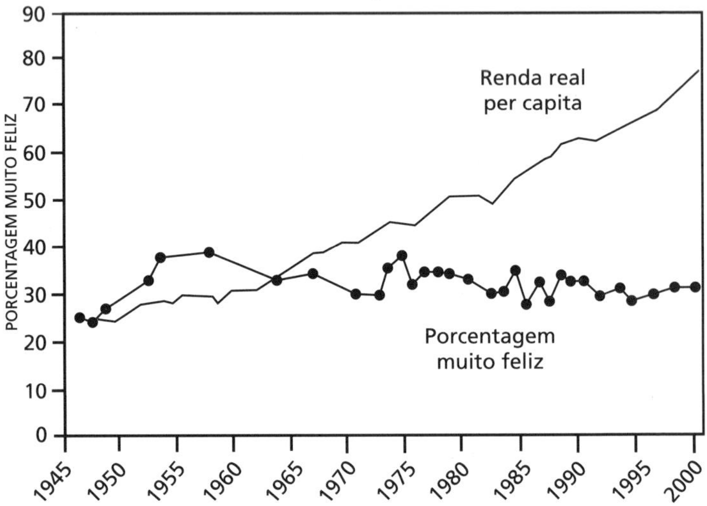

Na Europa Continental, onde os dados regulares datam apenas do início de 1975, a posição é um pouco mais encorajadora. Em muitos países há uma ligeira tendência ascendente na felicidade, especialmente na Itália, mas há uma queda acentuada na Bélgica. Em geral, a alteração na felicidade é pequena em relação ao enorme aumento na renda.

Essas descobertas são surpreendentes, já que em qualquer sociedade as pessoas mais ricas são bem mais felizes do que as mais pobres. Como mostra a tabela a seguir, cerca de 45% de um quarto dos americanos mais ricos são muito felizes, comparados com apenas 33% de um quarto dos mais pobres. Esses números não mudaram muito nos últimos trinta anos. Assim, um quarto dos mais ricos quase que dobrou seu padrão de vida, mas não se tornou mais feliz. Os pobres também se tornaram mais ricos, mas não mais felizes. Em outros países a história é parecida. A desigualdade geral na felicidade também tem sido notavelmente estável na maioria dos países. Portanto, há um paradoxo aqui. Quando as pessoas se tornam mais ricas em comparação com outras pessoas, tornam-se mais felizes. Mas quando sociedades inteiras se tornam mais ricas, não se tornam mais felizes — pelo menos no Ocidente. Tentarei explicar isso no próximo capítulo.

Felicidade de acordo com a posição da renda[5]
(porcentagem de cada grupo de respondentes)

	Estados Unidos		Grã-Bretanha	
	Um quarto superior	*Um quarto inferior*	*Um quarto superior*	*Um quarto inferior*
Muito feliz	45	33	40	29
Razoavelmente feliz	51	53	54	59
Não muito feliz	4	14	6	12
	100	100	100	100

Examinando os fatos

Examinemos primeiro os fatos. A reação do cético é dizer: “Devido às expectativas crescentes, as pessoas aumentaram o padrão de felicidade que identificam como ‘muito feliz’. Por isso, na verdade, elas estão mais felizes, só que não o declaram.”[6]

É claro que gostaríamos de ter medidas físicas da atividade cerebral que nos ajudassem a contestar esse argumento, e acabaremos por tê-las ano a ano.[7] Mas já temos três outras evidências de que a felicidade não aumentou no Ocidente.

A primeira evidência provém de examinar a mesma pessoa ao longo de sua vida. Não se esperaria que ela mudasse seu uso das palavras — como "muito feliz" — mesmo se seus filhos as usassem de um modo diferente. E quando examinamos a mesma pessoa ao longo de sua vida, descobrimos que ela não se tornou mais feliz, mesmo tendo se tornado mais rica.[8]

Comparando países

A segunda evidência provém de comparar países. Se compararmos os países industriais do Ocidente, os mais ricos não são mais felizes do que os mais pobres. Isso pode ser visto claramente no diagrama a seguir, que mais uma vez se baseia em pesquisas de população em cada país. Se olharmos para o lado direito do diagrama, veremos que nos países com mais de 20 mil dólares *per capita* a renda adicional não está associada à felicidade extra.[9]

Renda e felicidade: comparando países[10]

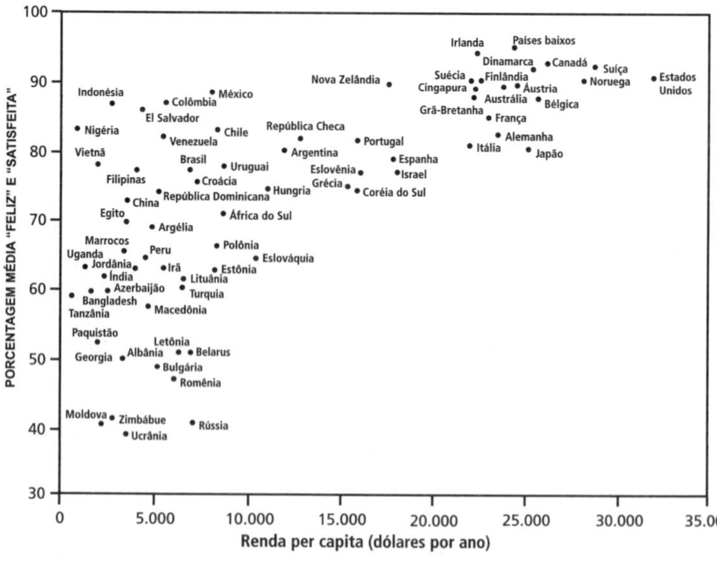

Nos países mais pobres é diferente, porque as pessoas estão mais perto da linha de pobreza. Por isso, se olharmos para o lado esquerdo da ilustração, veremos uma clara tendência dos países mais ricos a ser mais felizes do que os mais pobres.[11] De igual modo, quando países pobres como a Índia, o México, as Filipinas, o Brasil e a Coréia do Sul experimentaram crescimento econômico, há alguma evidência de que sua felicidade média aumentou.[12] O motivo é claro — a renda extra é realmente valiosa quando tira as pessoas da pura pobreza física.

Isso corresponde a uma das crenças-chave dos economistas do século XIX — de que a felicidade extra proporcionada pela renda extra é maior quando você é pobre e diminui constantemente à medida que você se torna mais rico. Se compararmos pessoas diferentes em qualquer país, veremos empiricamente que isso é verdade. E, como seria de se esperar, o efeito da renda na felicidade é maior nos países mais pobres, onde as pessoas estão mais perto da linha da pobreza.[13]

Se o diagrama nos diz algo sobre a economia, também nos diz sobre a política. A descoberta mais surpreendente é o sofrimento dos antigos países comunistas, onde a opressão degradou a condição humana. No auge do comunismo, os russos estavam entre as pessoas mais miseráveis da Terra, como mostra uma pesquisa anterior.[14] Mas o caos econômico que se seguiu ao colapso do comunismo tornou tudo ainda pior, por enquanto. Todos os antigos países comunistas são mais infelizes do que a Argélia e o sofrimento é maior na antiga União Soviética.

É claro que se poderia questionar se a palavra "feliz" (ou "satisfeito") significa o mesmo em idiomas diferentes. Na verdade, sim. Os países podem ser avaliados separadamente segundo três medidas diferentes: o quanto estão "felizes"; o quanto estão "satisfeitos" e como avaliam suas vidas em uma escala que vai da "pior vida possível" à "melhor". A avaliação dos países é muito parecida segundo todas as três medidas,[15] o que indica que as palavras não causam um problema insuperável.

Além disso, há uma evidência direta de que as palavras têm um significado inalterável em vários idiomas diferentes. Por exemplo, foi pedido a um grupo de estudantes chineses que respondessem à pergunta sobre a felicidade, uma vez em chinês e outra em inglês, com duas semanas de intervalo entre os dois eventos. Os estudantes declararam quase exatamente o mesmo nível médio de felicidade em chinês e inglês, e as respostas nos diferentes idiomas foram altamente correlacionadas entre todos eles.[16] Isso sugere que as pessoas que falam chinês e inglês interpretam de modo muito parecido a palavra "feliz" nos dois idiomas. Como o inglês e o chinês são muito diferentes, isso é tranqüilizador.

Na Suíça, a maioria das pessoas fala francês, alemão ou italiano. Mas todos esses grupos dão respostas parecidas para a pergunta sobre a felicidade. Além disso, os suíços em todos os três grupos são mais felizes do que as pessoas que falam o mesmo idioma nos países vizinhos — França, Alemanha ou Itália. Portanto, as respostas das pessoas parecem refletir o estilo de vida, não o idioma.

Ninguém afirmaria que os números no diagrama são medidas perfeitamente exatas da felicidade em cada país. Mas, como veremos no Capítulo 5, não são sem sentido. Se fossem, não poderíamos explicar as principais diferenças entre os países usando pouquíssimos fatores explanatórios. Além disso, o conceito de felicidade parece igualmente familiar em todas as nações, produzindo altas taxas de resposta. Portanto, comparar países confirma o que a história também mostra — que acima de 20 mil dólares *per capita* a renda média mais alta não é garantia de maior felicidade.

A história mais provável é esta: desde a Segunda Guerra Mundial a maior renda nacional realmente proporcionou certo aumento na felicidade, mesmo nos países mais ricos.[17] Mas essa felicidade extra foi anulada pelo maior sofrimento causado por relacionamentos sociais menos harmoniosos, como mostrarei no Capítulo 6.

Depressão e crime

Isso nos leva à terceira evidência de que a felicidade global não aumentou na última metade de século. As tendências à depressão, ao alcoolismo e ao crime são indicações concretas de que a infelicidade aumentou rapidamente no período pós-guerra. O restante deste capítulo deveria convencer qualquer um, mesmo aqueles cujo olhar se fixou no Produto Nacional Bruto (PNB) que os últimos cinqüenta anos não foram a era de melhora da vida que gostaríamos que tivesse sido.

A maior parte das evidências sugere que a depressão clínica aumentou desde a Segunda Guerra Mundial.[18] Por depressão clínica não me refiro às crises de infelicidade que todos nós experimentamos em alguma fase, mas a uma condição psiquiátrica bem definida em que os indivíduos não podem desempenhar seus papéis sociais normais por pelo menos algumas semanas.[19] Para avaliar a freqüência da depressão, contamos com entrevistas de pesquisa em que as pessoas relatam suas experiências, que são então classificadas por especialistas na organização de pesquisa. Até os 35 anos cerca de 15% das pessoas nos Estados Unidos experimentam uma grande depressão.[20] Muitas a experimentaram mais de uma vez, de modo que em qualquer ano cerca de 6% das pessoas nos Estados Unidos experimentam uma grande depressão.

Nem sempre foi assim. Uma evidência disso provém de perguntar aos americanos de hoje sobre os sintomas de que conseguem se lembrar em épocas diferentes do passado. Se considerarmos os americanos de 35 anos, cerca de 15% se lembram de sintomas que seriam classificados como os de uma grande depressão. Mas se considerarmos os americanos que tinham 35 anos na década de 1960, apenas 2% conseguem se lembrar desses sintomas ocorrendo antes de completarem 35 anos. Portanto, se as lembranças das pessoas estiverem certas, houve um enorme aumento na depressão nos Estados Unidos e em outros países estudados,[21] especialmente durante o período dourado de crescimento econômico entre a Segunda Guerra Mundial e os choques do petróleo da década de 1970.

Entretanto, sempre há o problema de que algumas pessoas podem ter se esquecido de uma depressão anterior.[22] Por isso é bom termos em muitos países estudos da depressão que foram repetidos mais de uma vez ao longo dos anos, usando as mesmas perguntas. Quase todos mostram que a depressão aumentou.[23] Essa é uma conclusão legítima, embora não possamos saber ao certo quanto aumentou.

Não se esperaria que o crescimento econômico fizesse muito para impedir a depressão já que esta, embora menos comum entre os ricos, é encontrada em todos os níveis de renda. O preocupante é que a depressão realmente aumentou à medida que a renda se elevou.

O abuso do álcool é outro indicador significativo da infelicidade. Mais pessoas sofrem de alcoolismo do que de vício em drogas,[24] e a história do alcoolismo é, se você me permite o uso da palavra, muito sóbria. No primeiro quartel do século XX o consumo de álcool caiu em muitos países, apesar do aumento do poder aquisitivo. Portanto, o maior consumo de álcool não é um resultado inevitável da renda real mais alta. No segundo quartel do século permaneceu quase que constante. Mas desde então aumentou na maioria dos países, exceto na França e na Itália, onde já era muito alto.

Parte desse consumo extra de álcool é patológica. Nos Estados Unidos, mais de um quarto dos homens brancos jovens afirma já ter tido problemas com bebida. Isso se compara a menos de 15% dos homens mais velhos (com mais de 65 anos), que afirmam que tiveram tais problemas. Portanto, a menos que as memórias estejam muito fracas, o alcoolismo aumentou nos Estados Unidos. Na Europa, a principal evidência é as pessoas que morrem de cirrose hepática; o número aumentou desde 1950 em todos os países, exceto na França.

Os dados de suicídio fornecem evidências menos relevantes da escala de infelicidade, porque no país típico apenas cerca de 1% das mortes é por suicídio. O suicídio reflete a infelicidade extrema. Mas realmente aumentou na maioria dos países desenvolvidos, exceto nos Estados Unidos, na Grã-Bretanha, na Suécia e na Suíça, e o suicídio de jovens aumentou em quase todos os países desenvolvidos.[25]

Não citarei o aumento no abuso de drogas, já que é em parte estimulado pelo acesso mais fácil nos países que as fornecem. Seja como for, a depressão começou a aumentar muito antes de as drogas assumirem o controle.

Mais significativo é a criminalidade. Quando, na década de 1930, os reformadores sociais pensaram em uma era futura plena de emprego e prosperidade, presumiram que traria mais satisfação e, portanto, menos crimes. Nunca a previsão social se enganou tanto. Em vez disso, entre 1950 e 1980, na maioria dos países, os crimes registrados aumentaram em pelo menos 300%. A admirável exceção é o Japão, onde diminuíram.[26] Desde 1980 houve reduções significativas da criminalidade nos Estados Unidos, na Austrália e no Canadá, e desde 1995 na Grã-Bretanha. Mas a criminalidade ainda está acima de seu nível de 1950.[27]

O extraordinário aumento da criminalidade na era dourada do progresso econômico do pós-guerra pegou quase todos de surpresa exatamente porque contrastava muito com a experiência anterior. No início do século XIX havia alta criminalidade nas cidades industriais recém-desenvolvidas da Grã-Bretanha e dos Estados Unidos — Fagin, de Dickens, era tudo, menos único. Mas com o aumento da prosperidade a ordem social aumentou e a criminalidade diminuiu, até a Primeira Guerra Mundial.[28] Daí em diante permaneceu razoavelmente estável através da Grande Depressão, apenas para aumentar no período do crescimento econômico do pós-guerra.

Portanto, temos no Primeiro Mundo um profundo paradoxo — uma sociedade que busca e fornece renda cada vez maior, mas é pouco — ou nada — mais feliz do que antes. Ao mesmo tempo, no Terceiro Mundo, onde a renda extra realmente traz felicidade extra, os níveis de renda ainda estão muito baixos. E o Primeiro Mundo tem mais depressão, mais alcoolismo e mais crimes do que cinqüenta anos atrás. O que *está* acontecendo?

"Ok, se você não sabe como poderia aumentar o meu salário, que tal diminuir o do Parkerson?"

CAPÍTULO

4

Se você é tão rico, por que não é feliz?

O homem rico é aquele que ganha cem dólares por ano a mais do que o marido da irmã de sua mulher.

H. L. Mencken[1]

Suponha que lhe pedissem para escolher viver em dois mundos imaginários, onde os preços fossem os mesmos:

- No primeiro mundo você ganha 50 mil dólares por ano, enquanto as outras pessoas ganham 25 mil (em média).
- No segundo você ganha 100 mil dólares por ano, enquanto as outras pessoas ganham 250 mil (em média).

Qual você escolheria? Esta pergunta foi feita a um grupo de estudantes de Harvard e a maioria preferiu o *primeiro* tipo de mundo.[2] Eles ficariam felizes em ser mais pobres desde que sua posição relativa melhorasse. Muitos outros estudos chegaram à mesma conclusão.[3] As pessoas se importam muito com suas rendas relativas e estariam dispostas a aceitar uma queda significativa em seus padrões de vida se isso as colocasse em uma posição superior em relação aos outros.

Elas também comparam suas rendas com aquilo a que se acostumaram. Quando lhes perguntam de quanta renda precisam, as mais ricas sempre dizem que precisam de uma renda maior do que as mais pobres.[4]

Portanto, se você está feliz com sua renda, depende de como é comparada com uma norma. E essa norma depende de duas coisas: do que as outras pessoas recebem e do que você mesmo está acostumado a receber. No primeiro caso seus sentimentos são governados pela comparação social, e no segundo, pelo hábito.

Como essas duas forças são muito marcantes na natureza humana, é bastante difícil que o crescimento econômico aumente a felicidade,[5] porque, à medida que a renda real se eleva, a norma pela qual é avaliada também se eleva. Você pode ver isso examinando os dados coletados pelo Gallup Poll nos Estados Unidos ao longo de muitos anos. Foi perguntado às pessoas: "Qual é a menor quantia que uma família de quatro pessoas necessita para viver nesta comunidade?" O diagrama a seguir mostra a "renda real necessária" (ajustada de acordo com mudanças no custo de vida) e também a "renda real média efetiva *per capita*". Como podemos ver, as normas das pessoas se ajustam rapidamente a seus efetivos padrões de vida. Não admira que elas não tenham se tornado mais felizes.

Outra pesquisa fornece ainda mais indícios. Desde 1972 é perguntado a americanos se eles estão satisfeitos com sua posição financeira. Embora sua renda real *per capita* (corrigida pela inflação de preços) tenha quase que dobrado, a proporção de pessoas que dizem que estão bastante satisfeitas com sua situação financeira realmente diminuiu.[6]

Renda real necessária e renda real média efetiva[7]
(como porcentagem de seus níveis de 1952)

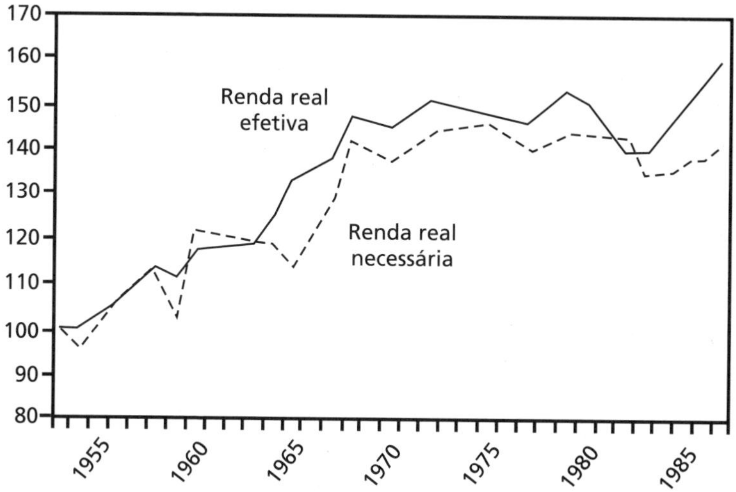

Esses fatos são verdadeiramente deprimentes. Para entendê-los, devemos examinar muito mais atentamente os mecanismos de comparação social e os costumes.

Comparação social

Podemos começar com uma introspecção informal. Quando estamos em casa, a maioria de nós gosta de viver mais ou menos no mesmo estilo de nossos amigos ou vizinhos, ou melhor. Se nossos amigos começam a dar festas mais elaboradas, achamos que também deveríamos dar. Acontece o mesmo se eles têm casas ou carros maiores. Quando a maioria das pessoas dirigia pequenos Fords, você podia se sentir bem com o seu. Mas quando algumas têm uma BMW, outras acham que talvez também devessem ter. A primeira pessoa a ter uma BMW realmente se sente bem. Mas quando todas têm, elas podem se sentir iguais a quando todas tinham Fords. Esse mecanismo ajuda a explicar o paradoxo no capítulo anterior: em toda sociedade os ricos são mais felizes do que os pobres, mas com o correr do tempo as sociedades mais ricas não se tornam mais felizes do que as mais pobres.

De modo parecido, no trabalho eu comparo meu salário com o quanto meus colegas ganham, pelo menos até onde sei. Se eles recebem um aumento acima da inflação e eu recebo um que apenas a acompanha, fico furioso. Esse componente psicológico óbvio é ignorado pela economia comum, que afirma que se a renda de uma pessoa aumentou e a de ninguém diminuiu, as coisas melhoraram porque ninguém sofreu com isso. Mas, puxa vida, eu sofri.

Isso ocorre porque a renda é muito mais do que um meio de comprar. Também a usamos, comparada com a dos outros, como uma medida do quanto somos valorizados e (se não tivermos cuidado) do quanto nos valorizamos. Podemos comparar nossa renda com a de nossos colegas e também com outros iguais a nós em locais de trabalho diferentes. Mesmo se não sabemos exatamente quanto ganham, podemos ver como vivem. Claramente, nós nos preocupamos com nossa renda em relação à das pessoas, assim como com seu nível absoluto.

A única situação em que estaríamos dispostos a aceitar uma redução de salário é quando os outros também aceitam.[8] É por isso que houve tão pouco descontentamento econômico durante a Segunda Guerra Mundial. Contrastantemente, na grande inflação da década de 1970 houve grande descontentamento porque em um mês os salários da maioria das pessoas não aumentavam, mas os de outras aumentavam muito.[9]

Quando as pessoas comparam seus salários, geralmente é com pessoas que lhes são próximas, em vez de com astros de cinema ou pobres. O que importa é o que acontece com seu "grupo de referência" porque você poderia ganhar o que o grupo ganha, mas não o que Tom Cruise ganha. É por isso que nas competições olímpicas os medalhistas de bronze ficam mais felizes com seus resultados do que os de prata — as medalhas de bronze os comparam com as pessoas que não receberam medalhas, enquanto os medalhistas de prata acreditam que poderiam ter conquistado uma medalha de ouro.[10] No extremo temos o camponês russo cujo vizinho possui uma vaca. Quando Deus lhe pergunta como pode ajudar, o camponês responde: "Mate a vaca."

Como as comparações são tão amplas, algumas das maiores rivalidades ocorrem dentro de organizações e famílias. Nas organizações, freqüentemente a calma só pode ser mantida quando os salários são mantidos em segredo. Nas famílias, descobriu-se que quanto mais um dos cônjuges ganha, mais o outro fica insatisfeito com seu próprio trabalho.[11] E entre as mulheres, se o marido de sua irmã ganha mais do que o seu, você tende mais a ir trabalhar fora.[12] Em outras palavras, as pessoas se preocupam com suas rendas relativas, e não simplesmente com seu nível absoluto. Elas querem ter o mesmo padrão de vida de seus amigos ou vizinhos, ou, se possível, melhor.

Se as pessoas trocam seu grupo de referência por outro de posição mais elevada, isso pode afetar seriamente sua felicidade. Há muitos casos claros em que as pessoas melhoraram objetivamente de vida mas se sentiram subjetivamente piores. Um deles é o da Alemanha Oriental, em que o padrão de vida das pessoas empregadas se elevou após 1990, mas seu nível de felicidade caiu. Com a reunificação da Alemanha, os habitantes da Alemanha Oriental começaram a se comparar com os da Alemanha Ocidental, em vez de com os outros países do antigo bloco soviético. Outro caso é o das mulheres cujos salários e oportunidades aumentaram consideravelmente em relação aos dos homens, mas cujo nível de felicidade não aumentou. Na verdade, nos Estados Unidos, a felicidade das mulheres diminuiu em relação à dos homens. Talvez agora elas se comparem mais diretamente com os homens do que antes e por isso se concentrem mais nas diferenças ainda existentes.

Contudo, há uma certeza sobre os grupos de referência. Os ricos estão tão perto do topo que seus grupos de referência tendem a incluir pessoas mais pobres do que eles, enquanto os pobres estão tão perto da base que seus grupos de referência tendem a incluir pessoas mais ricas que eles. Isso ajuda a explicar por que os ricos são, em média, mais felizes do que os pobres.

Para a sociedade como um todo, as implicações das comparações sociais são enormes. Imagine o caso mais extremo, em que as pessoas só se importavam com suas rendas relativas e não com suas rendas individuais. Nesse caso, o crescimento econômico não poderia melhorar sua situação. A única exceção seria elas passarem a ter grupos de referência em uma posição hierárquica inferior à de antes. Mas se os grupos de referência permanecessem estáveis e a renda de todas as pessoas mudasse na mesma proporção, sua felicidade permaneceria a mesma. Cada pessoa se tornaria mais feliz porque era mais rica, mas menos feliz porque as outras pessoas eram mais ricas. Um efeito anularia o outro, porque a renda relativa não mudaria.

Então, até que ponto a felicidade é realmente afetada pela comparação da própria renda com a renda alheia? Se observamos as pessoas e descobrirmos como estão felizes, podemos examinar essa questão empiricamente. Um estudo sugere que se as outras pessoas ganham 1% a mais que você, sua felicidade diminui um terço, tanto quanto aumentaria se você ganhasse 1% a mais.[13] Portanto, se a renda de todos aumentasse igualmente, sua felicidade aumentaria, mas apenas dois terços do que aumentaria se apenas sua renda crescesse. Outro estudo investiga o tema mais profundamente, examinando o que de fato afeta sua felicidade: o que importa é sua renda efetiva ou como você a percebe comparada com a das outras pessoas? Sua "renda relativa percebida" importa mais do que sua renda efetiva.[14] Esses estudos foram feitos nos Estados Unidos. Um estudo comparável feito na Suíça descobriu que sua felicidade depende apenas de sua renda em relação às suas aspirações de renda — e suas aspirações de renda dependem muito da renda média das pessoas no local em que você vive.[15] Esses estudos fornecem uma clara evidência de que um aumento na renda alheia diminui sua felicidade.

Esse mecanismo psicológico básico reduz o poder do crescimento econômico de aumentar a felicidade. Também leva a incentivos distorcidos, porque se eu trabalho mais e aumento minha renda, torno os outros menos felizes. Mas quando decido o quanto trabalhar, não levo isso em conta. Portanto, tendo a trabalhar mais do que é socialmente eficiente — assim como fazem todas as pessoas.

Mas espere um pouco. Se eu trabalhar menos e tiver mais lazer, esse lazer extra *também* tornará as pessoas mais infelizes — porque elas também invejam o meu *lazer*? Não. Os pesquisadores de Harvard que mencionei no início deste capítulo pensaram nisso. Então apresentaram aos estudantes mais dois mundos alternativos:

- Você tem duas semanas de férias e os outros têm uma semana.

- Você tem quatro semanas de férias e os outros têm oito semanas.

Dessa vez apenas 20% dos estudantes escolheram o primeiro mundo. Portanto, a maioria das pessoas não tem sentimentos de rivalidade em relação ao lazer. Mas *tem* em relação à renda, e essa rivalidade causa ainda mais problemas. Portanto, há uma tendência a sacrificar lazer demais para aumentar a renda.

O que pode ser feito a esse respeito? Deixo isso para a segunda parte do livro. Mas eis um fato adicional. As comparações sociais afetam mais uns do que outros. Em uma experiência, foi dada às pessoas uma tarefa que realizaram sentadas perto de um colega que fazia a mesma coisa.[16] (Esses colegas eram agentes do experimentador.) O objetivo era ver até que ponto o humor de uma pessoa era afetado se o colega se saía melhor ou pior do que ela. Não foi surpresa o fato de o humor de todas as pessoas melhorar se elas se saíam melhor. Mas apenas o humor das pessoas infelizes piorava se elas se saíam pior. Logo, um dos segredos da felicidade é não se comparar com as pessoas mais bem-sucedidas do que você: sempre compare para baixo, não para cima.

Claramente, as comparações sociais são um motivo importante pelo qual a felicidade não aumentou com o crescimento econômico. Outro motivo é a habituação.

A esteira hedonista

Mais uma vez podemos começar com uma introspecção. Quando compro uma casa nova ou um carro novo, a princípio fico empolgado. Mas depois me acostumo com isso e meu humor tende a voltar a ser o de antes. Agora acho que *preciso* da casa maior e do carro melhor. Se voltasse a ter a casa e o carro que tinha, seria muito menos feliz do que era antes de experimentar algo melhor.

Cresci sem aquecimento central. Não importava. Às vezes tinha de ficar perto da lareira ou pôr os pés em uma bacia de água quente, mas meu humor era bom. Aos 40 anos, passei a ter aquecimento central. A partir de então, eu me sentiria realmente mal se tivesse de voltar a lutar contra o frio. Na verdade, me viciei no aquecimento central.

Portanto, até certo ponto, o padrão de vida é como o álcool ou as drogas. Quando você tem uma experiência nova, precisa continuar tendo mais dela para manter sua felicidade. Na verdade, está em uma espécie de "esteira hedonista" em que precisa continuar a correr para que sua felicidade permaneça fixa.

Em psicologia, esse processo é conhecido como adaptação. Se a adaptação é "completa", somente estímulos novos e contínuos podem aumentar seu bem-estar. Quando sua situação se torna novamente estável, você volta ao seu nível de "ajuste" de felicidade. Faz isso independentemente de se a mudança inicial é para melhor ou pior.

Essa adaptação é comum no mundo natural. Quando as coisas vão mal, pode ser uma ótima apólice de seguro. Mas quando vão bem, acaba diminuindo sua satisfação.

É certo que as pessoas se adaptam razoavelmente bem a algumas coisas. Mas há outras às quais nunca se adaptam totalmente — a revezes como a viuvez, sons altos e imprevisíveis ou cuidar de uma pessoa com Alzheimer. E há algumas coisas pelas quais nunca deixam de se interessar — como o sexo, os amigos e, até certo ponto, o casamento.[17] Claramente, o segredo da felicidade é buscar aquelas coisas boas às quais você nunca consegue se adaptar totalmente.

Então, até que ponto nós nos adaptamos à renda mais alta? A abordagem mais simples é descobrir como a renda efetiva das pessoas afeta a renda de que elas acham que precisam.[18] Nós podemos lhes perguntar: "Para a sua família, que renda você consideraria: muito ruim, ruim, insuficiente, suficiente, boa e muito boa?" Com essas respostas, podemos determinar para cada indivíduo o nível de renda entre suficiente e insuficiente. Descobrimos que essa "renda necessária" varia muito de acordo com a renda efetiva do indivíduo. Um aumento de 1 dólar na renda efetiva causa um aumento de pelo menos 40 centavos na "renda necessária".[19] Assim, quando eu ganho 1 dólar a mais este ano fico mais feliz, mas no ano seguinte calcularei minha renda a partir de um valor referencial 40 centavos mais alto. Nesse sentido, pelo menos 40% do ganho deste ano "desaparecerão" no ano seguinte.

Essa é a medida de nosso vício na renda.[20] As coisas às quais nos acostumamos mais facilmente e que mais temos como certas são nossos bens materiais — carros, casas. Os anunciantes sabem disso e nos convidam a "alimentar nosso vício" gastando cada vez mais. Contudo, outras experiências não empalidecem do mesmo modo — o tempo que passamos com familiares e amigos e a qualidade e segurança de nossos empregos.[21]

Se não prevermos que nos acostumaremos com nossos bens materiais, investiremos demais em adquiri-los à custa de nosso lazer. As pessoas realmente subestimam esse processo de habituação.[22] Como um resultado disso, nossa vida pode ser distorcida e seguir na direção de trabalhar e ganhar dinheiro, afastando-se de outras atividades.[23]

Equilíbrio entre trabalho e vida

Entre os países ricos, é nos Estados Unidos que a jornada de trabalho é maior.[24] Como mostra o diagrama a seguir, lá as pessoas trabalham muito mais horas do que na Europa. Essa diferença é surpreendente porque a produtividade por hora trabalhada é a mesma nos Estados Unidos, na França e na Alemanha, e está aumentando em um ritmo similar.[25]

Na maioria dos países e das vezes na história, quando as pessoas se tornam mais ricas, decidem trabalhar menos. Em outras palavras, decidem "gastar" parte de sua possível renda extra com uma vida privada mais plena. Nos últimos cinqüenta anos os europeus mantiveram esse padrão e as horas trabalhadas diminuíram muito. Mas não nos Estados Unidos. Não sabemos ao certo por quê. Um dos motivos pode ser os impostos significativamente menores na América, que aumentam a remuneração do trabalho.[26] Outro pode ser trabalhos mais satisfatórios ou vidas privadas menos satisfatórias.

Horas trabalhadas no ano[27]
(trabalhadores em tempo integral, 2002)

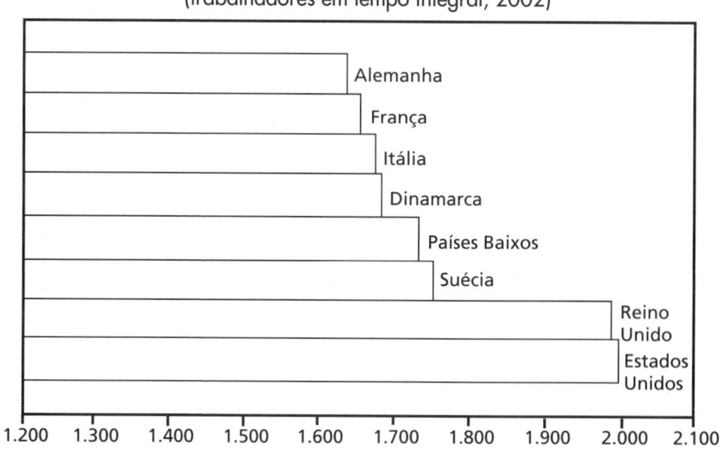

É claro que uma jornada de trabalho maior aumenta o Produto Nacional Bruto. Por esse motivo, os Estados Unidos apresentam um rendimento mais alto por trabalhador do que, digamos, a França.[28] Além disso, nos Estados Unidos há mais pessoas trabalhando enquanto na França muito mais mães e pessoas mais velhas decidiram ficar em casa (e o desemprego é três pontos percentuais maior). O resultado global é que o PNB americano *per capita* é 40% maior do que o da França, embora a produtividade por hora trabalhada seja a mesma.

Não é óbvio qual das duas situações é melhor. Como vimos, o trabalho tem de ser comparado com outros valores, como a vida familiar, freqüentemente sacrificada em seu interesse. É cedo demais para explicar sistematicamente as diversas tendências relativas à felicidade ao longo do tempo em países diferentes. Mas é provocativa a idéia de que nos Estados Unidos a felicidade estagnou desde 1975, enquanto aumentou na Europa. Isso poderia ter algo a ver com as tendências no equilíbrio entre trabalho e vida?

Desigualdade

Até agora concentrei-me nos aspectos problemáticos da busca pela renda. Mas bilhões de pessoas de fato precisam de mais renda para proporcionar uma vida intrinsecamente melhor para suas famílias. Obviamente, esse é o caso no Terceiro Mundo, onde quase 3 bilhões de pessoas vivem com menos de 2 dólares por dia.[29] Mas isso também é verdade no Primeiro Mundo, de que trata este livro: quantos de nossos cidadãos viveriam bem melhor se ganhassem 1.000 dólares a mais por ano? A resposta é alguns, mas não todos.

Durante 14 meses Joyti De-Laurey, secretária da Goldman Sachs em Londres, desviou cerca de 4,5 milhões de libras das contas de seus dois chefes e os gastou consigo mesma. Por mais de um ano nenhum de seus chefes nem sequer notou.[30]

Essa história ilustra o que os economistas do século XIX pressentiam: que dólares extras fazem menos diferença se você é rico do que se é pobre. As pesquisas modernas confirmam essa crença.[31] Podemos examinar o quanto a renda extra aumenta a felicidade das pessoas em pontos diferentes da escala da renda e descobrimos que, de fato, o benefício da renda extra é menor para a pessoa mais rica. Pelo mesmo motivo, a renda extra faz mais diferença para a felicidade nos países pobres.

Dessa realidade psicológica conclui-se que, se o dinheiro é transferido de uma pessoa mais rica para uma mais pobre, a mais pobre ganha mais felicidade do que a rica perde. Portanto, a felicidade média aumenta. Assim, um país terá um nível mais alto de felicidade média se sua renda for mais igualmente distribuída — e tudo mais permanecer igual.[32]

Nessa abordagem estamos pensando na renda como o determinante pertinente para a felicidade: a desigualdade é ruim porque a renda extra traz menos benefícios para os ricos do que para os pobres. Contudo, há uma tradição bastante diferente, que se concentra na desigualdade de renda como um fato em si — uma característica do ambiente.[33] Ela afirma que as pessoas vêem a desigualdade como tal. Costumava-se supor que as pessoas não gostavam da desigualdade. Mas há cada vez mais evidências de que alguns grupos (como os que são móveis ou acham que são) realmente gostam.[34] Esse é um tema complicado e pouco se sabe sobre o equilíbrio dessas preferências. É claro que a desigualdade também pode afetar a qualidade dos relacionamentos sociais. Contudo, ainda não há uma evidência clara de que a desigualdade como tal afete a felicidade dos indivíduos em uma comunidade.[35] Mas nós *realmente* sabemos que o benefício da renda extra é menor para os mais ricos, e isso fornece o elo principal entre desigualdade e felicidade média.

Há um argumento fascinante contra as políticas para reduzir a desigualdade de renda que provém daqueles que acreditam que a tributação é um mecanismo para evitar a mobilidade social — impedir que um jovem ambicioso passe da pobreza para a riqueza (porque a riqueza não pode mais ser obtida em uma geração). Eu até mesmo ouvi dizer que a alta tributação na Grã-Bretanha perpetua o sistema de classes. Isso é uma bobagem. As sociedades com menos classes no mundo são as da Escandinávia, onde os impostos são altos, a educação básica é boa e há uma cultura de respeito mútuo.

Então, em que ponto estamos? Temos uma boa idéia de por que a felicidade aumentou menos do que o esperado: nossas normas se elevaram à medida que a renda dos outros aumentou, assim como nossa própria experiência de conforto. O mecanismo central que opera aqui é o hábito de comparação.

Isso está profundamente enraizado em nossa psicologia. Se você olhar para a ilustração a seguir, uma pergunta natural a fazer é qual das duas linhas verticais é mais longa. A maioria das pessoas diria que é a da direita. Por quê? Porque é mais longa quando comparada com o espaço entre as duas linhas oblíquas acima e abaixo dela. Contudo, na verdade as duas linhas verticais têm a mesma altura.

Constantemente distorcemos nossa percepção da realidade com comparações inúteis. Portanto, um "segredo da felicidade" é desfrutar as coisas como são, sem compará-las com algo melhor. Outro é descobrir o que realmente nos torna felizes.

Hábitos de comparação

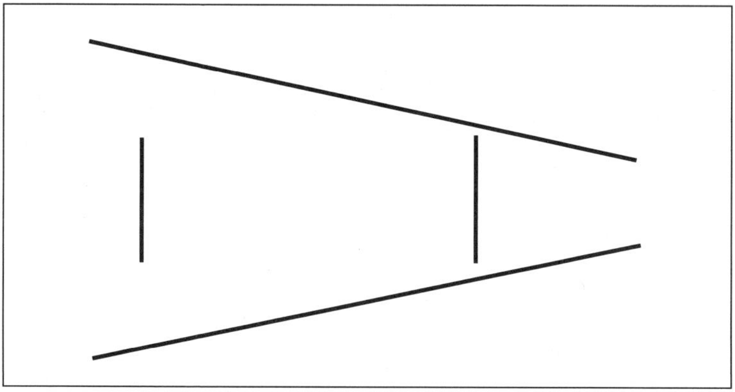

"Eu sinto vontade de chorar quando penso nos anos que perdi juntando dinheiro, só para depois ficar sabendo que meu temperamento alegre é genético."

CAPÍTULO

5

Então, o que nos torna felizes?

É tão pouco, / Ter desfrutado o sol, / Ter vivido despreocupadamente na primavera, / Ter amado, ter pensado, ter feito?

MATTHEW ARNOLD[1]

A **felicidade vem de** fora e de dentro. Depende das circunstâncias, mas também de nossos eus interiores. Como disse La Rochefoucauld: "A felicidade ou a desgraça dos homens depende mais de seu gênio do que de sua fortuna." Por sua vez, o gênio depende dos genes e da criação.

Os genes

Algumas pessoas acham que não deveríamos falar sobre genes, porque isso poderia dar a impressão de que, desde o nascimento, uma pessoa está predestinada à felicidade ou à desgraça e que nada pode ser feito a esse respeito. Essa conclusão seria absurda. Até mesmo as características mais hereditárias podem ser radicalmente mudadas pela experiência. Pense apenas na altura, tão intimamente relacionada com a altura dos pais. Contudo, a altura média dos homens ingleses aumentou 5 centímetros nos últimos cem anos, principalmente devido à melhor alimentação.[2]

Portanto, a altura é o produto conjunto de genes e ambiente, como quase tudo mais que é interessante sobre nós. Os genes não são um padrão que especifica como devemos inevitavelmente ser. Eles fornecem instruções operacionais sobre como devemos nos desenvolver em resposta ao nosso ambiente. O rato tem genes que lhe dizem como ver, em circunstâncias favoráveis. Mas quando os olhos de um filhote de rato são vendados durante seis meses e depois descobertos, o rato nunca recupera sua visão.

Então, por que falar sobre genes? Porque nós estamos interessados na verdade. Queremos saber o que nos torna como somos e não o saberemos se ignorarmos qualquer um dos fatores-chave. Como todos os pais sabem, as crianças vêm ao mundo diferentes e só serão felizes se o mundo reagir apropriadamente a como elas são.

Então, como sabemos que os genes afetam a felicidade? A evidência provém dos estudos de gêmeos. Os gêmeos idênticos têm genes idênticos, enquanto os não-idênticos têm apenas metade dos genes em comum, assim como quaisquer irmãos.[3] Como resultado disso, os gêmeos idênticos são muito mais similares em felicidade do que os não-idênticos. As descobertas do Minnesota Twins Registry são surpreendentes. Ao contrário dos gêmeos não-idênticos, os idênticos são notavelmente similares em felicidade.[4] Os níveis de felicidade dos gêmeos idênticos são mais similares porque eles têm os mesmos genes.

Mas, espere um minuto, você poderia perguntar: as experiências deles também não são mais similares? Os pesquisadores pensaram nisso e fizeram um estudo especial de gêmeos idênticos adotados e separados quando bebês. O estudo revelou que entre esses gêmeos idênticos criados separados os níveis de felicidade eram tão similares quanto entre os gêmeos idênticos criados juntos.[5] Portanto, se os gêmeos idênticos são mais similares do que os não-idênticos, não é principalmente porque suas experiências foram mais parecidas.

Descobertas comparáveis se aplicam a muitas outras características humanas além da felicidade — esquizofrenia, depressão, alcoolismo e comportamento criminoso, como mostra a tabela a seguir. Para cada um desses casos é feita a pergunta: "Se um dos gêmeos tem o problema, o outro também o tem?" A tabela mostra a porcentagem de gêmeos para a qual a resposta é sim. Em todos os casos os gêmeos idênticos são muito mais similares do que os que têm genes diferentes. Mas nós nunca diríamos que os genes de uma pessoa determinaram que ela fosse alcoólatra. Tudo o que esses genes fazem é fornecer alguma predisposição ou não. A maioria de nossas características provém de uma mistura de genes e experiências, e os genes influem em nosso modo de reagir às experiências.

Se um dos gêmeos tem o problema, o outro também o tem? (porcentagem)[6]

	Gêmeos Idênticos	Gêmeos Não-idênticos
Esquizofrenia	48	17
Transtorno bipolar	65	14
Alcoolismo (homens)	41	22
Condenação criminal (adultos)	52	23
Delinqüência juvenil	91	73

Na verdade, a própria tabela deixa claro que os genes não são tudo. Não determinam totalmente coisa alguma. Mas realmente influem em sua probabilidade — o risco de que ocorra. Se um dos gêmeos é esquizofrênico, o outro é muito mais propenso a ser se tem genes idênticos do que se só tem metade dos mesmos genes. Mas, mesmo assim, a probabilidade para o gêmeo idêntico é de menos de 50%. Portanto, as experiências têm um papel importante, como os genes.

Já que nós variamos em felicidade, seria bom se pudéssemos dizer o quanto da variação provém das diferenças em genes e das diferenças em experiências. Infelizmente, isso não pode ser feito de um modo preciso, por dois motivos. O primeiro é que a pessoa com bons genes também tende a ter boas experiências. Tem bons pais. Sua própria educação a faz ser bem tratada pelos outros. Com o correr do tempo, ela mesma passa a buscar boas experiências. Na verdade, esses são efeitos das experiências, mas também estão correlacionados com os genes. Não há um modo claro de dividi-las entre as duas influências. O segundo motivo é que muitos efeitos genéticos só são desencadeados por situações ruins e vice-versa. Portanto, em muitos casos os maus genes só são prejudiciais se a pessoa também teve más experiências.

Apesar desses problemas, você ainda ouvirá dizer que uma característica é *x%* "hereditária", significando que *x%* da variação se deve aos genes. Na maioria dos casos, o número apresentado é superestimado porque inclui como genético qualquer efeito da experiência quando este é positivamente correlacionado com o efeito dos genes.[7] Mesmo assim, todos os estudos psicológicos da hereditariedade ainda deixam um papel importante para a experiência.

Nosso principal interesse tem de ser o efeito da experiência, já que é algo em que podemos influir. Mas também só descobriremos como nosso ambiente nos influencia se tivermos sob o devido controle o efeito de nossos genes. Isso é bastante óbvio quando vemos os efeitos de nossa experiência da infância.

Nossa criação familiar

Sob a influência de Sigmund Freud, muitas pessoas achavam que os primeiros seis anos de vida eram críticos para a felicidade na vida e pouco mais importava. Afinal de contas, as crianças são tão iguais aos pais que eles as devem ter influenciado. Mas então veio a reação. E se a influência dos pais tivesse vindo através de seu esperma e óvulo e não de seu amor ou sua frieza com os filhos?[8]

O modo mais óbvio de estudar esse problema é examinar as crianças adotadas logo após o nascimento e criadas por novos pais, com genes bastante diferentes. O resultado é, de um modo geral, este: a criação ainda importa, embora menos do que se acreditava. A influência dos genes também é forte, mesmo quando os pais biológicos nunca vêem a criança. Além disso, a combinação de má criação e maus genes produz efeitos maiores do que a simples soma de seus efeitos separados — sua interação pode ser particularmente destrutiva.

Não podemos fazer nada a respeito de nossos genes, exceto viver com eles. Mas podemos fazer algo a respeito de como criamos as crianças. Os estudos de adoção mostram claramente que isso é importante.

As crianças adotadas que crescem em lares conturbados de fato tendem mais a se tornar mentalmente doentes. (Também tendem mais a ter problemas se suas mães biológicas eram esquizofrênicas.)[9] As que crescem em um lar criminoso tendem mais a se tornar criminosas, especialmente se seus pais biológicos também cometiam crimes.[10] E se elas crescem com pais adotivos anti-sociais tendem mais a se tornar anti-sociais, especialmente se seus pais biológicos também o eram.[11]

À medida que os adotados progridem na vida, o efeito de seus pais adotivos diminui e o de seus genes aumenta.[12] Cumulativamente, a vida dá a você uma crescente oportunidade de expressar sua natureza mais profunda. Mas seu início ainda é importante.

Um dos modos de examinar o puro efeito da criação é se concentrar apenas nos gêmeos idênticos. Por muitos motivos, as mães tratam um dos gêmeos diferentemente do outro, e mesmo quando eles têm 7 anos podemos ver que o preferido se comporta muito melhor.[13]

Essas descobertas são surpreendentes, mas agora podemos ir além, devido aos resultados do Projeto do Genoma Humano. Podemos começar a estudar diretamente os efeitos de nossos genes físicos particulares. Aqui os pioneiros são um grupo internacional que analisou um estudo de acompanhamento em Dunedin, Nova Zelândia, que examinou o DNA das pessoas — o material em que seus genes são gravados. Para explicar a depressão, o grupo isolou um certo gene que influi no fornecimento de serotonina para o cérebro.[14] Se uma pessoa tem versões inferiores desse gene, corre o risco de se tornar deprimida, mas apenas se também for maltratada na infância. De igual modo, se uma pessoa é maltratada, corre o risco de se tornar deprimida, mas apenas se tem versões inferiores do gene. Essa descoberta mostra muito bem como os genes e a experiência podem interagir para determinar nossa constituição.[15]

Estudos de animais confirmam a importância da criação. Se ratos cujas mães não os lambem direito são criados por outras mães, que os lambem devidamente, tornam-se menos estressados ao crescer do que seriam se deixados com suas mães biológicas.[16] De igual modo, os macacos com mães hiperativas podem se tornar bastante calmos, se criados por mães mais tranqüilas.[17] Entre os seres humanos, experiências controladas para melhorar os comportamentos dos pais demonstraram ter efeitos duradouros nos filhos.[18]

Desintegração familiar

E quanto aos efeitos da desintegração familiar? Infelizmente, pesquisas que controlam os efeitos genéticos ainda são bastante raras.[19] Por isso, os pesquisadores freqüentemente tentam controlá-los avaliando a personalidade de uma criança quando tem, digamos, 7 anos e examinando como ela muda depois com um resultado do comportamento de seus pais.

Um estudo acompanhou crianças de 7 anos cujos pais ainda moravam juntos. Se depois os pais se separavam, a criança tendia cerca de duas vezes mais a se tornar um adulto deprimido comparado com crianças cujos pais permaneciam juntos. Não importava a idade da criança à época da separação.[20] Mas o principal problema é o conflito entre os pais — se for muito grande, pode ser melhor eles se separarem do que permanecerem juntos.[21]

Outros estudos confirmam o dano que pode resultar de ser criado por apenas um dos pais. Se, por volta dos 16 anos, você vive com apenas um de seus pais biológicos, tende a sofrer mais danos do que as outras crianças. Tem 50% de chances a mais de ser condenado criminalmente aos 15; o dobro de chances de deixar a escola secundária sem obter seu diploma e ter um filho na adolescência e 50% de chances a mais de não fazer coisa alguma aos vinte anos.[22] Curiosamente, não fica em melhor situação se sua mãe se casa de novo ou sua avó vai morar com vocês. Na idade adulta, as pessoas que viveram com apenas um dos pais tendem mais a morrer jovens e a se divorciar.[23]

É claro que os filhos de mães solteiras nunca vivem com os pais. O impacto dessa experiência é muito parecido com o de quando o pai inicialmente está presente e depois vai embora.[24]

Estendi-me um pouco na questão dos efeitos da desintegração familiar ou de ser filho de mãe solteira porque metade das crianças americanas chega aos 15 anos vivendo com apenas um dos pais originais. E 30% das crianças americanas (de todas as idades) estão nessa posição.

Há três motivos principais para isso ser ruim para elas.[25] Um deles é a mera pobreza — a renda familiar cai para a metade ou menos, o que pode explicar metade do dano causado. Mas também há um declínio do estímulo e da supervisão dos pais e freqüentemente a dissolução de amizades quando a família tem de se mudar, o que é comum acontecer. Finalmente, há o sentimento de traição. Nos Estados Unidos, cerca de um terço dos pais ausentes nunca vê os filhos no decorrer de um ano. Embora outro terço os veja todas as semanas, isso às vezes também é conflituoso ou triste.

Vida adulta

Agora chegamos ao efeito da própria vida adulta em cada um de nós. Quais são as características de nossa vida que fazem a maior diferença para a nossa felicidade?

O que não importa

Podemos começar com cinco características que, tipicamente, têm um efeito insignificante na felicidade. A primeira é a idade: se examinarmos do começo ao fim a vida das pessoas, veremos que sua felicidade média é notavelmente estável apesar dos altos e baixos da renda e da crescente piora na saúde.[26] A segunda é o gênero: em praticamente todos os países homens e mulheres são quase igualmente felizes.[27] A aparência também faz pouca diferença.[28] De igual modo, o QI está pouco relacionado com a felicidade, como o estão a energia física e mental (auto-avaliada).[29] Finalmente, a educação só tem um pequeno efeito direto na felicidade, embora, obviamente, aumente a felicidade ao aumentar a renda da pessoa.[30]

Os "Sete Grandes"

Então, o que realmente nos afeta? Sete fatores se destacam: relacionamentos familiares, situação financeira, trabalho, comunidade e amigos, saúde, liberdade pessoal e valores pessoais. Exceto pela saúde e pela renda, todos dizem respeito aos relacionamentos.

Para focar a mente, eu os chamarei de os Sete Grandes fatores. O U.S. General Social Survey nos permite pôr os cinco primeiros em ordem de importância. Pergunta às pessoas o quanto são felizes em geral e o quanto estão satisfeitas com as diferentes dimensões de sua vida (família, finanças, trabalho, comunidade e amigos, saúde). Através de suas respostas podemos descobrir as dimensões mais importantes da vida. Os resultados são mostrados no quadro a seguir, junto com os dois outros fatores-chave: liberdade pessoal e valores pessoais.[31]

Os Sete Grandes fatores que influem na felicidade (os primeiros cinco são apresentados por ordem de "importância")[32]
Relacionamentos familiares
Situação financeira
Trabalho
Comunidade e amigos
Saúde
Liberdade pessoal
Valores pessoais

Efeitos na felicidade[33]	
	Queda na felicidade (pontos)
Situação financeira	
Redução de um terço na renda familiar	2
Relacionamentos familiares	
Divorciado (em vez de casado)	5
Separado (em vez de casado)	8
Viúvo (em vez de casado)	4
Nunca se casou (em vez de casado)	4,5
Coabitando (em vez de casado)	2
Trabalho	
Desempregado (em vez de empregado)	6
Inseguro no emprego (em vez de seguro)	3
Índice de desemprego de até 10 pontos percentuais	3
Comunidade e amigos	
"Geralmente pode-se confiar nas pessoas" Porcentagem de cidadãos dizendo sim caindo 50 pontos percentuais	1,5
Saúde	
Saúde subjetiva caindo 1 ponto (em uma escala de 5 pontos)	6
Liberdade pessoal	
Qualidade do governo Belarus 1995 em vez de Hungria 1995	5
Valores pessoais	
"Deus é importante na minha vida" Você diz não para isso em vez de sim[34]	3,5

Como em todos os estudos, os relacionamentos familiares (e a vida íntima privada) são mais importantes do que qualquer outro fator isolado que afete a felicidade. Mas precisamos de mais detalhes sobre todos esses fatores. Podemos obtê-los do World Values Survey, realizado quatro vezes desde 1981. Foi bem analisado por John Helliwell, da University of British Columbia. Seus resultados cobrem 90 mil pessoas, em 46 países.[35]

No levantamento, uma pessoa situa sua felicidade em uma escala de 10 a 100 e relaciona as várias características de sua vida.[36] Assim, podemos usar essas características para explicar sua felicidade. Para evitar inferências equivocadas, devemos sempre olhar para o efeito de cada característica ao mesmo tempo mantendo as outras características constantes.[37] Os efeitos são mostrados na tabela na p. 84, que será explicada no restante deste capítulo.

Começaremos com o efeito da renda. Uma perda de um terço da renda (mantendo-se a renda nacional constante) causa uma queda de 2 pontos na escala da felicidade (de 10 a 100). É uma mudança bastante pequena na felicidade, mas fornece um padrão para avaliarmos o efeito de algumas das influências mais importantes.[38]

Relacionamentos familiares

As diferenças na situação familiar causam uma enorme diferença na felicidade. Se uma pessoa se divorcia, sua felicidade cai 5 pontos. Isso é mais do que o dobro do efeito de perder um terço da renda. E se uma pessoa se separa (refletindo uma desintegração mais recente do relacionamento) as coisas são ainda piores. A viuvez também é um grande golpe.

Mas nessa análise estamos comparando pessoas diferentes, e sempre há o risco de que as menos felizes tendam mais a se divorciar e assim por diante.[39] Para definir claramente o que causa o quê, temos de acompanhar a vida das mesmas pessoas. O German Socio-Economic Panel fez isso por mais de vinte anos. Dessa forma, descobrimos que as pessoas costumam se tornar mais felizes em conseqüência do casamento e que isso vale tanto para homens quanto para mulheres.[40] Nos dois ou três anos que antecedem o casamento elas já estão mais felizes (algumas já vivem juntas), mas o ano do casamento é o auge da felicidade. Depois desse primeiro ano há uma certa habituação e as pessoas se tornam um pouco menos felizes. Mas continuam mais felizes do que eram quatro anos antes do casamento.[41]

O padrão do divórcio é similar, porém oposto. Antes do divórcio, as pessoas se tornam cada vez menos felizes. O ano do divórcio é o pior. Depois desse ano a média dos homens retorna ao seu nível básico de felicidade, mas as mulheres continuam a sofrer. Os efeitos das altas taxas de divórcio podem ser vistos quando comparamos países, assim como indivíduos. Falaremos sobre isso mais adiante, mas as taxas de divórcio têm efeitos significativos na felicidade das nações — e na taxa de suicídio.[42]

E quanto aos efeitos de ter filhos? Realmente há muita alegria quando as crianças nascem.[43] Contudo, dois anos depois a média dos pais volta ao seu nível original de felicidade.

Os principais benefícios do casamento ou da coabitação são óbvios: vocês se dão amor e conforto; partilham recursos, ganhando economias de escala; ajudam-se. As pessoas casadas têm, em média, uma vida sexual melhor do que as solteiras — mais sexo satisfatório.[44] Além disso, são mais felizes e vivem mais.[45] Embora a cooperação esteja se tornando cada vez mais comum, até agora não provou ser uma forma de relacionamento tão estável quanto o casamento.[46]

Mas é claro que a qualidade e a estabilidade dos relacionamentos importa mais do que sua forma. Precisamos de outras pessoas e de que outras pessoas precisem de nós. Cada vez mais as pesquisas confirmam a suma importância do amor. As pessoas com relacionamentos amorosos têm melhor equilíbrio hormonal e mais saúde[47] e, é claro, são mais felizes. Grande parte da melhor literatura mundial é sobre o amor, e isso diz tudo.[48]

Trabalho

Podemos ser necessários para nossas famílias, mas a maioria de nós precisa de mais do que isso: precisamos sentir que estamos contribuindo para a sociedade em geral. Portanto, o trabalho oferece não só renda como também um sentido extra para a vida. É por esse motivo que o desemprego é tamanho desastre: reduz diretamente a renda e a felicidade, destruindo o amor-próprio e os relacionamentos sociais criados pelo trabalho. Quando as pessoas ficam desempregadas, sua felicidade diminui mais pela perda do trabalho em si do que pela perda da renda. Os economistas quase sempre ignoram essa realidade e alguns até mesmo alegam que o lazer extra deve ser um benefício para o desempregado.

Se você examinar a tabela anterior, poderá se perguntar se o efeito do desemprego simplesmente reflete diferenças anteriores entre as pessoas, com as menos felizes ficando desempregadas com mais freqüência. Mas o German Socio-Economic Panel mostra que, para uma determinada pessoa, a dor do desemprego é ainda maior do que a da perda da renda do que mostra a tabela.[49]

O German Socio-Economic Panel também nos permite esclarecer outra dúvida importante. Algumas pessoas acham que o pior não é o desemprego, mas o não-emprego. Em outras palavras, é tão ruim ficar "fora da força de trabalho" e não procurar emprego quanto ficar desempregado: você não procura emprego porque está desencorajado. Os dados contradizem totalmente isso. Movimentos entre trabalho e ficar "fora da força de trabalho" envolvem mudanças muito menores na felicidade do que movimentos entre trabalho e desemprego.[50] E a aposentadoria também não destrói a felicidade.

Portanto, o desemprego é um problema muito especial. Além disso, dói tanto depois de um ou dois anos quanto no início.[51] Nesse sentido, você não se habitua com ele (embora doa menos se outras pessoas também estiverem sem trabalhar).[52] E mesmo quando você volta ao trabalho, ainda sente os efeitos do desemprego como uma cicatriz psicológica.[53]

Além disso, mesmo trabalhando as pessoas temem o desemprego, e quando este aumenta causa grande impacto na felicidade de todos, inclusive dos que trabalham.[54] Assim, o aumento do desemprego tem dois efeitos. Primeiro há o efeito direto, porque mais pessoas ficam desempregadas. Depois, há o indireto, em todas as pessoas. Portanto, o índice de desemprego baixo e estável deve ser um objetivo importante de qualquer sociedade.[55]

Trabalhar é vital, se é isso que você quer. Mas também é importante que o trabalho seja satisfatório. Talvez a questão mais importante seja até que ponto você tem controle sobre o que faz. Há uma centelha criativa em todos nós, e se ela não pode se manifestar, nos sentimos semimortos. Isso pode ser literalmente verdade: entre os servidores públicos ingleses de qualquer nível, aqueles cujo trabalho é mais rotineiro experimentam mais rapidamente entupimento de artérias.[56]

Comunidade e amigos

Segundo o filósofo grego Epicuro: "Das coisas que a sabedoria proporciona para tornar a vida inteiramente feliz, a maior de todas é a amizade." A amizade é uma das melhores coisas da vida. Muitas das amizades mais íntimas são formadas na infância, mas continuamos a fazê-las no trabalho e na comunidade.

A qualidade de nossa comunidade é crucial para fazermos amizades e nos sentirmos seguros. Os pesquisadores a chamam de "capital social".[57] Não é fácil avaliá-la, mas um bom modo de fazer isso é perguntar às pessoas: "Em geral, você diria que pode confiar na maioria das pessoas ou que nunca é demais ter cuidado com elas?" Isso é perguntado no World Values Survey e a proporção de quem diz "Sim, posso confiar na maioria das pessoas" varia de 5% no Brasil a 64% na Noruega.

Você poderia se perguntar se essas respostas significam alguma coisa. Correspondem a algo real em relação a como as pessoas se comportam nesse país? Sim. Os pesquisadores deixaram cair carteiras de dinheiro nas ruas de vários países, com os nomes e endereços dos donos dentro. Depois verificaram a proporção de carteiras devolvidas — a mais alta foi na Escandinávia. Então, essas proporções foram comparadas com as respostas dos cidadãos do país à pergunta sobre confiança. Descobriu-se que as duas estavam intimamente relacionadas. Portanto, quando perguntamos sobre confiança, aprendemos algo sobre se realmente se pode confiar nas pessoas.[58]

Além disso, a confiança influi na felicidade. A tabela anterior confirma que viver onde você pode confiar nos outros faz uma clara diferença em sua felicidade.

Saúde

Isso nos leva à saúde. Nos preocupamos muito com nossa saúde, mas ela nunca é o principal determinante da felicidade.[59] Talvez isso ocorra, em parte, porque as pessoas têm considerável capacidade de se adaptar às limitações físicas.[60] Em geral, as pessoas saudáveis superestimam a perda da felicidade realmente experimentada devido a muitas das principais condições médicas.[61] Mas elas nunca conseguem se adaptar à dor crônica ou à doença mental — sensações que vêm de dentro de si mesmas, em vez de limitações em suas atividades externas.[62] O controle desse tipo de sofrimento deve ser uma de nossas principais prioridades.

Liberdade pessoal

A felicidade também depende da qualidade do governo. No Ocidente, temos como certos dois fatores que faltam em metade do globo — liberdade pessoal e paz. Quando examinamos a felicidade em diferentes países, descobrimos o quanto as pessoas eram infelizes sob o regime comunista. A tabela anterior usa uma medida sofisticada da qualidade do governo refletindo seis características diferentes: o estado de direito; a estabilidade e a falta de violência; o direito de opinar e a responsabilidade; a eficiência dos serviços públicos; a ausência de corrupção e a eficiência do sistema de regulamentação. Portanto, abrange as três principais dimensões da liberdade: pessoal, política e econômica. O resultado mostra uma enorme diferença na felicidade associada a um governo ainda comunista como o de Belarus, comparada com a da Hungria pós-comunismo. Nunca deveríamos nos esquecer da importância da liberdade que temos no Ocidente.

Um estudo recente da democracia na Suíça produziu resultados notáveis. Em todos os cantões (ou regiões) suíços as políticas freqüentemente são decididas por meio de referendos. Mas em alguns cantões os cidadãos têm mais direitos de demandar referendos do que em outros. Ocorre que as pessoas são muito mais felizes onde têm mais direitos a referendos. Se compararmos os cantões em que esses direitos são mais amplos com os em que são menos, a diferença na felicidade é tão grande quanto se a renda tivesse duplicado.[63] Essas descobertas são altamente relevantes para o papel da democracia local.

De todos os males sociais, a guerra é o que pode causar mais infelicidade. O terror e a perda pessoal que acarreta é imensurável. Porém, no século passado, mais de 100 milhões de pessoas morreram devido a ela.[64] Por motivos óbvios, os efeitos da guerra não puderam ser incluídos em nossa tabela.

Explicando as diferenças na felicidade entre os países

É hora de examinarmos os países, em vez de principalmente os indivíduos. Como vimos no Capítulo 3, a felicidade média difere entre as nações. Como os tipos de fatores que discutimos ajudam a explicar isso? Surpreendentemente bem. Usando o World Values Survey, podemos comparar a felicidade em cinqüenta países em quatro anos diferentes. Seis fatores, intimamente ligados aos nossos Sete Grandes, podem explicar 80% da variação na felicidade:[65]

- taxa de divórcio;
- índice de desemprego;
- nível de confiança;
- participação em organizações não-religiosas;[66]
- qualidade do governo;[67]
- crença em Deus

Mesmo assim, alguns céticos ainda questionam se as diferenças entre os países significam alguma coisa. Uma resposta é que algo que pode ser tão fácil e bem explicado deve realmente existir. Mas há outras evidências. A taxa de suicídio é uma estatística mais objetiva que respostas a perguntas sobre a felicidade. Se nossos seis fatores realmente explicam a felicidade, também deveriam explicar o suicídio. De fato, explicam 57% da variação.

Também ajudam a explicar a escala de mortes no trânsito. Como se sabe, uma mente tranqüila leva a uma direção mais tranqüila. Por isso, não admira que, ao compararmos países, esses mesmos fatores expliquem parte das diferenças nas mortes no trânsito.[68]

Valores pessoais (filosofia de vida)

Finalmente, e de modo crucial, a felicidade depende do eu interior e da filosofia de vida. É óbvio que as pessoas são mais felizes se apreciam o que têm, seja o que for; se nem sempre se comparam com os outros; e se conseguem disciplinar seu próprio humor. O psicólogo Daniel Goleman está certo sobre a inteligência emocional: ela existe e pode ser ensinada por pais e professores.[69] Talvez você conheça a descrição de Sir Henry Wotton do homem feliz, que termina assim:

Esse homem é livre de vínculos servis
De esperança de subir ou medo de cair,
Senhor de si mesmo, embora não de terras,
E, apesar de não ter coisa alguma, tem tudo.[70]

As pessoas têm modos diferentes de disciplinar suas mentes e seu humor — de terapia cognitiva, consciência plena budista e Doze Passos dos Alcoólicos Anônimos aos *Exercícios Espirituais* de Santo Inácio. Elas encontram conforto dentro de si mesmas, de todos os modos, mas estes, geralmente, incluem um sistema de apoio para sua parte positiva profunda, em vez de para os esforços do ego consciente.

Algumas pessoas chamam essa fonte de conforto de "divina". A tabela anterior apresenta uma das maiores descobertas da pesquisa da felicidade: que quem acredita em Deus é mais feliz. No nível individual, não se pode saber ao certo se a fé causa felicidade ou vice-versa. Mas como a relação também existe no nível nacional, podemos ter certeza de que, até certo ponto, a fé causa a felicidade.[71]

Já falamos muito sobre o modo de nos disciplinarmos. Mas como interagimos com os outros é igualmente importante. Voltaremos a esses dois temas em capítulos posteriores. Basta dizer aqui que as pessoas que se importam com os outros são, em média, mais felizes do que as que se preocupam mais consigo mesmas.[72] Causa mais ansiedade se esforçar para "se sair bem" em proveito próprio que se esforçar para "fazer o bem" para o restante do mundo.

Nossos objetivos

O certo é que a disposição de espírito tem um efeito profundo na felicidade. Não somos tábulas rasas em que nossa situação opera de modo a nos tornar felizes ou tristes. Somos agentes ativos, criando a situação e controlando nossa reação a ela. Como diz o ditado, o que importa não é o que a vida lhe oferece, mas o que você oferece à vida.

Os psicólogos sempre souberam disso. Porém, infelizmente, alguns dos primeiros estudiosos da qualidade de vida tinham um modelo um tanto simples de como ser felizes.[73] Diziam que a felicidade depende do que você tem (em diferentes domínios) em relação às suas expectativas. Se isso fosse verdade, o modo mais simples de ser feliz certamente seria diminuir suas expectativas e seus objetivos. Com toda razão, muitos pensadores reagiram desfavoravelmente a essa conclusão, especialmente os radicais da esquerda (que querem mais justiça) e da direita (que querem mais excelência). Na verdade, a idéia de que você pode ser feliz dessa maneira levou muitas pessoas a rejeitar totalmente a idéia da felicidade como um objetivo.

Essas pessoas não deveriam ter se preocupado, porque a teoria é falsa. Não podemos ser felizes sem estabelecer objetivos para nós mesmos. As crianças se testam — vêem a rapidez com que conseguem correr, a altura até onde podem subir. Todo adulto feliz faz o mesmo — busca novos conhecimentos, novas realizações. Examine qualquer pessoa feliz e encontrará um projeto.

Se nossos objetivos forem muito pequenos, ficamos entediados. Mas se forem muito grandiosos, ficamos frustrados. O segredo é ter objetivos suficientemente flexíveis, mas não flexíveis demais.[74] Objetivos inatingíveis são uma causa bem conhecida de depressão.[75] Mas o tédio também é.

Na década de 1970, o economista Tibor Scitovsky escreveu um livro intitulado *The Joyless Economy*, em que tentava explicar por que tantas pessoas eram infelizes, embora tivessem muito dinheiro. Sua explicação foi o tédio.[76]

Elas haviam escolhido conforto em vez de estímulo. Não conseguiram descobrir interesses aos quais se dedicar além do trabalho.

Seu diagnóstico contém importante parte de verdade. Embora muitas pessoas se sintam ótimas sob pressão, a média dos americanos ou ingleses ainda encontra três horas e meia por dia para ver televisão. As pessoas não lutam mais para se manter vivas como fizeram durante a maior parte da história humana. Portanto, temos mais escolhas no que diz respeito aos nossos objetivos. O problema é escolhê-los bem.

Seguindo a mesma linha, o grande economista Lord Keynes escreveu: "Para aqueles que suam para ganhar o pão de cada dia o lazer é um doce há muito desejado — até o terem." Ele citou com dissabor o tradicional epitáfio escrito pela velha criada para si mesma:

Não lamentem por mim, amigos,
Nunca chorem por mim,
Pois eu ficarei sem fazer nada
Para todo o sempre.

Tanto Keynes quanto Bertrand Russel consideravam o tédio o maior perigo para os seres humanos.[77] Isso é um exagero, mas o oposto certamente é verdadeiro: a maior felicidade provém de se concentrar em um objetivo fora de si mesmo. O psicólogo Mihaly Csikszentmihalyi usa a palavra "fluxo" para descrever a experiência de quando você está tão absorto em algo que não nota mais nada.[78] Pode estar jogando tênis, cantando em um coro, pintando um quadro, assistindo futebol, escrevendo um livro ou fazendo amor. Todos nós temos experiências em que perdemos a noção do tempo. E as carregamos conosco pelo resto da vida. Elas são vitais.

* * *

Mas elas são apenas uma parte de nossa experiência. É a totalidade que precisamos explicar. Aí enfrentamos o paradoxo. De muitos modos a vida é melhor do que cinqüenta anos atrás: temos mais riqueza do que nunca, mais saúde e empregos melhores. Contudo, não somos mais felizes. Isso ocorre porque há outras características de nossa experiência que são ruins e ofuscam as novas características que são boas?

"Eu acho que a dose precisa ser ajustada. Estou bem menos feliz do que as pessoas nos anúncios."

CAPÍTULO

6

O que está dando errado?

Quem diz que o dinheiro não compra
a felicidade não o está gastando direito.

ANÚNCIO DA LEXUS AUTOS

Em 1998, o rei do Butão, o idílico e pequeno reino budista encravado no Himalaia, anunciou que o objetivo de sua nação seria a Felicidade Interna Bruta. Que rei iluminado!

Contudo, um ano depois ele tomou uma decisão fatal: permitir a televisão em seu país. Até então a tevê era proibida, assim como toda propaganda pública. Mas em 1999 a proibição da tevê foi suspensa e foram concedidas licenças a mais de trinta operadoras a cabo. A mais bem-sucedida ofereceu 46 canais, inclusive a rede do astro da tevê Rupert Murdoch. E então os butaneses puderam ver a mistura comum de futebol, violência, traição sexual, propaganda, luta romana e coisas do gênero. Eles adoraram, mas o impacto em sua sociedade é uma experiência natural notável de como a mudança tecnológica pode influir nas atitudes e no comportamento.[1]

Logo todos notaram um grande aumento da desintegração familiar, da criminalidade e do consumo de drogas. Nas escolas, a violência no pátio de recreio aumentou de tal modo que o relatório anual de um diretor teve de incluir uma nova parte, chamada "Controvérsias", que relatava a "maratona de reuniões do staff" para discutir esses novos problemas. O "estudo de impacto" de alguns acadêmicos locais mostrou que um terço dos pais agora preferia ver tevê a conversar com os filhos.

É claro que devemos ter cautela ao generalizar a partir de apenas um episódio. Mas essa história surpreendente reforça a visão comum de que a tevê é uma grande força independente em nossas vidas e não apenas um reflexo do que já somos.

Neste capítulo quero demonstrar que a ciência e a tecnologia são a principal fonte das mudanças que influem nas atitudes e nos sentimentos. Elas explicam o enorme crescimento em nossa riqueza nacional e a notável melhora em nossa saúde — e tudo isso são bênçãos. Contudo, também explicam algumas das tendências negativas que as ofuscam.

Se reexaminarmos as nossas Sete Grandes fontes de felicidade, veremos que algumas delas melhoraram nos últimos cinqüenta anos: a saúde, a renda e a qualidade do trabalho. Mas algumas pioraram: os relacionamentos familiares, a força e segurança das comunidades e a prevalência dos valores altruístas. O primeiro passo é documentar essas tendências adversas. Depois disso eu mostrarei como a ciência e a tecnologia ajudam a explicá-las.

Tendências adversas

Famílias desintegradas

Como vimos, a desintegração familiar costuma ser prejudicial para as crianças e sua subseqüente felicidade. Em 1950, o divórcio era extremamente raro, mas agora apenas metade de todos os americanos de 15 anos vive com seus pais biológicos.[2] Na Inglaterra e na Alemanha o número é dois em três.[3] Como os segundos casamentos são rompidos mais rapidamente do que os primeiros, muitas crianças passam por dois ou mais divórcios.

A principal mudança no divórcio aconteceu entre 1960 e 1980. Na América, atingiu seu ápice em 1980, enquanto na Inglaterra continuou a subir devagar depois disso.[4] Mas cada vez um número maior de crianças nasce fora do casamento — atualmente um terço ou mais, como mostra a tabela a seguir. Nesses casos, um quarto das mães nos Estados Unidos mora com o pai da criança e dois terços na Inglaterra moram.[5] É claro que algumas coabitações são estáveis, mas os pais solteiros tendem a se separar, em média, duas vezes mais do que os casados.[6]

O divórcio foi identificado como o motivo mais claro para o aumento do suicídio de jovens nos Estados Unidos.[7] Mas é claro que o divórcio também prejudica os pais. Como cada vez mais pessoas se separam, se divorciam ou nunca se casaram, isso pressiona constantemente para baixo o nível médio de felicidade.[8]

Problemas familiares[9]

	Divórcios por ano (porcentagem de todos os casais casados)	Filhos fora do casamento (porcentagem de todos os nascimentos)	Famílias chefiadas por um dos pais solteiros (porcentagem de todas as famílias)
Estados Unidos			
1960	0,9	5	9
2000	1,9	33	27
Inglaterra			
1960	0,2	5	6
2000	1,3	40	21

Aumento da criminalidade

O fracasso mais claro da vida comunitária é o enorme aumento da criminalidade desde a Segunda Guerra Mundial. Isso é extremamente significativo de dois modos. O primeiro é que reflete uma alienação maciça de partes da comunidade. O segundo é que reduz o bem-estar das vítimas e a segurança de todos nós. Cerca de um terço dos ingleses se sente inseguro caminhando nas ruas após o escurecer.[10] Em votações públicas na Grã-Bretanha e nos Estados Unidos, a criminalidade figura regularmente entre os principais problemas enfrentados pelo país.[11]

Neste ponto muitas pessoas dirão que a criminalidade se deve totalmente à desigualdade e ao desemprego. Se ao menos isso fosse assim tão simples! O fato é que o maior aumento da criminalidade nos Estados Unidos e na Grã-Bretanha ocorreu entre 1950 e 1980, quando a desigualdade estava diminuindo e o desemprego estava excepcionalmente baixo. Durante esse período, todos os principais tipos de crimes aumentaram — violência, fraudes, arrombamentos, roubos de carros e outros. O aumento geral nos crimes registrados foi de 300% nos Estados Unidos e 500% na Grã-Bretanha.[12]

Nos Estados Unidos, a tendência mudou no início da década de 1980, quando o desemprego era mais alto do que antes e o crescimento econômico mais lento do que nos últimos trinta anos.[13] Na Grã-Bretanha, a tendência mudou por volta de 1995.[14] Mas a criminalidade ainda é muito mais alta do que cinqüenta anos atrás. Muitos fatores influem nos altos e baixos da criminalidade, inclusive o número de policiais e de criminosos na prisão. Mas os principais fatores relevantes para este livro são as influências sociais e morais.

Diminuição da confiança

Por trás do aumento da criminalidade e da desintegração familiar há uma mudança profunda nas atitudes das pessoas para consigo mesmas e a sociedade. Através dos tempos os moralistas têm dito que o mundo vai se deteriorar. Portanto, deve-se ter cuidado com todo tipo de conversa alarmista. Mas os estudos revelam mudanças fundamentais para pior. Nós podemos começar com a confiança. Em várias ocasiões foi perguntado às pessoas: "Em geral, você diria que pode confiar na maioria das pessoas ou que nunca é demais ter cuidado com elas?" Em 1959, 56% dos ingleses disseram que podiam confiar. Em 1998, esse número diminuiu para 30%.[15] Similarmente, nos Estados Unidos diminuiu de 5% em meados da década de 1960 para 33%.[16]

Não quero parecer, muito menos ser, antiquado ou uma Cassandra, mas a evidência a seguir parece importante. Em 1952, metade dos americanos achava que as pessoas "levavam vidas boas — morais e honestas — como antes". Não havia uma maioria que achava que as coisas estavam piorando. Mas, como mostra a tabela, em 1998 havia uma maioria de três para uma que achava exatamente isso — que as pessoas tinham menos princípios morais do que antes.

Porcentagem que disse que as pessoas "levavam vidas boas — morais e honestas — como antes" (Estados Unidos)[17]	
1952	51
1965	43
1976	32
1998	27

Além disso, hoje cada vez menos pessoas nos Estados Unidos pertencem a associações de iguais — sejam organizadas em torno de esportes, política, serviços para jovens e idosos, religião ou etnia comum.[18] Um número crescente de pessoas sai sozinha, até mesmo para jogar boliche. Notando isso, o sociólogo Robert Putnam, da Harvard University, estudou cuidadosamente a quantidade de organizações a que as pessoas pertenciam nos Estados Unidos e mostrou como esse número tinha diminuído. Muito apropriadamente, ele deu ao seu livro o título *Bowling Alone.*

Todas essas tendências parecem ser mais fortes nos Estados Unidos do que na Europa. Na Grã-Bretanha, a participação em associações não diminuiu. Na verdade, nos países do continente europeu os níveis de confiança aumentaram (ou não caíram) desde 1980. Contrastantemente, nos Estados Unidos, cada nova geração começou sua vida adulta em um nível de confiança mais baixo do que o das gerações anteriores.[19]

Essas tendências na vida familiar e confiança na comunidade são mudanças sísmicas que ajudam a explicar por que a felicidade não aumentou. Não é fácil explicá-las. O crescimento econômico em si não as explica porque ocorreu durante os últimos 150 anos, mas a desintegração familiar, a maior criminalidade e os valores morais mais brandos só são características dos últimos cinqüenta. Portanto, em busca de explicações, naturalmente examinamos as mudanças mais específicas dos últimos cinqüenta anos. Irei me concentrar em três grandes: a mudança nos papéis dos sexos, a expansão da televisão e o crescimento do individualismo. Em cada caso mostrarei como a ciência e a tecnologia foram os principais responsáveis pela mudança.

Papéis dos sexos

Em 1950, 20% das mães americanas trabalhavam fora.[20] Hoje são mais de 70%. Mudanças parecidas, embora menos profundas, ocorreram na Europa. Isso é uma revolução. O que a causou?

Na década de 1870, metade de todas as crianças nascidas em Chicago morria antes de completar 5 anos.[21] As mães precisavam ter dez filhos para ficar razoavelmente certas de que dois chegariam à idade adulta. Por isso, era impossível para a maioria delas trabalhar fora.[22] Mas quando a tecnologia proporcionou padrões de vida e atendimento médico melhores, a mortalidade infantil caiu drasticamente. Como conseqüência, as mulheres passaram a ter cada vez menos filhos. Ao mesmo tempo, no século passado, sua expectativa de vida aumentou de cerca de 50 anos para 80. Assim, a posição das mulheres mudou totalmente: antes elas passavam a maior parte da vida adulta tendo filhos; agora tinham menos filhos e uma expectativa de vida maior. Como previu o escritor sul-africano Olive Schreiner no início do século XX, tudo isso mudaria totalmente o papel das mulheres.[23] A maternidade não seria mais suficiente, se é que um dia foi.

Além disso, o serviço doméstico estava se tornando muito mais fácil devido à tecnologia, que economizava trabalho. Bastava imaginar um mundo sem eletricidade, aquecimento central, aspiradores de pó, máquinas de lavar e alimentos prontos para o consumo para ver como essas invenções reduziram a necessidade de trabalho doméstico.

Desse modo, tornou-se mais viável para as mulheres trabalhar fora. O mundo do trabalho remunerado também se tornou mais convidativo. O aumento da produtividade elevava constantemente os salários reais das mulheres — e desde a década de 1970 os elevou mais rápido do que o dos homens, porque a necessidade da força muscular masculina foi substituída pela maquinaria. Assim, cada vez mais mães arranjaram empregos.[24]

Os efeitos na família foram profundos. Em primeiro lugar, os papéis dentro dela mudaram. Deixou de haver a antiga divisão de trabalho em que o marido ganhava o dinheiro e a mulher cuidava da casa e da família. Agora as mulheres eram trabalhadoras remuneradas, bem como donas-de-casa. Isso foi, de muitos modos, libertador. Mas como a maioria das mulheres continuou a se encarregar da maior parte do serviço doméstico e da criação dos filhos, a mudança criou uma tensão extra. Ao mesmo tempo, muitos homens achavam que estavam recebendo menos atenção do que antes de suas mulheres.[25] De ambos os lados havia um maior potencial para insatisfação.

Além disso, estava se tornando mais fácil se separar. As mães podiam contemplar mais prontamente a dissolução do casamento porque, se preciso, ganhariam mais dinheiro do que antes. Ou, se não trabalhassem, obteriam mais ajuda do governo. Isso reduziu a pressão financeira sobre a mulher e a moral sobre o homem para que permanecessem em um casamento infeliz.

Igualmente importante foi uma revolução tecnológica bem diferente: o controle da natalidade. A pílula anticoncepcional, surgida na década de 1960, separou o sexo da probabilidade de gravidez. Então, a legalização do aborto (no final da década de 1960 e início da de 1970) separou a gravidez da necessidade de ter filhos. Essa nova segurança, sustentada por tendências da cultura popular (lembre-se dos Rolling Stones) levou à revolução sexual. O sexo antes do casamento se tornou amplamente aceito. E, após o casamento, esses avanços tornaram os casos extraconjugais muito mais seguros. Ao mesmo tempo, homens e mulheres tinham novas oportunidades de se conhecer no local de trabalho.

Portanto, surgiram novos perigos para o casamento enquanto as oportunidades econômicas femininas tornavam a separação menos devastadora financeiramente. As atitudes também mudaram. No início da década de 1960, metade de todas as mulheres americanas achava que "quando há filhos na família os pais deviam permanecer juntos mesmo se não se dessem bem". Em 1977, menos de um quarto pensava assim.[26]

Cada vez mais pessoas pediam divórcio e ao mesmo tempo a lei o facilitava. Em todos os países, exceto na Suécia, o divórcio, se permitido, normalmente exigia uma "ofensa matrimonial". Na verdade, essa "ofensa" freqüentemente era um arranjo acordado, o que desacreditava a lei. Por isso, sob pressão de advogados, entre outros, no final da década de 1960 e início da de 1970 a lei nos Estados Unidos e na Grã-Bretanha mudou, permitindo o divórcio por consentimento ou baseado no colapso do casamento. Essas mudanças na lei não foram as principais influências responsáveis pela desintegração familiar, mas fortaleceram tendências já existentes.

Porcentagem de pessoas casadas que descrevem seus casamentos como "muito felizes" (Estados Unidos)[27]

	Homens	Mulheres
1973-75	70	67
1996-98	64	62

Esperar-se-ia que, com o divórcio facilitado, os casamentos mantidos seriam mais felizes — assim como a média de seus pontos positivos melhora quando você deixa de fora os negativos. Infelizmente, não foi o caso. Como mostra a tabela anterior, nos Estados Unidos tanto os homens como as mulheres estão menos satisfeitos com seus casamentos; ocorre o mesmo na Grã-Bretanha.[28]

Portanto, a ciência e a tecnologia mudaram as relações entre os sexos. Agora as mulheres são tão instruídas quanto seus maridos e têm a mesma necessidade de usar seus cérebros. Em muitas famílias, o problema é simplesmente falta de tempo. Nos Estados Unidos, um quarto de todas as famílias janta reunida menos de quatro dias por semana; apenas 28% fazem isso todos os dias, comparados com 38% na Grã-Bretanha.[29] Claramente, precisamos de um estilo de vida mais favorável à família, ajustado aos novos papéis dos sexos. Isso significará horas de trabalho mais flexíveis, mais tempo de folga para os pais e uma criação melhor para os filhos.

Televisão

Em 1950, a televisão não estava nas casas. Na década de 1960, era praticamente universal no mundo industrializado. A televisão revolucionou nossas vidas como já o fizera a tipografia. Ampliou nossa experiência de um modo imensurável — com muito mais rapidez do que a palavra impressa. Também mudou o modo de gastarmos nosso tempo.

Vida social

O inglês típico vê televisão três horas e meia por dia — cerca de 25 horas por semana.[30] Durante toda a vida, passa mais tempo vendo tevê do que realizando trabalho remunerado. Os números são mais ou menos iguais nos Estados Unidos.[31] Na maioria dos países europeus são um pouco menores, mas geralmente a média é de mais de duas horas por dia. Esses números não representam o tempo em que a tevê fica ligada; representam o tempo em que os espectadores afirmam vê-la.

Esse tempo tem de vir de algum lugar e vem, principalmente, da vida social. Em 1973, ainda havia comunidades no Canadá que não tinham tevê. Então um grupo de pesquisa monitorou o que acontecia quando a tevê era introduzida em determinada cidade.[32] Como era de se esperar, a vida social era reduzida, especialmente entre as pessoas mais velhas. E as pessoas diminuíam suas práticas esportivas. Como a televisão é passiva, também reduz a criatividade das pessoas jovens e velhas.[33]

É claro que no início a televisão forneceu um interesse comum para a família, quando só havia um aparelho de tevê. Então as crianças passaram a ter seus próprios aparelhos, o que apressou o fim do jantar em família. Como diz Robert Putnam, a televisão deve ser um dos motivos do declínio da vida social nos Estados Unidos.

Violência e sexo

Mas se a televisão reduz a vida social, também amplia de muitos modos a experiência. Como o conteúdo da tevê influi em nossos sentimentos em relação à vida e nosso comportamento? Se a televisão apenas refletisse a vida como é, provavelmente não surtiria muito efeito. Contudo, não apenas reflete a vida — isso seria entediante. A tevê se concentra muito mais nos extremos. Contém muito mais violência, sexo e relacionamentos caóticos e muito mais riqueza e beleza do que a vida real. Os resultados desses dois fenômenos são diferentes. O caos na tela tende a insensibilizar as pessoas — torná-las mais dispostas a praticar a violência e o sexo ilícito. Ao mesmo tempo, a riqueza e a beleza criam descontentamento em relação ao que as pessoas têm — um desejo de ganhar ou roubar mais bens materiais ou de encontrar um parceiro mais belo. Vamos examinar a evidência disso.

Durante quarenta anos as pessoas falaram sobre o efeito na vida real da violência na tevê. Para mim essa evidência é bem convincente.[34] Em primeiro lugar, há as experiências padrão. Se você expõe as crianças a filmes violentos, elas se comportam mais violentamente no pátio de recreio. Essas experiências de "laboratório" são confirmadas pelas "experiências" do mundo real. Por exemplo, dois dias após um campeonato de pesos pesados nos Estados Unidos há 9% a mais de homicídios.[35] E após a notícia de um suicídio ou um suicídio em um seriado de tevê mais pessoas tiram suas próprias vidas.[36]

Uma segunda abordagem é acompanhar o desenvolvimento das crianças — para avaliar seu nível de agressividade quando eram pequenas, monitorar seu tempo assistindo tevê e, finalmente, reavaliar seu nível de agressividade. Isso mostra que quanto mais tevê uma criança assiste, mais se torna agressiva.

Contudo, sempre há a questão de por que algumas crianças vêem mais tevê do que outras e, portanto, do que está causando o quê. Idealmente, queremos uma experiência do mundo real, mais substancial do que uma luta de boxe profissional ou o relato de um suicídio. Novamente, podemos examinar o que aconteceu naquela cidade canadense particular quando a tevê foi introduzida, em 1973. Os pesquisadores avaliaram a mudança na agressividade das crianças nos dois anos que se seguiram e a compararam com a mudança em cidades similares que já tinham tevê. Isso demonstrou conclusivamente que a introdução da tevê aumentou a agressividade,[37] exatamente como em Butão.

Curiosamente, quando a tevê foi introduzida pela primeira vez nos Estados Unidos, na década de 1950, não aumentou a violência.[38] Isso ocorreu porque naquela época o nível de violência na tevê era muito baixo. A tevê só tem um efeito se nos mostra algo diferente de nossa própria experiência. É o que faz agora. Hoje os programas de tevê contêm muito mais violência e sexo ilícito do que a vida real. Em conseqüência disso, as pessoas que vêem mais tevê acreditam que há mais crimes e adultérios na vida real do que de fato há.[39] Elas se tornam mais insensíveis a essas coisas e mais dispostas a considerá-las. Assim, a televisão, apesar de todos os seus pontos positivos, contribuiu, até certo ponto, para o declínio da vida familiar e comunitária e para o aumento da criminalidade.

Riqueza e beleza

A televisão também influi em nossa felicidade de outro modo bem diferente: elevando nossos padrões de comparação. Influi nas normas que usamos para avaliar nossas rendas — e nossos cônjuges. Sem filmes ou televisão, nossa experiência de vida se limitava, em grande parte, a pessoas como nós. Uma ida ao cinema uma vez por semana ampliava os horizontes — mas nem de perto é como ver tevê 25 horas por semana.

A televisão nos leva às salas de estar dos milionários. Também exagera o número de milionários no lugar. Em 1982, quase metade dos personagens nos seriados do horário nobre eram milionários.[40] E enquanto dois terços dos americanos reais são operários ou trabalham no setor de serviços, apenas 10% dos personagens na tevê trabalham nessas áreas. A propaganda tem efeitos parecidos, nos mostrando mundos em que os personagens tendem a viver melhor do que a média das pessoas.[41]

Isso importa? Sim. Quanto mais televisão as pessoas vêem, mais superestimam a riqueza alheia[42] e subestimam suas rendas relativas. O resultado é que são menos felizes porque, como vimos, a felicidade depende muito mais de como você percebe sua renda relativa do que da renda em si. Como a televisão tem um impacto negativo na posição em que você se percebe, diminui sua felicidade.[43]

Também há a evidência do comportamento. Foi estimado que uma hora a mais por semana vendo televisão faz você gastar 4 dólares a mais por semana para ter as mesmas coisas que as outras pessoas têm.[44] Portanto, certamente descobrimos outro modo de a tevê diminuir nossa felicidade: diminuindo nossa satisfação com o que temos.[45] Isso é óbvio: não é à toa que as empresas gastam bilhões em propagandas de tevê.

Os telespectadores mais impressionáveis são as crianças — o alvo mais freqüente dos anunciantes. Como as crianças vêem os mesmos anúncios de seus amigos, precisam das mesmas coisas para não ficar atrás deles. Essa pressão, que afinal de contas faz parte da natureza humana, é inevitavelmente aumentada pela televisão.

Ver tevê também pode diminuir a satisfação com o próprio corpo e com o cônjuge. O psicólogo Douglas Kenrick mostrou a mulheres uma série de fotos de modelos do sexo feminino.[46] Ele avaliou o humor das mulheres antes e depois de verem as fotos. Depois de verem as modelos, o humor piorou. Então, como o humor feminino pode ser afetado pela televisão? Assistindo tevê durante três horas por dia é impossível não ver um desfile de belas mulheres.

E quanto ao efeito nos homens? Como parte da mesma série de experiências, as fotos das modelos foram mostradas para um grupo de homens. Kenrick avaliou os sentimentos deles em relação às esposas antes e depois de cada apresentação. Depois de verem as modelos, a maioria dos homens se sentiu menos bem em relação às suas esposas.[47]

Portanto, a televisão cria descontentamento nos bombardeando com imagens de corpos e riquezas que não temos. Que paradoxo! Essa invenção maravilhosa da ciência que nos traz tanto conhecimento e entretenimento, uma bênção para os velhos e doentes e fornecedora de uma cultura que conecta as pessoas, é, ao mesmo tempo, portadora de descontentamento e destruidora da vida comunitária. Nós não deveríamos voltar a um mundo sem televisão, mas certamente podemos usá-la melhor do que usamos agora.

Valores morais e espirituais

Se estamos tentando explicar nossos valores, a maior mudança do século XX foi, decididamente, o declínio da crença religiosa. Isso se deveu em grande parte ao progresso da ciência. Antes de Darwin, a maioria dos ocidentais acreditava que Deus criou o mundo e estabeleceu as regras de conduta moral. Além disso, acreditava que havia uma vida após a morte em que a virtude seria recompensada e o pecado seria punido. Agora essas são visões de uma minoria, pelo menos na Europa. A maioria das pessoas aceita a teoria da evolução através da seleção natural: os seres humanos, como as estrelas, são produtos das leis básicas da física. E a Terra é um planeta com um tempo limitado de vida, que bem poderia ter sido destruída antes da existência dos seres humanos.

No que diz respeito à moralidade, as pessoas divergem, mas muitas, se pressionadas a explicar seus pontos de vista, acham que os princípios morais são produzidos pelas reações humanas aos problemas da convivência. Elas não acham mais que os princípios morais têm uma sanção divina apoiada pela ameaça de punição eterna. Embora as crenças e práticas tradicionais tenham sido mais firmes nos Estados Unidos do que na Europa, as mudanças em toda parte foram profundas.

Essas mudanças afetaram tanto o nosso comportamento quanto o modo como nos sentimos em relação à vida. São, de muitas maneiras, uma libertação — da falsa culpa. Mas também são um convite à licenciosidade, a menos que uma forte ética social substitua a antiga sanção religiosa. Durante algum tempo o pensamento de esquerda forneceu uma ética social para muitas pessoas, especialmente na Europa. Disse que há algo maior do que nós mesmos a ser respeitado e para o qual deveríamos trabalhar. Na Europa, essas idéias forneceram um sopro de imortalidade para as antigas noções religiosas de obrigação social. Idéias similares foram adotadas pelos partidos europeus de direita conhecidos como democratas-cristãos. Enquanto isso, nos Estados Unidos, as idéias religiosas tradicionais sobreviveram por muito mais tempo, reforçadas pela forte filosofia de ação comunitária pela qual os Estados Unidos se tornaram famosos.

Mas durante os últimos vinte anos as idéias de esquerda foram um pouco esquecidas e a ação comunitária diminuiu drasticamente nos Estados Unidos. O individualismo desenfreado se tornou cada vez mais a norma.

Esse movimento veio principalmente da direita libertária, mas se misturou invisivelmente com uma tradição totalmente diferente da esquerda: a dos direitos humanos. Nos tempos modernos, a idéia básica dos direitos iguais deriva do protestantismo, que salienta que todos os cristãos são iguais aos olhos de Deus. Através dos conceitos de lei natural e direitos naturais, isso acabou levando à introdução da democracia em todo o Ocidente e ao fim da deferência. Assim, terminou a velha ordem em que cada pessoa tinha uma posição estabelecida e podia esperar o devido respeito.

Hoje recusamos, corretamente, toda deferência a uma posição herdada. Mas cada vez mais os jovens perdem o respeito por quem deveriam normalmente respeitar: professores, policiais e até mesmo pais. Quando antes os jovens saíam diretamente de debaixo das asas dos pais para um relacionamento adulto com um empregador, agora entram em uma "cultura jovem" intermediária não relacionada com o mundo adulto e apenas parcialmente influenciada pelos valores adultos. Esse é o resultado da riqueza, puberdade precoce e educação mais longa. A maioria das crianças sai relativamente ilesa disso, mas muitas ficam inseguras quanto ao seu papel na sociedade.

O objetivo da auto-realização não basta. Nenhuma sociedade pode funcionar se seus membros não tiverem responsabilidades assim como direitos. Isso leva a uma pergunta fundamental: "Por que eu deveria me sentir responsável por outras pessoas?" É uma pergunta totalmente razoável e, a menos que possamos oferecer uma resposta para ela, não poderemos esperar criar uma sociedade mais feliz.

Infelizmente, nossa cultura atual não fornece uma resposta clara. O declínio do cristianismo ortodoxo e da solidariedade social deixou um vácuo moral. Hoje as duas idéias dominantes no Ocidente são a da "seleção natural", de Charles Darwin, e a da "mão invisível", de Adam Smith. Da teoria darwiniana da evolução, muitas pessoas agora concluem que para sobreviver você tem de ser egoísta e priorizar seus próprios interesses, caso contrário, será passado para trás. Com Adam Smith também aprendem, convenientemente, que mesmo se todos forem totalmente egoístas, tudo acabará dando certo: contatos livres entre agentes independentes produzirão a maior felicidade possível.

Essas idéias precisam de uma contestação direta, que terão nos próximos três capítulos. Primeiro contesto o darwinismo social e mostro como as pessoas podem cooperar para o bem comum. Depois apresento "a Felicidade Maior" como nosso conceito do bem comum. E, então, mostro como o *laissez-faire* smithiano (mesmo modificado pela economia moderna) não é suficiente para atingir esse objetivo.

"AS DUAS MULAS"

Uma fábula sobre as nações

COOPERAÇÃO

É MELHOR QUE CONFLITO

CAPÍTULO

7

Podemos perseguir um objetivo comum?

Sempre vá ao funeral dos outros —
caso contrário não irão ao seu.

YOGUE BERRA

Eu sempre vejo o ponto de vista dos outros —
isso pode ser um grande inconveniente.

MEU TIO PIP

Dois garotos estão brincando na floresta. Vêem um urso se aproximando. Um deles tenta pegar seus tênis de corrida. O outro diz: "De que isso vai adiantar? Você nunca vai conseguir correr mais do que o urso." O primeiro responde: "Talvez não, mas vou correr mais do que você."

Essa é a idéia básica darwiniana. Um dos dois será devorado, a única dúvida é qual. Há um número limitado de nichos no mundo e quem se adapta melhor a viver em cada um deles sobrevive. Este é um mundo de "jogos de soma nula". Os recursos são fixos. Ou eu os obtenho ou você obtém. Mas o que quer que façamos, o total disponível não pode ser mudado. Todos os nossos esforços produzirão mudanças de soma nula no total. É a guerra de todos contra todos.

É claro que a vida humana é um pouco assim. Mas grande parte dela, a melhor, consiste em interações de somas não-nulas entre as pessoas — interações que aumentam nosso bem-estar geral. (O próprio Darwin percebeu isso.)[1]

Algumas dessas interações proveitosas são "impessoais", como quando eu compro meus comestíveis; essas interações no mercado são o tema do Capítulo 9. Mas há outro tipo de interação mais "pessoal", que envolve cooperação direta em um esforço comum: você e eu concordamos em perseguir um objetivo comum, mesmo se isso envolve abrir mão de vantagens a curto prazo. Se os seres humanos não fossem capazes desse tipo de comportamento, não haveria sentido nem mesmo em discutir os princípios da ação moral, como faremos no Capítulo 8. Portanto, este capítulo introduz essa discussão. É sobre como as pessoas podem cooperar para o bem comum a longo prazo.

O dilema

Em qualquer ato de cooperação meu interesse egoísta é claro: você deveria trabalhar e eu descansar e colher os frutos de seu trabalho. Em outras palavras, eu gostaria de "conseguir as coisas sem esforço". Mas se você também usasse a mesma abordagem, nada seria feito.

A humanidade enfrenta esse dilema desde o início de sua evolução, na savana africana. Eu gostaria de ilustrar isso com uma história prática ambientada na savana — porque foi lá que a seleção natural lançou a base biológica da natureza humana.

Pode-se imaginar a seguinte situação: dois de nossos ancestrais se encontram e discutem uma expedição para caçar veados. Vamos chamar esses ancestrais de "você" e "eu". O resultado da caçada dependerá muito de cada um de nós fazer seu papel. Eu posso cooperar ajudando a cercar o veado e depois receber minha parte ou trapacear deixando você fazer o trabalho e depois roubando a presa.

Se nós nos unirmos, caçaremos mais — dois veados para cada um. Mas se você trapacear e eu não, você ficará com três veados e eu com nenhum. Acontecerá o oposto se eu trapacear e você não. Finalmente, se nós dois trapacearmos e agirmos por nossa própria conta acabaremos com apenas um veado para cada um.

Essas quatro possibilidades são mostradas na tabela a seguir. Quando discutimos se devemos realizar a caçada, sabemos que qualquer um desses comportamentos é logicamente possível. Mas antes de decidirmos se devemos realizá-la, obviamente formamos uma opinião sobre qual comportamento é o mais provável.

O que eu espero? Se não o conheço e não tenho motivos para confiar em você, observo que, o que quer que eu faça, você se sairá melhor trapaceando porque, como mostra a tabela, se eu cooperar, você obterá mais trapaceando (três veados em vez de dois), e se eu trapacear, você *também* se sairá melhor trapaceando (um veado em vez de nenhum). Então, deduzo que você trapaceará. Pelo mesmo motivo, você deduz que eu trapacearei. Desse modo, cada um de nós sabe que o outro trapaceará e, nesse caso, a expedição só nos renderá um veado para cada um. Isso pode ser muito pouco para justificar o esforço envolvido.

Possíveis resultados da caçada			
Comportamento		**Produto da caçada (veado)**	
Eu	*Você*	*Você obtém*	*Eu obtenho*
Coopero	Coopera	2	2
Coopero	Trapaceia	3	0
Trapaceio	Coopera	0	3
Trapaceio	Trapaceia	1	1

Contrastantemente, se nós nos conhecemos e confiamos um no outro, podemos prometer cooperar e esperar que isso seja verdade. Nesse caso, vale a pena sairmos para caçar, porque cada um de nós obterá dois veados. Isso, certamente, vale o esforço de partir nessa expedição.

Portanto, se confiamos um no outro, mais possibilidades são abertas para nós — o produto da caçada será maior. O resultado da cooperação não será nulo; ela será vantajosa para ambas as partes. Se os seres humanos não tivessem podido cooperar assim, provavelmente não teriam sobrevivido aos rigores da savana — ou, subseqüentemente, de regiões muito mais frias. Na melhor das hipóteses, sua vida teria sido, como disse Thomas Hobbes, "solitária, pobre, sórdida, brutal e curta".[2] Nós sobrevivemos porque nossos genes nos deram a capacidade de cooperar.

O assim chamado dilema do prisioneiro que eu descrevi surge constantemente na vida humana.[3] Às vezes, há tão pouca confiança que a cooperação não é obtida — pense na Europa em 1914, na Palestina e em Israel na época em que escrevo este livro ou na situação em muitos locais de trabalho e em muitas famílias. Mas em grande parte da vida a cooperação é a ordem do dia e as pessoas realmente ignoram seus interesses particulares a curto prazo perseguindo um objetivo comum benéfico para todas as partes.

A cooperação está ao nosso redor. É confiado dinheiro às pessoas quando ninguém pode fiscalizá-las. Na verdade, não pode haver um sistema completo de fiscalização porque, em última análise, quem pode fiscalizar aqueles que fiscalizam, e assim por diante?[4] Então, como esse milagre acontece? Ele provém de vários mecanismos, alguns de motivação mais egoísta e outros mais altruístas. Há um espectro e começaremos pela ponta egoísta.

Punição

Como salientou Thomas Hobbes no século XVII, grande parte do bom comportamento ocorre simplesmente porque o mau comportamento é punido pelos tribunais. Os tribunais fazem cumprir contratos e punem crimes. Os cientistas sociais discordam sobre até que ponto o medo da punição evita a criminalidade, já que tão poucos criminosos são presos.[5] Mas há uma clara evidência de que os índices de condenação realmente influem no volume de crimes registrados[6] e de que determinar qual conduta é criminosa também causa uma hesitação natural em cometer crimes.

Ainda assim, a maior parte da ação moral não provém do medo da lei penal. Portanto, deve haver modos voluntários de as pessoas cooperarem para produzir uma vida decente para todos.

Reputação

Em primeiro lugar, há o cálculo racional que nos leva a valorizar nossa reputação. Nós sabemos que há alguém "lá fora" procurando uma pessoa disposta a cooperar para alcançar uma situação vantajosa para ambas as partes. Portanto, vale a pena conquistar uma reputação de ser cooperador — capaz de trabalhar em equipe e confiável. Nós escolhemos não tirar dinheiro da gaveta da caixa registradora porque, se formos pegos, a notícia se espalhará e estragará nossas chances futuras de um bom emprego. Nesse caso, é a esperança da recompensa que nos faz cooperar.

É claro que a cooperação não é incondicional. Se alguém nos engana, damos o troco. Essa é a estratégia chamada de toma lá dá cá.[7] Isso significa que eu coopero na primeira rodada do jogo mas depois simplesmente faço o que a outra pessoa fez na rodada anterior. Se ela foi egoísta na primeira rodada, eu ajo egoisticamente na segunda e assim por diante. As pessoas não necessariamente escolhem essa estratégia por motivos lógicos; na verdade, podem escolhê-la devido a reações instintivas desenvolvidas pela seleção natural.

Portanto, a construção da reputação, sem dúvida, explica grande parte do comportamento aparentemente moral. É claro que é antes de tudo egoísta e reflete a grande parcela de egoísmo humano revelada em muitas experiências conduzidas pelo economista Ernst Fehr e outros.[8]

Aprovação

Contudo, há mais no comportamento moral do que apenas cálculo racional. Com dois anos, muitas crianças são capazes de correr e confortar outra criança que está ferida.[9] As pessoas crescem em famílias e é nelas que aprendem a cooperar. A motivação aqui é o desejo contínuo de aprovação. As crianças desejam a aprovação dos pais e das outras crianças. Os pais e amigos naturalmente o aprovam quando você é bom para eles. Desejando sua aprovação, você se comporta da melhor maneira possível.

Esse desejo de aprovação é mais do que o desejo de uma boa reputação. Reflete o desejo de ficar em harmonia com aqueles que nos cercam.[10] (Contrastantemente, a reputação pode ser buscada tendo-se em mente objetivos bastante impessoais.) Portanto, o bom comportamento é, em parte, uma expressão da sociabilidade. Gostamos de ter bons relacionamentos, não só como um meio de atingirmos outros fins (o cálculo racional) como também pela satisfação direta que proporcionam.

O senso de justiça

Desse modo, grande parte de nosso comportamento é guiado pelo desejo de obtermos ajuda ou aprovação dos outros — agora ou no futuro. Mas em um mundo de crescente mobilidade, em que estamos sempre mudando nossos relacionamentos, a força desses motivos diminui constantemente. A cooperação está destinada a contar cada vez mais com algo diferente: nosso senso moral.[11]

A mais clara evidência disso é a ajuda que oferecemos a pessoas que nunca conheceremos ou encontraremos de novo. Devolvemos objetos perdidos, damos dinheiro para a Save the Children e mergulhamos para salvar um estranho que está se afogando. Por quê? Devido ao nosso profundo senso de reciprocidade para com as pessoas, uma sensação de que devemos tratá-las como gostaríamos de ser tratados. Essa idéia de justiça está no centro da moralidade.

Ela varia muito entre as pessoas. Não é sentida por cerca de 1% que é psicopata ou não tem um senso moral.[12] Mas em toda sociedade humana há conceitos de certo e errado, de justiça, direitos e deveres.[13]

Algo tão universal tende a ter um elemento genético que é amplificado através do aprendizado. Nós vemos isso nas crianças pequenas. Primeiro, elas querem tudo para si mesmas (exceto pelo que dão). Mas pouco a pouco reconhecem o conceito de cota justa e é apenas baseadas nisso que fazem uma reivindicação. Curiosamente, a característica da consciência tem um claro componente genérico sendo, na linguagem dos geneticistas, 40% hereditária.[14]

É claro que ter um bom comportamento pode fazer você se sentir bem. Embora o filósofo Immanuel Kant acreditasse que fazer a coisa certa não deveria dar prazer, o exame de IRM mostra que dá. Em uma experiência, foi pedido às pessoas que jogassem o jogo mostrado na tabela da página 122 com dinheiro de verdade em uma série de rodadas contra o mesmo oponente. Como vimos, a cooperação é arriscada porque a outra pessoa pode trapacear. Mas quando as pessoas cooperavam reagindo a uma cooperação anterior do outro jogador, seus cérebros se iluminavam nas áreas que se iluminam com uma experiência gratificante. E isso foi antes de saberem se o outro jogador seria honesto e, portanto, se elas se beneficiariam. Nesse sentido, a virtude foi sua própria recompensa. Portanto, pelo menos algumas vezes, nós nos sentimos melhor quando nos portamos bem.[15]

Se todos os seres humanos fossem iguais, seria fácil contar uma história de como adquirimos nosso senso de justiça. Por exemplo, suponha que o principal problema que os seres humanos enfrentam é como dividir uma ração diária entre dois indivíduos. Que tipos de seres humanos farão isso melhor? Suponha que ambos desejem mais da metade. Eles não conseguirão chegar a um acordo e poderão lutar e morrer de fome. Então surge um tipo de ser humano que pede apenas 40%. Esses indivíduos concordarão facilmente. Mas agora uma mutação acidental produz um tipo que pede 45%. Esses indivíduos terão mais para comer do que o tipo mais modesto de indivíduo. Em termos evolutivos, serão mais fortes e deslocarão os habitantes mais modestos. Finalmente, acabarão sendo deslocados por um tipo de ser humano que queira 50%. Esse é o tipo mais ambicioso de indivíduo que poderá efetivamente viver na Terra e que a herdará.[16] (Um mundo habitado por esse tipo é considerado de "equilíbrio evolutivamente estável" e seus habitantes são indivíduos cuja "estratégia" é evolutivamente estável.)

Essa teoria é uma explicação "funcional" bastante sensata da noção de justiça que é expressa, como deveria ser, no contexto de uma teoria da evolução baseada na seleção natural. E, é claro, partilhar foi crucial para nossa sobrevivência primitiva, quando a provisão de alimentos era muito irregular. É uma teoria bem positiva de como nós adquirimos nosso senso de justiça. Explica por que há um elemento de decência e confiabilidade na maioria das pessoas, uma sensação de que deveríamos dar tanto quanto recebemos e não fazer aos outros o que não desejaríamos que nos fizessem.

Contudo, as pessoas variam enormemente em seu senso moral. Mas os maus não prosperam — enganando a todos nós? Geralmente não. Em média, as pessoas com forte senso moral são mais bem-sucedidas do que as outras, até mesmo economicamente,[17] porque são mais fidedignas e por isso lhes são delegadas mais responsabilidades. Isso só acontece porque as pessoas fidedignas podem ser reconhecidas como tal pelo modo como normalmente se comportam. Se elas se comportam bem — inclusive com estranhos —, isso é notado e atrai boas oportunidades na vida.

Uma característica-chave do bom comportamento é cumprir o prometido — se você diz que fará algo e o faz, mesmo se depois preferir fazer outra coisa. É o que chamamos de compromisso. Vamos explorar essa idéia.

Compromisso

Como ilustrou nosso exemplo anterior da caçada, uma sociedade só pode florescer se as pessoas assumem compromissos — devem cumprir suas promessas mesmo quando não lhes convêm mais. A lei e até mesmo a necessidade de reputação são mecanismos inadequados para garantir isso. Um mecanismo mais eficaz é a compulsão interior do amor-próprio, que é o oposto da culpa.

Então, eis uma pessoa enfrentando uma luta interior entre seu desejo de gratificação imediata e seu interesse a longo prazo. A tentação de obter vantagem imediata parece enraizada em nossa natureza. Há inúmeros estudos que seguem as linhas a seguir. Primeiro pede-se às pessoas que escolham entre ganhar 100 libras hoje e 101 libras daqui a uma semana. A maioria escolhe 100 libras hoje. Então pede-se que escolham entre ganhar 100 libras daqui a três semanas e 101 libras daqui a quatro semanas. A maioria escolhe 101 libras daqui a quatro semanas. Portanto, quando a gratificação imediata é possível, as pessoas a preferem, mas quando é futura, sua visão é mais a longo prazo.[18] Essa compulsão parece estar enredada em nossos genes, já que escolhas parecidas foram oferecidas a pombos, ratos, gatos, cães, porquinhos-da-índia e porcos, com resultados similares.[19]

Mas a pressão para atender ao interesse próprio imediato pode ser neutralizada por um sentimento ainda mais forte. Em quase todas as decisões humanas a emoção é um componente necessário.[20] Talvez seja preciso mais do que o cálculo da vantagem a longo prazo para neutralizar a pressão por gratificação imediata. Um forte senso moral pode resolver o problema. E esse sentimento tipicamente nos beneficia a longo prazo, tornando-nos mais confiáveis.

As pessoas com senso moral podem ser reconhecidas por seus atos, sua aparência e seu modo de falar. Em experiências psicológicas com jogos que exigem cooperação, as pessoas a quem são concedidos de antemão trinta minutos para conversar com um estranho são bastante boas em prever o comportamento dos outros no jogo.[21] Os seres humanos sabem distinguir quem é confiável ou não.

A confiabilidade é crucial em qualquer empreendimento e nenhum contrato a longo prazo pode ser bem-sucedido se não se basear no compromisso de atingir um objetivo comum. Isso se aplica aos negócios, à amizade ou ao casamento. Infelizmente, o crescimento do individualismo tem incentivado uma versão a curto prazo do pensamento *contratualista*, em que cada vez mais decisões são tomadas com base no toma lá dá cá a curto prazo.[22] Até mesmo no casamento um número crescente de pessoas considera a barganha um modo de tomar decisões a curto prazo.

Em seu *Treatise on the Family* o economista, Prêmio Nobel, Gary Becker, da University of Chicago, explicou que tanto o casamento quanto sua duração são determinados por simples princípios contratualistas.[23] As pessoas se casam porque preferem ficar casadas com o parceiro a separadas; quando preferem ficar separadas, o casamento termina.

Nesse ambiente de reotimização contínua não admira que, como vimos, as pessoas estejam menos satisfeitas com seus casamentos. Também há uma evidência clara de que quando os cônjuges planejam os detalhes de suas vidas baseados no toma lá dá cá estão menos satisfeitos com o casamento do que quando se baseiam no conceito de dar.[24] Isso vale para homens e mulheres. A evidência também mostra que quando um dos cônjuges faz algo e o outro retribui, o primeiro obtém menos satisfação do que quando não há uma retribuição direta.[25] Isso ocorre porque, às vezes, dar proporciona mais satisfação do que receber.

Acima de tudo, precisamos saber que nossos parceiros têm suficiente compromisso emocional com a iniciativa. Nesse caso, sabemos que permanecerão no relacionamento, mesmo quando é vantajoso a curto prazo "sair". (Os votos na cerimônia do casamento incluem *todas* as eventualidades — na saúde e na doença.) Se uma das partes sabe que a outra realmente está compromissada, investe mais, e a probabilidade de sucesso aumenta.

Em todos os meios sociais o bom comportamento de uma pessoa suscita o bom comportamento das outras. Uma ilustração interessante vem de um estudo de 1968 em que carteiras foram deixadas em calçadas de Manhattan, com objetos de valor pessoal, 2 dólares em dinheiro e um cheque de 26,30 dólares a favor da "EMH Co.". As carteiras foram postas em envelopes endereçados aos donos com cartas das pessoas que supostamente as haviam encontrado. Um grupo dessas pessoas escreveu que era um grande prazer devolver a carteira. Outro escreveu se queixando do incômodo envolvido. Do primeiro conjunto de carteiras (as com cartas "simpáticas"), 70% foram devolvidas intactas, comparadas com apenas 10% do segundo conjunto (com cartas "queixosas"). Isso simplesmente ilustra o quanto as pessoas são influenciadas pelas normas de ação e conduta às quais são expostas.[26]

Portanto, apesar de nosso constante egoísmo, também há um traço de bondade que nos torna capazes de cooperar na busca do bem comum. Contudo, algumas pessoas dizem que só cooperamos para nos opor a outro grupo. Isso é verdade?

Tribalismo

Quando nossos ancestrais da Idade da Pedra cooperavam, freqüentemente era para derrotar outros clãs.[27] A guerra parece ser uma característica endêmica das sociedades mais primitivas. Como mostra o quadro a seguir, em muitos dos povos primitivos dos quais temos registros, mais de 20% de todas as mortes de homens foram causadas por guerras.[28] Contrastantemente, na Europa e nos Estados Unidos, duas guerras mundiais foram responsáveis por apenas cerca de 2% de todas as mortes de homens no século XX, mesmo se incluirmos os efeitos das doenças e da fome dos tempos de guerra.

Porcentagem de mortes de homens causadas pela guerra[29]

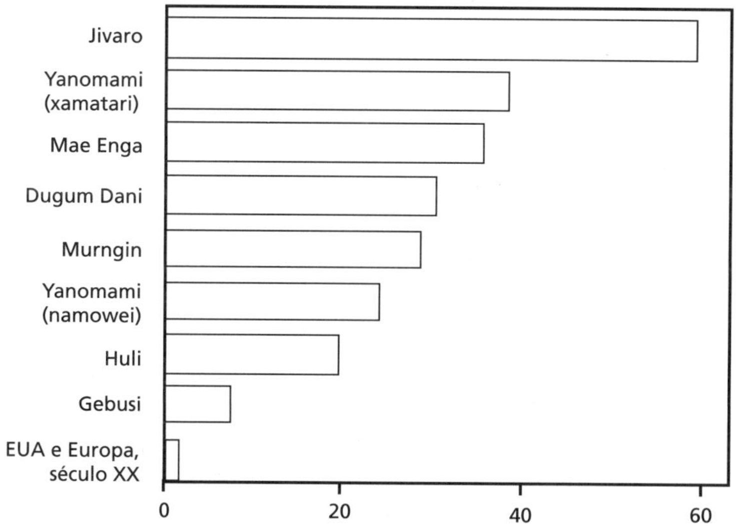

Nota: Os jivaro e os yanomami são da América do Sul; os murngin, da Austrália, e as outras tribos, da Nova Guiné.

Portanto, a idéia do pacífico Bom Selvagem é um mito, como também o é a da pacífica Alegre Inglaterra na Idade Média. Sete séculos atrás, a taxa de homicídios na Inglaterra era vinte vezes mais alta do que agora.[30] Portanto, houve um aumento na quantidade de pessoas com as quais podemos cooperar pacificamente.

Ainda assim, o tribalismo está enraizado em nossa natureza. Uma experiência famosa organizada pelo psicólogo Muzafer Sherif ilustra isso. Um grupo de meninos de 11 e 12 anos foi acampar. No início, todos foram postos na mesma cabana, onde fizeram muitas amizades boas. Depois, eles foram postos em duas cabanas e quase todos os amigos se separaram. Logo os grupos das duas cabanas começaram a se insultar. Eles passaram a detestar os antigos amigos e a exagerar as façanhas dos novos. Esse processo de identificação do grupo foi totalmente espontâneo. Com o correr do tempo, surgiram líderes mais rudes de cada lado. Nenhuma negociação ou reunião informal entre os membros dos grupos rivais conseguiu acabar com a inimizade.

Finalmente, um problema que só podia ser resolvido pelo trabalho conjunto dos dois grupos pôs fim ao impasse: o caminhão com alimentos atolou e foi necessário que todos os meninos ajudassem a desatolá-lo. Depois disso, surpreendentemente, eles decidiram, por voto, voltar juntos para casa no mesmo ônibus.[31] Uma dificuldade comum pode produzir muita cooperação.

Portanto, Hobbes estava errado. Não é só o medo de uma autoridade maior que nos impede de lutar. Como vimos, muitos outros motivos além do medo de punição podem levar à cooperação humana: o desejo de reputação e de aprovação e, em graus variados, o senso de justiça. Esses são os motivos que podem levar a um círculo de cooperação mais amplo com o qual todos podemos nos beneficiar.

Afinal de contas, a maioria das pessoas realmente tem um senso moral. Elas são capazes de deixar de lado seus próprios interesses e pensar no que é justo para o grupo como um todo. Também são capazes de ampliar sua consciência de grupo para incluir, ousamos esperar, os interesses de toda a raça humana.

Então, o que poderíamos fazer para melhorar nossa experiência de vida? Isso é tema do restante deste livro:

- Primeiro, defino nosso objetivo: uma clara noção do bem comum que todos nós poderíamos aceitar e nos esforçar por obter.
- Depois, pergunto se as idéias econômicas existentes são adequadas para promover esse objetivo.
- A seguir, proponho políticas públicas concretas para aumentar nossa felicidade.
- Finalmente, volto-me para a vida interior privada e pergunto quais fontes de conforto podemos encontrar para revigorar e elevar nossos espíritos.

Um bom teste da felicidade é saber se você sente que o mundo é um lugar amistoso. Precisamos de amigos fora e dentro de nós mesmos. Tentarei explicar essas duas necessidades.

II
PARTE

O que pode ser feito?

"Fala sério, John, nós estamos conversando sobre ética comercial, não sobre ética."

CAPÍTULO

8

A Felicidade Maior: esse é o objetivo?

Crie toda a felicidade que puder criar:
elimine todo o sofrimento que puder eliminar.

JEREMY BENTHAM[1]

Jeremy Bentham começou a vida como advogado, mas ficou estarrecido com a falta de fundamento lógico da mixórdia de leis e punições então existentes: um homem podia ser enforcado por roubar uma ovelha. Ele insistiu em que todas as leis e, na verdade, todas as regras morais deviam se basear em um princípio unificador, caso contrário, como poderiam ser compatíveis?

Com esse princípio, ele propôs que todas as leis e ações visassem produzir a maior felicidade possível. Disse que uma sociedade é boa na medida em que seus cidadãos são felizes. Portanto, uma lei só é boa se aumenta sua felicidade e diminui seu sofrimento. O mesmo vale para as regras morais — elas devem ter por objetivo aumentar a felicidade geral. Na verdade, qualquer decisão, pública ou privada, deve ser avaliada por seu impacto na felicidade de todos aqueles a que diz respeito, cada pessoa contando igualmente. Esse é o princípio da Felicidade Maior: a ação certa é a que produz a maior felicidade geral.[2]

Embora essa idéia nobre tenha inspirado grande parte do progresso social dos últimos dois séculos, também sofreu sérios ataques. Assim, agora temos uma sociedade sem uma base filosófica convencionada para a política pública ou a moralidade privada. Os criadores pragmáticos da política afirmam estar fazendo o que "funciona", mas funciona para que fim? Precisamos seriamente de um conceito claro de boa sociedade e boa ação.

Creio que a idéia de Bentham estava certa e que deveríamos adotá-la sem medo e aplicá-la à nossa vida. É claro que você pode concordar com grande parte do que está neste livro sem concordar com Bentham. Mas uma idéia clara acrescenta grande poder a um conjunto de boas intenções.

O princípio de Bentham envolve dois pontos distintos: um sobre justiça e outro sobre felicidade. A idéia sobre justiça é que todos são igualmente importantes. Não sou mais importante do que você e seu "bem" conta tanto quanto o meu. Discutimos isso no capítulo anterior. A outra idéia é que a felicidade é o bem supremo. É?

O bem social

Por que deveríamos considerar a maior felicidade o objetivo da sociedade? Por que não outro — ou muitos objetivos? E quanto à saúde, à autonomia, à realização ou à liberdade? O problema é que muitos objetivos freqüentemente são conflitantes e temos de considerar a importância de um em relação ao outro. Por esse motivo, buscamos naturalmente um objetivo supremo que nos permita avaliar como outros objetivos contribuem para ele.

A felicidade é esse objetivo supremo porque, ao contrário de todos os outros objetivos, é evidentemente boa. Se nos perguntam por que a felicidade é importante não podemos apresentar uma razão adicional externa. Ela apenas é obviamente importante.[3] Como diz a Declaração de Independência dos Estados Unidos, a felicidade é um objetivo "evidente por si mesmo".

Por outro lado, se eu lhe perguntar por que você deseja que as pessoas sejam mais saudáveis, provavelmente poderá pensar em razões para isso: elas não deveriam sofrer, deveriam poder aproveitar a vida e assim por diante. Se eu lhe perguntar sobre autonomia, você dirá que as pessoas se sentem melhor se podem controlar suas próprias vidas. Da mesma maneira, a liberdade é boa porque a escravidão, a prisão e a polícia secreta só levam à desgraça.

Portanto, bens como a saúde, a autonomia e a liberdade são "instrumentais" — podemos apresentar outras razões, mais supremas, para valorizá-los. E é por isso que, às vezes, nos dispomos a abrir mão de um desses bens em vista de outro. Para fornecer segurança nas ruas, trancamos criminosos (contrapondo a autonomia dos cidadãos à liberdade do criminoso). Para reduzir o analfabetismo, cobramos impostos (contrapondo a realização à liberdade econômica).

Para promovermos a maior felicidade, obviamente precisamos saber quais são as condições que influem na felicidade das pessoas e o quanto. Isso agora está se tornando possível em uma base empírica. Revimos algumas evidências no Capítulo 5 e os Sete Grandes requisitos ali eram análogos às "capacidades" pessoais que Amartya Sen propôs como os objetivos da política pública.[4] Mas se não pudermos ajustar nossos objetivos a como as pessoas se sentem haverá um risco real de paternalismo. Nunca devemos dizer: isto é bom para você, mesmo que isso nunca faça você e os outros se sentirem melhor. Ao contrário, se quisermos avaliar a qualidade de vida, devemos nos basear em como as pessoas se sentem.

Admirável Mundo Novo?

Não há nada mais na vida além de as pessoas se sentirem bem ou mal? E quanto ao esforço e à aspiração? O princípio da Felicidade Maior não é um convite a uma vida de prazer, comendo lótus?[5] Se todos gostassem de comer lótus e pudéssemos lhes proporcionar isso na vida, os milhões de miseráveis no mundo ficariam felizes.

Mas as pessoas não tendem a ficar felizes comendo lótus durante muito tempo. Como vimos, elas estabelecem naturalmente objetivos para si mesmas que envolvem desafios, e sua felicidade depende de terem objetivos suficientemente flexíveis, mas que também podem ser atingidos. Os objetivos dão sentido à vida. Contudo, as pessoas sensatas escolhem os objetivos que apreciam. Não faz muito sentido tentarem conseguir coisas que não lhes dão prazer, e a maioria das pessoas não tenta. As que tentam acabam deprimidas.

Mas e se houvesse uma droga ou máquina que fizesse você se sentir mais feliz, mesmo sem um objetivo? No livro de Aldous Huxley, *Admirável mundo novo*, as pessoas tomam *soma* para se sentir melhor. Essa idéia deveria parecer repugnante ou ameaçadora. Contudo, as pessoas usam drogas, como o álcool, desde o início dos tempos. Porém, quase todas as drogas conhecidas podem ter efeitos colaterais negativos. Se alguém descobrir uma droga da felicidade sem efeitos colaterais, não tenho dúvida de que a maioria de nós a usará de vez em quando. As pessoas se opuseram à anestesia e à aspirina dizendo que eram antinaturais e agora todo mundo as usa.

E quanto à "máquina da felicidade" imaginária discutida pelo filósofo de Harvard, Robert Nozick?[6] Essa máquina hipotética podia proporcionar uma experiência virtual que faria um indivíduo achar que realmente tinha uma vida agradável e, portanto, ativa, quando na verdade estava inerte. Se você tivesse a chance, pergunta Nozick, a usaria? É claro que muitas pessoas não a usariam, por vários motivos. Elas não acreditariam que a máquina cumpriria o prometido, por isso prefeririam manter sua autonomia real. Ou talvez tivessem obrigações para com os outros que não poderiam cumprir se estivessem inertes e assim por diante. Portanto, esse é um teste inconcludente, principalmente porque descreve uma situação tão longe de nossa realidade que nos torna quase seres diferentes.

Ética privada

Portanto, a maior felicidade, assim como o critério adequado para as decisões éticas privadas, é uma diretriz certa para a política pública. Quando me pergunto o que fazer, devo buscar a maior felicidade de todos os envolvidos, com a felicidade de cada pessoa contando igualmente. De fato, em uma sociedade democrática em que as pessoas votam, não seria muito útil propor um objetivo para a política pública que elas não considerassem regulador de sua própria conduta privada.

Aqui nós precisamos de uma breve digressão à pré-história. Obviamente, as regras de conduta moral privada não foram criadas por nenhum tipo de filósofo ou pensador. No capítulo anterior, discutimos como as pessoas criaram regras para interagir umas com as outras, o que levou à sobrevivência e ao desenvolvimento de nossa espécie. Essas regras foram transmitidas através da ação recíproca de nossos genes e do aprendizado social. Assim, desenvolvemos regras básicas sobre o cumprimento de promessas, falar a verdade e ter consideração pelos outros. As pessoas variam em seu compromisso com esses princípios, mas durante grande parte do tempo nós os aplicamos sem pensar muito neles.

Contudo, há momentos em que é preciso refletir. Por exemplo, prometi assistir à peça de minha filha, mas minha mãe foi levada para o hospital. Como devo usar o meu tempo — cumprindo minha promessa ou demonstrando consideração por minha mãe? Obviamente, devo avaliar quem ficaria mais magoado com minha ausência. Essa é a solução benthamiana.[7]

Os princípios éticos têm de abranger mais do que os "nãos". Têm de nos orientar a respeito de como devemos usar nosso tempo e nossos talentos. Pense na grande dúvida sobre a carreira que devo seguir. Obviamente, devo pensar no que gosto, mas também no que faria mais diferença para o bem-estar dos outros. As "regras da moralidade" comuns dão pouca orientação a respeito dessa escolha moral tão séria, embora seja uma das decisões morais mais importantes que alguém pode tomar. O pecado da omissão pode ser tão grave quanto o da perpetração.

Ou pense nos problemas de conflito e desintegração familiar. Como podem ser considerados a não ser em termos dos sentimentos e do bem-estar de todos os envolvidos?

Mas por que eu devo pensar na felicidade alheia em vez de apenas na minha? Esta é uma das perguntas mais antigas na filosofia. De certa maneira, eu gostaria que todos se comportassem altruisticamente enquanto eu me comporto egoisticamente. Essa minha parte gostaria de considerar apenas meus próprios sentimentos. Mas eu também tenho um senso moral que me diz que devo ter uma visão mais ampla. Sinto que há coisas que devo fazer e reflito sobre elas do ponto de vista de um "espectador imparcial".[8] Se estou em dúvida sobre o que fazer, pergunto que conjunto de resultados pareceria melhor para alguém que não fosse eu ou uma pessoa afetada por minha decisão. Esse espectador imparcial, sendo humano, sabe que todos querem ser felizes e, por isso, julga os dois resultados em termos da felicidade total de todos os envolvidos.

O princípio da imparcialidade ou do anonimato é fundamental para todas as idéias morais. Em uma situação que envolve A e B, a ação moralmente correta para A deve ser a mesma se você é A ou B. Deve ser determinada dando-se igual importância aos interesses de A e B. Essa é a regra de ouro do Novo Testamento: *Ama ao próximo como a ti mesmo e não faça aos outros o que não deseja que te façam.* Tem de haver uma total simetria.[9]

É claro que alguns de nós são mais morais do que outros. Portanto, esta é uma visão realista do que acontece: eu realmente levo os outros em conta, em parte devido a puro egoísmo (esperando retribuição), em parte devido à verdadeira solidariedade e, em parte, por princípio. Quase ninguém se comporta tão bem quanto o espectador imparcial recomendaria. Mas a maioria de nós se comporta melhor do que se comportaria porque pensa em nossos princípios morais. É por isso que esses princípios são tão importantes. Podem ser realmente confortadores. Se eu não consigo arranjar um emprego e quem consegue é outro candidato competente, posso considerar meu desapontamento compensado pela alegria dele.

Esse modo de pensar vai além de nossa natureza animal básica, alcançando uma que é mais adequada agora que não lutamos mais para sobreviver. Uma sociedade feliz tem de ser construída sobre duas bases: a primeira é o maior nível de solidariedade e a segunda são os princípios morais mais sólidos de imparcialidade. Se não pudermos nos tornar mais solidários não conseguiremos ser mais felizes, apesar de nossa crescente riqueza — o câncer da inveja consumirá todos os ganhos. Se pudermos apreciar o bem-estar dos outros, seremos todos mais felizes. Devemos ajudar àqueles que podem se beneficiar mais e, assim, nos beneficiaremos apreciando seu sucesso.[10] A Bíblia diz que "é melhor dar do que receber", mas na verdade as duas coisas são boas.

Objeções

Embora o princípio da Felicidade Maior seja tão imperioso e amplamente usado, tem sido submetido a ferozes ataques de filósofos, inclusive nas últimas décadas, de Amartya Sen e Bernard Williams.[11] Já tratei da objeção de que existem outras coisas importantes além da felicidade. Mas há muitas outras objeções, e acredito que são equivocadas.

Qualidades da felicidade

A primeira crítica veio do afilhado de Bentham, o grande filósofo e economista John Stuart Mill. Seu pai havia sido um protegido de Bentham. Os Mill viveram por algum tempo no chalé do jardim da casa de Bentham em Queen's Square, Londres. O pai de Mill tinha muitos planos para seu filho como homem estudioso e de moral. Seus planos se concretizaram. Com quatro anos, o jovem John Stuart lia textos gregos, e na adolescência dominava totalmente a filosofia da maior felicidade defendida por seu pai. Então, com vinte anos, teve uma depressão que durou dois anos e acabou atribuindo à severidade de sua criação. Ele começou a acreditar que devia haver algo de errado com a filosofia benthamiana. Quando escreveu seu próprio livro sobre o que era na época chamado de utilitarismo, sentiu que tinha descoberto qual era exatamente o problema. Disse que há formas maiores e menores de felicidade, caso contrário teríamos de acreditar que um tolo satisfeito estava em melhor situação do que um Sócrates insatisfeito.

Essa conclusão está errada. Em sua própria vida, um tolo satisfeito seria responsável por mais felicidade do que um Sócrates insatisfeito. Mas também temos de levar em conta os resultados do trabalho de Sócrates — e os milhões de pessoas cuja felicidade ele aumentou. Há muitos heróis que sofreram para que outros pudessem se beneficiar. É claro que a escala desses benefícios é difícil de avaliar, mas são eles que justificam as ações. O sofrimento *em si* não deve ser considerado bom.

O paradoxo da felicidade

Um segundo argumento é que a busca da felicidade é autodestrutiva: o único modo de se tornar feliz é fazer outra coisa: a felicidade é um subproduto.[12] Por isso, é dito que o princípio da Felicidade Maior envolve uma contradição interna: o assim chamado paradoxo da felicidade.

Há um *insight* psicológico importante aqui, porque durante a maior parte de nossa vida ativa tentamos realizar projetos particulares — viajar, trabalhar, praticar esportes, comer, fazer amor. Não tentamos explicitamente ser felizes.

Contudo, fazemos a maioria dessas coisas porque as apreciamos ou nos fornecem um meio indireto de obtermos satisfação (por exemplo, não morrendo de fome) — ou porque acreditamos que ajudam os outros. Freqüentemente fazemos coisas que preferiríamos não fazer, mas as fazemos no interesse de algo bom no futuro. A maioria das pessoas gostaria de trabalhar menos, mas seus rendimentos adicionais lhes permitem adquirir outras fontes de satisfação. Portanto, não há nada de errado com a idéia de que as pessoas querem ser felizes e de que a vida é, de muitos modos, uma busca pelas atividades que dão mais prazer. Em um mundo devidamente educado, essas atividades incluem a busca da felicidade alheia.

Conseqüencialismo

Outra crítica é que o princípio da Felicidade Maior só leva em conta as conseqüências da ação e ignora a natureza da própria ação. Assim, sacrifica o meio para atingir o fim.

Isso é um simples equívoco. Se eu decido fazer algo, tudo o que se segue é conseqüência, inclusive a própria ação. Por exemplo, suponha que eu sou um empregador considerando uma demissão. O ato de demitir tem uma qualidade especial — é um forte exercício do poder de uma pessoa sobre outra. Eu preferiria evitá-lo. Mas quando decido o que fazer, incluo esse aspecto em minha avaliação, assim como os efeitos no empregado e na empresa. Realmente levo em consideração o meio e o fim.

Algumas pessoas argumentam que o conseqüencialismo envolve uma regressão infinita, visto que as conseqüências imediatas têm outras conseqüências e assim por diante. Portanto, as conseqüências finais estão infinitamente à frente. Essa é uma linha de raciocínio absurda. As conseqüências relevantes de uma ação são as mudanças na felicidade humana a partir do momento em que a ação é realizada. Essas mudanças continuam infinitamente no futuro, tornando-se cada vez mais incertas quanto mais olhamos para a frente. É claro que prever é difícil nas decisões éticas, assim como nas comerciais. Esse não é um argumento contra a previsão, mas claramente deveríamos dar uma importância especial aos resultados mais próximos e previsíveis. Na verdade, é difícil imaginar como uma pessoa responsável poderia tomar uma decisão sem se basear em suas conseqüências.[13]

Adaptação

Outra objeção: os seres humanos se adaptam. Até certo ponto, adaptam-se à pobreza e à opressão. Alguns dos defensores dos direitos humanos se opõem ao princípio da Felicidade Maior porque acham que aceita facilmente demais a pobreza.[14] Pelo contrário, a adaptação é ainda maior no topo e explica por que os ricos ganham tão pouco com sua riqueza. Além disso, como vimos, os ganhos para os ricos podem ser diretamente comparados com os maiores ganhos que os pobres teriam se o dinheiro fosse mais igualmente distribuído. É exatamente essa comparação que fornece nosso argumento mais forte a favor da redistribuição.[15] Portanto, o princípio da Felicidade Maior é inerentemente a favor dos pobres e provavelmente não apoiaria a redução dos impostos nos Estados Unidos.

Se as pessoas não detestassem ser pobres ou oprimidas, nós nos preocuparíamos com a pobreza e a opressão? Mas, de fato, elas detestam. Os escravos americanos queriam sua liberdade não porque lhes daria rendas mais altas,[16] mas devido à humilhação de serem escravos. A escravidão feria seus sentimentos e é por isso que é errada. A teoria ética deve, certamente, se concentrar no que as pessoas sentem em vez de no que os outros acham que é bom para elas. Se aceitamos a idéia marxista da "falsa consciência", bancamos Deus e decidimos o que é bom para as pessoas, independentemente da opinião delas.

Em vez disso, devemos tentar descobrir ao que as pessoas conseguem se adaptar e ao que não conseguem. Devemos nos preocupar especialmente com os infortúnios aos quais é difícil nos adaptarmos. Por exemplo, é impossível nos adaptarmos à doença mental crônica. Mas a maioria das pessoas se adapta bastante bem a pagar impostos para ajudar os doentes mentais.

Justiça

Segundo o princípio da Felicidade Maior, a única coisa que importa são os sentimentos de todos os envolvidos. Mas como deveríamos avaliar a felicidade das pessoas? Bentham achava que deveríamos pensar igualmente na felicidade de todas as pessoas e, por isso, aumentar a felicidade delas. Se uma política produz mais felicidade total do que outra, é melhor.

De certo modo isso é justo: uma mudança na felicidade de cada pessoa conta igualmente, não importa quem ela seja. De outro modo, é injusto. Suponha que uma nova política afetasse duas pessoas. Uma já era feliz e a outra era infeliz. Essa nova política aumentaria a felicidade da que já era feliz e a infelicidade da que já era infeliz. Sendo o ganho da pessoa feliz maior do que a perda da pessoa infeliz, Bentham aprovaria a política.

Mas isso parece muito extremo. O espectador imparcial certamente se importaria mais com o ocorrido com a pessoa infeliz do que com a pessoa feliz. Por isso, daria um "peso" diferente às mudanças na felicidade de acordo com o quanto a pessoa já era feliz. Mas quanto peso extra? Isso é um julgamento de valor.[17] Até pouco tempo atrás era bastante artificial discutir essas questões, já que não havia como medir as mudanças na felicidade. Mas agora isso está começando a ser possível. Portanto, é o momento certo para um sério debate sobre os "pesos" a serem dados às mudanças na felicidade quando as pessoas diferem em seu nível de felicidade existente.[18]

Dessas considerações concluímos que é mais importante reduzir o sofrimento do que gerar felicidade extrema. Outro motivo para a mesma conclusão é que entendemos melhor o que causa a infelicidade do que o que causa a felicidade extrema.[19]

A opressão é uma das maiores fontes de infelicidade. Conseqüentemente, o princípio da Felicidade Maior condenaria firmemente a opressão de qualquer grupo ou indivíduo.[20]

Conveniência

O princípio da Felicidade Maior às vezes é criticado por colocar a conveniência acima das regras — por exemplo, permite a morte de um inocente como um exemplo para os outros. A crítica é errada. Uma sociedade tem de viver de acordo com regras — poupando os inocentes, dizendo a verdade, cumprindo promessas e assim por diante. É preciso honrar esses princípios e achar repugnante infringi-los. Mas, às vezes, as regras são conflitantes e então o princípio da Felicidade Maior tem de decidir qual ação particular é melhor.

Portanto, o princípio da Felicidade Maior envolve uma abordagem de duas etapas[21] — primeiro nos ajuda a escolher as "regras" e depois a escolher a "ação" quando as regras são conflitantes. Mas as regras são cruciais.

Direitos

É por isso que é tão importante que os direitos básicos sejam bem definidos e incluídos na Constituição e nas leis de um país. Todo direito humano tem de ser justificado como um modo de evitar sofrimento (ou promover a felicidade). Para se tornar um direito, tem de ser consagrado em uma lei.[22] Todos os direitos humanos básicos, como a igualdade diante da lei, o direito de não ser preso arbitrariamente, os direitos trabalhistas etc., podem ser justificados desse modo.

A Constituição e as leis são cruciais para a felicidade. Têm de ser justificados pelo princípio da Felicidade Maior, mas, uma vez estabelecidos, normalmente não devem ser descumpridos, mesmo que isso, às vezes, produza mais felicidade a curto prazo, porque diminuiria o benefício a longo prazo dessas leis.

As Constituições e os processos políticos são tão importantes que alguns pensadores disseram que o principal papel da Felicidade Maior é nos ajudar a criar a melhor Constituição. Depois, devemos apenas aceitar todas as políticas que o sistema político apresente.[23] Isso seria um grande erro. Há um papel crucial para o debate público sobre quais políticas são melhores, e esse debate também deve se guiar pelo princípio da Felicidade Maior. A análise sempre é difícil, mas se torna mais fácil à medida que nosso conhecimento aumenta. Seguir outro caminho só pode levar a decisões piores e baseadas em informações erradas.

Um princípio universal

Assim, voltamos à idéia central de uma ética humana que valoriza o que as pessoas querem para si mesmas, para seus filhos e seus concidadãos: felicidade. É claro que é impossível avaliar todos os modos pelos quais as ações influem na felicidade. Por isso, temos regras que seguimos durante a maior parte do tempo sem ao menos pensar nelas — dizer a verdade, cumprir promessas, ser bondosos e assim por diante. Mas precisamos desesperadamente de um princípio universal, por pelo menos três motivos.

O primeiro é que *as regras podem ser conflitantes.* Se uma tropa de assalto nazista nos perguntasse onde achávamos que um judeu estava escondido, certamente inventaríamos uma mentira plausível.

O segundo é que precisamos ser capazes de *rever as regras.* As regras práticas de Thomas Jefferson permitiam a escravidão. Uma análise mais imparcial do que a escravidão envolve a rejeita. Além disso, os fatos mudam e as regras também devem mudar. Mas isso não é relativismo moral. O objetivo imutável deve ser a maior felicidade em qualquer circunstância. Outras filosofias morais são muito mais sujeitas a mudanças ao longo do tempo.

O terceiro é que há muitas escolhas importantes em que *as regras fornecem pouca orientação.* Há escolhas públicas, como o modo de tratar criminosos ou resolver problemas de tráfego. Simples invocações dos princípios de liberdade ou benevolência não são muito úteis aqui. Também há escolhas mais privadas, como a escolha da carreira a seguir ou de como gastar o próprio dinheiro. A resposta só pode ser encontrada no objetivo universal de maximizar a felicidade humana. Contrastantemente, a maioria dos códigos morais são muito mais pródigos em "nãos" do que em "sins". Também não conseguem evitar o pecado da omissão.

Nenhum de nós pode ser responsável por toda a raça humana — não temos conhecimento para isso e não ficaremos tão felizes ajudando um estranho quanto ajudando nossos filhos. A caridade começa em casa. Mas à medida que o conhecimento se expande e a moralidade se desenvolve, deve incluir um círculo cada vez mais amplo.[24]

Contudo, algumas pessoas ainda argumentam que, em vez de procurarmos uma filosofia clara, deveríamos apenas nos ater às nossas várias instituições morais. Eis a minha resposta: não foi assim que aumentamos nossa compreensão da natureza. Estávamos insatisfeitos com nossos conceitos intuitivos e parciais de causalidade. Procuramos desesperadamente uma teoria universal que incluísse todos os tipos de fenômenos — a queda da maçã *e* a rotação da Lua.[25] De igual modo, podemos progredir moralmente buscando um princípio moral universal e examinando suas implicações. Nossa compreensão nunca será exata, como as leis da física, mas não há outro modo de progredir. E eu realmente acredito que o progresso é possível.[26]

No Ocidente, temos uma sociedade provavelmente tão feliz quanto qualquer outra que já existiu.[27] Mas, como vimos, há o risco de corrompermos nosso estilo de vida, agora que a punição divina não representa mais uma sanção geral para a moralidade. Se isso acontecer, seremos todos menos felizes. Por isso, precisamos de uma filosofia clara. O objetivo óbvio é a maior felicidade de todos. Se todos nós realmente buscássemos isso, seríamos menos egoístas e mais felizes.

Portanto, este é o meu argumento: as pessoas querem ser felizes. Mas nós também temos um senso moral que nos diz para pensar nos outros assim como em nós mesmos. Nossa razão nos ajuda a pensar em como fazer isso, para valorizar a felicidade de todos igualmente. Essa deve ser a regra para nosso comportamento privado e a escolha pública. Nem sempre faremos o que é certo, mas se alguém tentar fazer, seremos mais felizes. Muito bem, Bentham, costumo dizer.[28]

"Olha, lá está ela de novo — a mão invisível do mercado fazendo o gesto obsceno com o dedo para nós."

CAPÍTULO

9

Os economistas têm uma pista?

Os economistas são como computadores.
Precisam ter fatos gravados neles.

KENNETH BOULDING

Então como a nossa vida social deve ser organizada para nos tornar felizes? Os economistas podem ajudar? A economia comum favorece a economia de mercado porque é eficiente. A teoria econômica previu o fracasso do comunismo e estava certa. Além disso, quando se trata de atividade governamental, a economia oferece a ferramenta sofisticada da análise de custo-benefício para nos dizer o que o governo deve fazer ou não. Sendo assim, a economia tem a resposta?

Sim e não. A estrutura é espetacular. Começamos pelos indivíduos e por seus desejos. Então, temos o mercado no qual eles interagem — e seus desejos são mais ou menos satisfeitos. O que está errado é a teoria da natureza humana, em grande parte baseada numa versão obsoleta do behaviorismo.

O behaviorismo diz que nunca podemos saber o que os outros estão sentindo. Só podemos observar como se comportam. Em meados do século passado sua figura dominante era B. F. Skinner, da Harvard University, aquele da caixa Skinner que testava os reflexos condicionados dos ratos. Conta-se que quando estava lecionando, Skinner andava de um lado para o outro do palco. Aplicando suas idéias, os alunos decidiram que sempre que Skinner andasse para a esquerda do palco eles olhariam para baixo e fechariam a cara e sempre que Skinner andasse para a direita eles ergueriam os olhos e sorririam. Pouco tempo depois, viram Skinner caindo do lado direito do palco.

Ponto para o behaviorismo. Mas se nós não podemos saber o que os outros sentem, não podemos organizar as coisas para que sejam felizes. Felizmente, a psicologia agora voltou ao estudo dos sentimentos. Mas a psicologia não tem a ampla estrutura da análise política que a economia fornece. Por isso, neste capítulo, quero examinar os pontos fortes e fracos da economia e mostrar como ela poderia nos ajudar muito mais se incorporasse as descobertas da psicologia moderna.

Troca voluntária

Podemos começar pela teoria econômica do livre mercado existente. O livre mercado funciona por meio da troca voluntária. O exemplo mais simples é a permuta. Eu tenho pão, mas não tenho geléia. Então, troco um pouco de meu pão por um pouco de sua geléia. Isso é vantajoso para nós dois, caso contrário não teríamos concordado com a troca. Ambos "ganhamos com o negócio". Isso pode ocorrer com indivíduos e, é claro, com países.

Hoje, quase todas as trocas são por dinheiro, mas o princípio é o mesmo. Eu trabalho para você, porque isso é vantajoso para nós dois. Você vende sua produção para seu cliente, porque isso é bom para ambas as partes. É uma situação em que todos saem ganhando.

Tudo isso é uma conseqüência do interesse próprio. Nunca é demais citar Adam Smith:

> Não é pela benevolência do açougueiro, do cervejeiro ou do padeiro que temos nosso jantar, mas porque isso é do interesse deles. Não apelamos para sua humanidade, mas para seu egoísmo. Não lhes falamos sobre nossas necessidades, mas sobre seu proveito.[1]

Esse não é o tipo de cooperação sobre a qual falamos no Capítulo 7. É um arranjo que funciona de um modo totalmente impessoal.

Essas trocas são a característica central de qualquer economia de livre mercado. Uma pessoa traz para o mercado o talento ou o dinheiro que tiver e os troca por algo que deseje mais.

Eficiência

O resultado é maravilhosamente eficiente. Toda troca que puder beneficiar os envolvidos acontecerá automaticamente — desde que o mercado seja realmente "livre". Portanto, serão obtidos todos os "ganhos possíveis com o negócio". Depois, só será possível alguém se beneficiar à custa de outra pessoa. Todo desperdício óbvio terá sido eliminado e, nesse sentido, a situação será totalmente eficiente.[2] Isso pode não ser justo se as pessoas inicialmente estavam em uma situação muito desigual e não ser muito desejável se seus gostos são difíceis de satisfazer. Mas, dado o ponto de onde partiram, é eficiente.

A eficiência do livre mercado é sua grande força. Elimina grande parte do desperdício que ocorreria sob outro sistema. Contudo, só é eficiente se três condições forem satisfeitas.

A primeira é que o mercado deve ser livre para que novos participantes entrem nele e vendam ao preço que quiserem. A fixação de preços por cartéis de empresas deve ser banida e, se houver um monopólio natural, as autoridades precisarão regulá-lo ou até mesmo fornecer o próprio serviço, como o policial ou uma escola local. Quando necessário, há concorrência entre as empresas, não cooperação — uma concorrência que também estimula a inovação, a redução de custos e o atendimento ao cliente.

A segunda é que compradores e vendedores devem ter a mesma informação sobre o que está sendo vendido. Se o comprador é mal informado não por culpa sua, precisa de proteção ao consumidor.

Finalmente, a terceira e crucial para a nossa discussão é que a troca voluntária funciona bem se cada negócio afeta apenas as partes envolvidas. Se um negócio afeta negativamente terceiros, isso pode ser prejudicial para a sociedade como um todo, embora haja vantagens para as partes envolvidas. O exemplo clássico é a chaminé da fábrica. O dono de uma fábrica produz tecidos ou aço para vender, mas nesse processo a chaminé emite fumaça tóxica. No jargão econômico isso é um "efeito externo" ou uma "exterioridade". Quando o dono da fábrica traçou seu plano de produção, calculou suas receitas e seus custos, mas não levou em conta os custos que impôs aos infelizes vizinhos. Portanto, ele quase certamente produziu fumaça demais. Para tornar seus planos eficientes, devemos taxá-lo pelos custos que sua fumaça acarreta. Então, ele "internalizará" esses custos e os tratará como seus. Uma alternativa mais dura é regular suas emissões de fumaça.

As exterioridades permeiam nossa vida social: quando meu colega recebe um aumento, isso me afeta, embora eu não seja uma das partes envolvidas. Em tese, a economia pode levar em conta todas essas interações, mas na prática leva em conta muito poucas delas. Voltaremos a falar nisso.

Análise de custo-benefício

Primeiro precisamos examinar um segundo ponto forte da economia: a análise de custo-benefício.[3] Devido às limitações da troca voluntária, temos políticas públicas para a maioria das áreas da vida: defesa, lei e ordem, educação, saúde, transporte, meio ambiente etc. Para nos ajudar a pensar sobre essas políticas, os economistas apresentam análises da relação custo-benefício. Mudem a política, dizem, se os possíveis benefícios de tais mudanças forem maiores do que os custos, caso contrário deixem tudo como está.

Mas como avaliar os benefícios e os custos? Para responder a isso temos de começar com um indivíduo engajado na troca voluntária. Suponha que ele esteja pensando em comprar algo que custa 10 dólares. Se estiver disposto a pagar até 12, o comprará. Na verdade, ele compara os benefícios com os custos e os benefícios são avaliados pelo que está disposto a pagar — nesse caso, 12 dólares. Portanto, o conceito básico de benefício é "disposição a pagar".

Agora suponha que o governo está pensando em construir uma nova auto-estrada acima de um gueto urbano. Os planejadores relacionarão os benefícios e os custos — os benefícios para os motoristas, os custos ambientais para os habitantes do gueto e os custos da construção da auto-estrada.

Eles avaliarão os benefícios para os motoristas calculando o quanto estariam dispostos a pagar pela viagem mais rápida. Avaliarão os custos para os habitantes do gueto calculando o quanto estariam dispostos a pagar para evitar que a auto-estrada fosse construída. E os custos da construção serão os impostos necessários para pagar a construção da auto-estrada. (É claro que alguns habitantes do gueto também pagam impostos e são motoristas, mas aqui vemos as pessoas em termos de seus papéis.)

Depois os planejadores somarão todos os benefícios e custos estimados. Se os benefícios forem maiores do que os custos, decidirão construir a auto-estrada; dirão que é eficiente construí-la.

O que os fará dizer isso? Sua resposta será a de que os ganhadores ganharão mais do que os perdedores perderão e que, portanto, poderiam facilmente compensar os perdedores e ainda assim ficar em uma situação melhor. Desse modo, algumas pessoas poderão ganhar com o projeto sem que ninguém perca. Eles afirmam que isso representa um ganho em eficiência e que não fazê-lo é um desperdício.[4]

Mas espere um momento. Suponha que os habitantes do gueto e pagadores de impostos na *realidade* não fossem compensados. Então o projeto teria gerado alguns ganhadores *e* perdedores. Isso não poderia ser considerado uma melhora em eficiência, porque o único teste feito envolveu uma compensação *hipotética*, não uma verdadeira compensação.

Então, qual foi o erro no raciocínio? A idéia original era ótima: ao tomarmos decisões, devemos comparar benefícios e custos. Mas estes devem ser avaliados em termos de felicidade, como propôs Bentham. O uso do dinheiro não é um substituto adequado porque, como vimos, o dinheiro é mais importante para algumas pessoas do que para outras. Por isso, precisamos saber quem são os ganhadores e os perdedores para saber o quanto o dinheiro é importante para eles. Então, podemos usar uma abordagem de duas etapas: primeiro calculando as mudanças para cada grupo em termos de sua "disposição a pagar" e depois avaliando essas mudanças pelo quanto o dinheiro é importante para cada grupo. (Além disso, devemos dar um peso especial às mudanças na felicidade que afetam as pessoas mais infelizes.)

Essa abordagem mostra o caminho para uma análise melhor da relação custo-benefício que se baseia na antiga abordagem, mas usa a nova psicologia para aperfeiçoá-la — em vez de usar a idéia benthamiana e depois deturpá-la.

A renda nacional: uma história triste

Isso nos leva à questão da medida certa do bem-estar nacional. Claramente, precisamos medir a felicidade média da população (ajustada para dar um peso extra aos menos felizes).[5]

Em vez disso, os governos atualmente se concentram na renda nacional ou no Produto Nacional Bruto (PNB), em que o dinheiro de todos conta igualmente. O conceito foi desenvolvido na década de 1930 com o ótimo objetivo de ajudar a pensar nas flutuações do desemprego e tem sido crucial para o esforço de controlar suas altas e quedas. Mas logo foi usurpado para se tornar uma medida do bem-estar nacional e hoje os países lutam por uma boa posição no que diz respeito a isso.

Essa usurpação foi inevitável porque, na década de 1930, a economia foi dominada pelo behaviorismo. Na verdade, essa é uma história bastante triste. No final do século XIX a maioria dos economistas ingleses achava que a economia tinha a ver com a felicidade.[6] Eles achavam que a felicidade era, em tese, mensurável, como a temperatura,[7] e que podiam comparar a felicidade de uma pessoa com a de outra. Também achavam que, à medida que uma pessoa enriquecia, a renda extra trazia cada vez menos felicidade.

Seu sistema não era totalmente operacional, mas era prospectivo. Além disso, estava sintonizado com a psicologia do século XIX, como a de William James, que também estudava a força dos sentimentos humanos. Então a psicologia se tornou behaviorista. Vieram John Watson e Ivan Pavlov (seguido por Skinner), que disseram que nunca podemos saber o que as pessoas sentem e que tudo o que podemos fazer é estudar seu comportamento.

Assim, o behaviorismo dominou o clima intelectual e, na década de 1930, a economia.[8] Isso levou a uma idéia muito mais limitada da felicidade, porque se tudo com que nos importamos é com o comportamento de uma pessoa, isso depende apenas das situações viáveis e de quais a pessoa prefere. Não é influenciado pelo quanto ela prefere uma situação a outra.[9] Como ela sempre escolhe a situação preferida, podemos deduzir suas preferências de seu comportamento. Mas não podemos dizer nada sobre a intensidade dessas preferências ou o quanto ela está feliz com o que obtém.

Como isso leva à renda nacional como uma medida do bem-estar nacional? Há dois passos. O primeiro é individual. Presumimos que as preferências da pessoa não mudam com o correr do tempo. Por isso, se ela agora pode consumir mais do que antes, deve estar em uma situação melhor. Nós não sabemos o quanto é melhor, mas deve ser melhor. Isso é tudo o que podemos deduzir da medida da renda. O segundo é o grupo de indivíduos. Como podemos comparar o aumento na renda de uma pessoa com a diminuição na renda de outra? Você pode pensar que, do ponto de vista behaviorista, isso é impossível. Mas não. O teste de compensação hipotética surge como uma varinha de condão e nos diz que o bem-estar nacional realmente aumenta se os ganhadores podem compensar os perdedores — em outras palavras, se a renda nacional aumenta.

Tudo isso é muito triste. Apresso-me a dizer que a maioria dos economistas reconhece algumas falhas no PNB como uma medida do bem-estar. Obviamente, algumas nações escolhem ter uma jornada de trabalho mais longa do que outras. Por exemplo, hoje, a remuneração por hora é a mesma na Alemanha e nos Estados Unidos, mas os americanos têm uma jornada de trabalho mais longa. Conseqüentemente, a renda nacional *per capita* é mais alta nos Estados Unidos. Contudo, a maioria dos bons economistas diria que a renda real é a mesma nos dois países porque seu poder de compra (de bens *e* lazer) é o mesmo. Similarmente, os economistas têm tentado levar em conta a qualidade ambiental e o lazer para fazer uma estimativa melhor da renda nacional.[10] Mas os verdadeiros problemas com a economia são maiores. Surgem porque os economistas não se interessam pelo quanto as pessoas são felizes e se concentram em seu poder de compra combinado, presumindo que suas preferências são constantes ao longo do tempo. Em vez disso, precisamos de uma nova economia, que colabore com a nova psicologia. Há pelo menos cinco aspectos principais da natureza humana que devem de algum modo ser incluídos nessa nova visão de como o nosso bem-estar é gerado.[11]

- **Desigualdade.** A renda extra é mais importante para os pobres do que para os ricos.
- **Efeitos externos.** Outras pessoas nos afetam indiretamente e não só através da troca.

- **Valores.** Nossas normas e nossos valores mudam, reagindo a influências externas.
- **Aversão à perda.** Nós detestamos mais a perda do que valorizamos o ganho.
- **Comportamento inconsistente.** De muitos modos, nosso comportamento é inconsistente.

Desigualdade

Examino primeiro a desigualdade porque é a área em que os economistas já são mais ativos. (Na verdade, há um exército deles estudando por que tantas pessoas vivem abaixo da linha da pobreza.) Mas e se erguer os pobres significar rebaixar os ricos, fazendo-os perder mais em dólares do que os pobres ganhem? Que critério podemos usar para valorizar os ganhos dos pobres comparados com as perdas dos ricos?

Esta pergunta já foi teoricamente respondida na década de 1960 por um grupo de economistas brilhantes, inclusive os ganhadores do Prêmio Nobel James Meade, James Mirrlees e Amartya Sen.[12] Eles partem do princípio de que 1 dólar extra dá mais felicidade para os pobres do que para os ricos. Por isso, devemos taxar os ricos em benefício dos pobres. Mas ao fazermos isso, reduzimos os incentivos tanto dos ricos quanto dos pobres. Portanto, ao aumentarmos a porcentagem de tributação, o tamanho total do bolo diminui. Por esse motivo, devemos parar de aumentar a porcentagem de impostos bem antes de alcançarmos a total igualdade. O ótimo é quando os ganhos da maior redistribuição só são superados pelas perdas da redução do bolo.[13]

Esse tipo de análise tem sido aplicada em muitos contextos e até mesmo em algumas análises da relação custo-benefício. Contudo, nunca fez parte da prática econômica corrente, porque esses economistas brilhantes nunca contrataram um trabalho empírico para descobrir a rapidez com que o valor de 1 dólar extra diminui à medida que uma pessoa se torna mais rica.

Agora a psicologia moderna começa a tornar isso possível. Mas obter boas evidências levará tempo. Nesse ínterim, realmente devemos tratar os dólares de ricos e pobres como tendo um valor diferente — usando uma série de razões possíveis.

Contra isso você freqüentemente ouve o argumento a seguir. Nunca devemos perder uma oportunidade de aumentar o PNB porque quando atingirmos o PNB máximo, poderemos redistribuí-lo. Esse argumento, geralmente apresentado por economistas, desconsidera totalmente o ponto principal: o preço de redistribuir o PNB *é* alto — quanto mais o redistribuímos, mais ele cai, devido à redução dos incentivos. O bolo encolhe quando é mais igualmente distribuído. Em algum ponto, esse custo de eficiência da maior redistribuição supera o ganho em justiça. Aí devemos parar toda equiparação, embora o dólar do rico ainda seja menos valioso do que o do pobre.[14]

É contra esse pano de fundo que a análise de custo-benefício de outras políticas governamentais tem de ser feita. Portanto, ao fazê-la devemos atribuir um valor menor aos ganhos e às perdas dos ricos e um valor maior aos ganhos e às perdas iguais dos pobres. Se, então, analisássemos uma a uma todas as mudanças políticas possíveis, poderíamos em última análise chegar ao melhor resultado geral dados os nossos recursos iniciais.[15]

Muitos economistas concordariam, em tese, com essa abordagem (embora raramente seja posta em prática), e essas questões são bastante discutidas. Bem menos são as próximas duas, que eu considero fundamentais.

Efeitos externos

Os efeitos externos estão em toda parte. Quase todas as transações importantes que realizamos afetam pessoas que não participam delas. Quando alguém compra um Lexus, estabelece um novo padrão para as ruas. Quando uma firma anuncia uma Barbie, cria um desejo que não existia. Se examinarmos os nossos Sete Grandes fatores que influem na felicidade, veremos que cada um deles é profundamente afetado pelo comportamento das outras pessoas.

Esse será o tema dos próximos dois capítulos, que documentam os principais desafios do atual pensamento econômico. Este capítulo apresenta uma visão antecipada. Eis alguns exemplos de efeitos externos.

Renda. Se a renda das outras pessoas aumenta, eu fico menos satisfeito com a minha.

Trabalho. Se meu amigo recebe um bônus por desempenho, eu acho que também deveria receber.

Vida familiar. Se o divórcio se torna mais comum, sinto-me menos seguro.

Comunidade. Se uma população transiente se muda para o meu bairro, tendo mais a ser assaltado.

Saúde. Se mais redes sociais se formam em meu bairro, tendo menos a ficar deprimido.

Liberdade. Se as pessoas não podem dizer o que pensam, empobreço.

Valores. Se outras pessoas se tornam mais egoístas, minha vida fica mais difícil.

Estes exemplos podem parecer bastante óbvios, até mesmo banais. Mas essas interações raramente são consideradas quando se debate a política econômica. Todos os governos têm uma atitude em relação a isso que se reflete no planejamento do uso da terra, na distribuição das verbas federais para os estados, na promoção de agências de desenvolvimento regional e assim por diante. Nos últimos anos, a mensagem geral de órgãos como a Organization for Economic Cooperation and Development (OECD) tem sido a de que deveria haver mais mobilidade entre os trabalhadores.

O que isso tem a ver com os Sete Grandes? Certamente aumentaria a renda, porque as pessoas geralmente passam de rendas mais baixas para rendas mais altas. Mas, como veremos, tenderia a desestabilizar a vida da comunidade e da família. Provavelmente aumentaria a incidência de doenças mentais e reduziria o nível de confiança interpessoal. Os economistas não consideram esses fatores porque não são especializados neles. Mas ainda assim defendem maior mobilidade.

Formando valores

Os economistas são especialmente indiferentes à formação de nossos valores — ou o que chamam de gostos. Por valores refiro-me precisamente às coisas e atividades que valorizamos e à felicidade que a combinação delas nos proporcionaria.

Eles preferem presumir que os valores são universais e imutáveis,[16] porque se fossem constantes as mudanças de comportamento das pessoas poderiam ser totalmente explicadas pelas mudanças em suas rendas ou no custo de alternativas diferentes. Isso é pura aplicação da navalha de Ockham: você reduz o mínimo possível a lista de fatores que considera. Em muitos casos, a abordagem funciona bastante bem.

Mas nem sempre explica todo comportamento: os costumes e códigos morais mudam. Mais importante ainda: não explica a felicidade. Se uma pessoa pudesse ter o mesmo padrão de vida de seus pais, não podemos presumir que isso lhe daria a mesma felicidade. Na verdade, nossa evidência mostra que ela tenderia a ser menos feliz porque esperaria um padrão de vida melhor.

Isso é ilustrado no diagrama a seguir. A visão do mundo tradicional do economista está na metade superior da figura e a nova visão psicológica está na inferior. Na análise do psicólogo, discutida no Capítulo 4, o mesmo padrão de vida dá menos satisfação em 2000 do que em 1950.

Duas visões da felicidade[17]

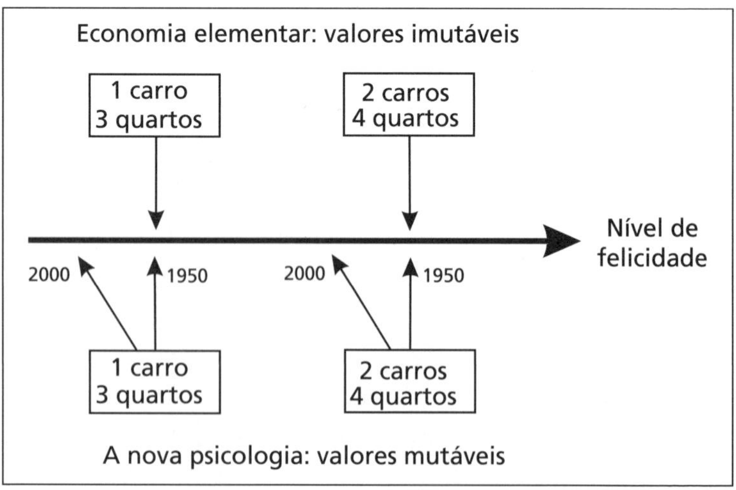

Nos capítulos a seguir examinaremos toda uma série de fatores que influem no quanto uma pessoa é feliz com um determinado padrão de vida. Um dos fatores é a importância que ela dá às comparações sociais. Isso é, em parte, uma questão de filosofia pessoal, mas grandemente influenciado pela ética da sociedade e por seu sistema de recompensa.[18] Por exemplo, se há um pagamento relacionado com o desempenho e todos são comparados publicamente com seus colegas, na maior parte do tempo as pessoas se tornam conscientes dessas comparações. Também pode diminuir o prazer de uma pessoa em realizar bem o seu trabalho. De igual modo, a existência de prêmios dentro de uma profissão (como o Prêmio Nobel) aumenta o elemento comparativo na auto-avaliação. O número de posições sociais que criamos em nosso mundo é uma questão de escolha social, gerando benefícios e custos que serão discutidos no próximo capítulo.

Outra questão é o valor que damos ao dinheiro. Quando planejam uma organização, os economistas se concentram quase automaticamente nas recompensas financeiras "externas", ignorando o papel das recompensas "internas" de um trabalho bem-feito.[19] Isso freqüentemente leva a contratos absurdamente elaborados que tentam especificar de antemão exatamente o que o contratante deve fazer em toda situação possível. (Isso pode acontecer se o contratante é um CEO ou uma empresa externa.) Mas mesmo se você redige um contrato muito detalhado, pode precisar de uma terceira parte para julgar se foi cumprido. E como saber que *essa* pessoa fará isso direito?[20] Nós acabamos em uma regressão infinita, com números crescentes de contadores e advogados. No final das contas nenhum contrato pode cobrir todas as eventualidades e em algum ponto temos de acreditar no orgulho profissional do contratante.

Além disso, como veremos, o foco excessivo nas recompensas financeiras pode minar esse próprio orgulho profissional.[21] Também pode reduzir a felicidade — as pessoas que se importam mais com o dinheiro são menos felizes com uma determinada quantia do que as outras.[22]

É claro que os economistas não acreditam no "homo economicus" — que uma pessoa trabalhará por dinheiro até não poder trabalhar mais. Na verdade, a maioria dos economistas poderia ganhar bem mais fazendo algo diferente; eles valorizam muitas coisas além do dinheiro. Ainda assim, têm uma competência especial para falar sobre dinheiro. Por isso, geralmente pensam em termos de recompensas financeiras. Também têm grande influência entre as pessoas e, por isso, inevitavelmente, ajudam a aumentar a importância que elas dão ao dinheiro.

E há a questão do altruísmo. Meu famoso professor de economia sempre me prevenia contra as armadilhas de "ser bonzinho". Contudo, a felicidade de uma sociedade tende a aumentar à medida que as pessoas se importam mais umas com as outras. Se o bem-estar das pessoas nos proporciona felicidade, devemos fazer mais para promovê-lo e nos beneficiar com a maior felicidade delas.[23] Isso é extremamente importante. Novamente, é incompatível com a economia sofisticada, mas se os economistas exaltarem muito o êxito do egoísmo, não tenderão a promover a felicidade social.[24]

Aversão à perda

Como veremos, há outro fato inconveniente sobre a natureza humana: as pessoas detestam mais uma perda do que valorizam um ganho igual.[25]

Normalmente, se uma pessoa perde 100 libras seu humor piora duas vezes mais do que melhoraria se ganhasse 100 libras. É por isso que as pessoas são tão avessas a investimentos de risco, a menos que o ganho financeiro tenda a ser substancial.

A aversão à perda é contrária à teoria econômica comum, que sugere que se as apostas são suficientemente pequenas as pessoas não se importam com o risco.[26] Mas as implicações dessa aversão são muito maiores, porque elas realmente detestam todo tipo de perda. Isso é crucial quando se pensa em uma reforma econômica. Na década de 1930, o desemprego em massa causou pouco protesto político na Grã-Bretanha. Mas surgiram protestos em massa quando o governo racionalizou o sistema de benefícios aos desempregados de um modo que ajudava a maioria deles, mas prejudicava alguns.[27] Mesmo hoje há muitas reorganizações que são boas para o desempenho médio mas que, devido ao seu impacto nos perdedores, podem causar mais infelicidade do que eliminar. Geralmente os políticos são mais sensíveis a essas questões do que os economistas, já que costumam conhecer melhor a natureza humana.

Então, devemos evitar a mudança? Em toda reforma sempre alguns sairão perdendo e, a curto prazo, sofrerão muito. Mas depois de algum tempo em grande parte se adaptarão. Se os benefícios da reforma persistirem por muitos anos, o sofrimento a curto prazo de poucos poderá ser justificado pelo ganho a longo prazo de muitos. Contudo, isso não aconteceria se a reforma fosse imediatamente seguida de outra reforma. Portanto, devemos questionar as políticas de mudança contínua porque envolvem perdas repetidas — o foco deve ser em encontrar políticas que possam durar.

Comportamento inconsistente

Deixei para o final os problemas causados pelo comportamento inconsistente,[28] que tem sido o principal foco da "economia comportamental". Eles provêm de:

- incapacidade de prever sentimentos futuros
- desinformação sobre riscos
- simples incapacidade de compreender e usar números

Já vimos como as pessoas não conseguem prever o processo de adaptação — acham que a nova casa as tornará mais felizes para sempre, em vez de apenas por um ou dois anos.[29] Um erro de previsão diz respeito ao vício em cigarros, drogas, álcool ou jogo: quando você começa, não imagina o quanto pode ser difícil parar. Como ocorre com qualquer mau hábito, as pessoas freqüentemente planejam largá-lo no mês seguinte, e quando este chega, no próximo. São dominadas pelo desejo de gratificação imediata que não as deixa ver que ocorrerá o mesmo da próxima vez.[30]

Em todos esses casos, as pessoas se tornam menos felizes na vida do que poderiam ser. Portanto, há a questão natural de se a sociedade como um todo poderia ajudar, embora, é claro, isso pudesse envolver paternalismo.

Uma segunda inconsistência ocorre em relação ao risco. A aversão à perda não é inconsistente: reflete exatamente como as pessoas se sentiriam se ocorresse um mau resultado. Mas elas têm o péssimo hábito de subestimar a seriedade das coisas realmente ruins que poderiam acontecer. Isso se torna evidente em muitas experiências em que as pessoas preferem arriscar probabilidades bastante altas de grandes perdas para evitar a certeza de perdas menores. Como salientou Daniel Ellsberg, que publicou os *Pentagon Papers*, em 1971,[31] foi exatamente isso que o presidente Lyndon Johnson fez na Guerra do Vietnã. Em 1965, o subsecretário de Estado, George Ball, deixou claro para Johnson que, embora houvesse uma pequena chance de sucesso se ele continuasse a guerra, havia grande chance de fracasso, com perdas esperadas de cerca de cinqüenta mil homens. Para evitar a certeza de ser insultado se desistisse, Johnson correu o risco de continuar. As perdas foram de cerca de cinqüenta mil homens.

Além disso, as pessoas tendem a exagerar pequenas probabilidades, o que é a origem de muitos dos sustos com a saúde dos quais a sociedade moderna é vítima. Nada disso é muito surpreendente, porque a maioria das pessoas não sabe avaliar corretamente nenhuma magnitude numérica. Por exemplo, foi-lhes perguntado quanto dinheiro extra pagariam em impostos se isso reduzisse números de mortes na estrada. Para poupar o triplo de vidas, a média dos respondentes só estava disposta a pagar um terço a mais de impostos.[32] Além disso, as suposições das pessoas em relação aos números freqüentemente se baseiam em coisas bastante irrelevantes. Por exemplo, foi perguntado a uma amostra de pessoas, primeiro, seu número do Social Security e depois, quantos médicos havia na Califórnia. Descobriu-se que, normalmente, quanto mais alto o número do Social Security de uma pessoa, maior o número de médicos que ela supõe haver na Califórnia. Isso ilustra a influência da "estrutura" dentro da qual uma pergunta é considerada.

Como essas inconsistências nos julgamentos e comportamentos humanos influem em nosso modo de ver a economia? Elas sugerem que há uma parcela de loucura no que está acontecendo, mas freqüentemente isso não tem nenhuma implicação política clara, porque a direção em que influencia o comportamento não está clara. Talvez a principal conclusão seja que as pessoas podem decidir muito sensatamente não tomar todas as grandes decisões sozinhas e entregar algumas delas para especialistas ou para o governo, dependendo de em quem confiem.

E agora?

Nos círculos de política pública o economista é, em grande parte, soberano. Isso é bom? O ponto forte da economia é que parte da idéia das pessoas como agentes autônomos. Nenhuma análise sensata da sociedade que queremos deveria partir de outra premissa. A economia também fornece uma boa estrutura geral para a análise política tentando calcular e comparar todos os custos e benefícios. Contudo, o modelo econômico da natureza humana é muito limitado — tem de ser combinado com o conhecimento de outras ciências sociais.

Por isso, o desenvolvimento político sensato é bastante difícil. Seria muito mais fácil, por exemplo, se a política econômica só afetasse a renda e não tivesse nenhum efeito na vida familiar. Então poderia ser seguramente deixada para os economistas tradicionais e a vida familiar seria deixada para os especialistas em família, assim por diante. Esse mundo conveniente é mostrado no diagrama a seguir.

Mas não é o mundo em que vivemos. Quase todas as políticas influem na felicidade, através de muitos canais. Um exemplo disso é nossa abordagem da mobilidade geográfica, que já discutimos e é ilustrada no segundo diagrama. Mais mobilidade aumenta a renda, por isso os economistas tendem a lhe ser favoráveis. Mas também pode acabar gradualmente com a vida familiar e a segurança nas ruas, além de alterar nossos valores. Todos esses fatores precisam ser comparados uns com os outros, e os diferentes especialistas precisam discuti-los em conjunto.

Precisamos de uma revolução acadêmica, com cada cientista social tentando entender as causas da felicidade. Também precisamos de uma revolução governamental. A felicidade deve se tornar o objetivo da política, e o aumento da felicidade nacional deve ser tão rigorosamente avaliado e analisado quanto o PNB.[33]

Já existem muitas evidências de como fazer boa política. Nós as examinaremos nos dois próximos capítulos, começando com o problema da competição insana.

O mundo ideal dos criadores da política

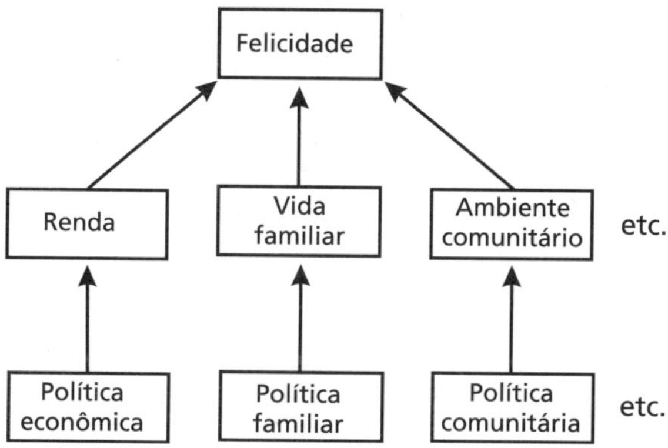

Realidade

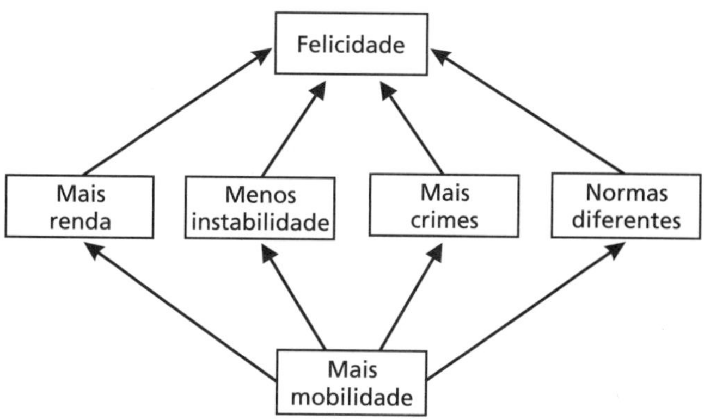

"Eu me sinto tão bem hoje que quase poderia recusar uma redução de impostos."

CAPÍTULO

10

Como podemos abrandar a competição insana?

De que vale esta vida se, de tanto cuidar,
Não tivermos tempo para parar e olhar?

W. H. Davies[1]

Todos nós desejamos status — ou, pelo menos, respeito. Esse desejo está enredado em nossos genes e, quando realizado, é uma grande fonte de satisfação. Nós sabemos disso devido aos notáveis estudos de macacos verdes realizados por Michael McGuire e seus colegas, na UCLA.[2] O método deles foi manipular o status de um macaco macho deslocando-o de um grupo de macacos para outro. Em cada situação, eles mediram seu nível de serotonina, um neurotransmissor ligado às boas sensações. A descoberta foi surpreendente — quanto mais alta a posição do macaco na hierarquia, melhor ele se sentia.

Quando um macaco rechaça seus rivais, não só obtém mais fêmeas e mais bananas como também uma recompensa direta: ser o líder. Isso o faz se sentir ótimo. É um grande motivador. Portanto, os macacos com o desejo mais forte de status têm mais sexo e mais filhotes. Assim, esse desejo se espalhou pela população de primatas.[3]

Os seres humanos apreciam tanto o status quanto os macacos. Nós o desejamos não só por tudo que torna possível, como também pelo status em si. Detestamos ficar atrás dos outros e gostamos de sobressair. Queremos receber nossos convidados tão bem quanto eles nos recebem, e que nossos filhos tenham o que seus amigos têm. Esses não são sentimentos ignóbeis de inveja; o desejo de status é fundamental na natureza humana.

Você pode ver o quanto é importante examinando seu efeito na saúde física. Quando os macacos são postos em grupos diferentes e sua posição hierárquica muda, suas artérias coronárias entopem mais devagar quanto mais alta for sua posição.[4] De igual modo, entre os funcionários públicos civis, os em posições superiores secretam níveis médios mais baixos de cortisol — o que é um dos motivos de viverem mais. Na verdade, as pessoas em posições superiores vivem em média quatro anos e meio a mais do que as em posições inferiores. Caso você queira saber, muito pouco dessa diferença se deve ao estilo de vida de cada um — fumar, beber, fazer dieta, se exercitar ou tipos de moradia. De igual modo, como vimos, os ganhadores do Oscar vivem em média quatro anos mais do que os que são apenas indicados.

A corrida por status

Portanto, o desejo de status é absolutamente natural, mas cria um grande problema se queremos tornar as pessoas mais felizes, porque a quantidade de status disponível é fixa. Falando claramente, o status é como o resultado de uma corrida. Há os números 1, 2, 3 e assim por diante. Se minha posição melhora, a de outra pessoa piora. Meu ganho representa a perda dela. No jargão, entramos em um jogo de soma nula, já que a soma de 1 + 2 + 3 e assim por diante não pode ser mudada, por mais que tentemos mudá-la. Como disse certa vez Gore Vidal: "Não basta ser bem-sucedido, é preciso que outros fracassem."[5]

O problema é que todos nos esforçamos muito para mudar o que não pode ser, no total, mudado. Por isso, tudo que fazemos para nos beneficiar causa um "prejuízo" a outra pessoa. Isso é um pouco parecido com o que acontece em um estádio de futebol. Alguém se levanta para ver melhor. Isso atrapalha a visão de outra pessoa, que também se levanta. Finalmente, todos se levantam. Eles têm não só a mesma visão de antes como também o esforço extra de se levantar.

Muitas coisas dão status, e o dinheiro é uma delas. Se o dinheiro fosse desejado apenas pelo status, tentar obtê-lo seria totalmente autodestrutivo porque o número de níveis na distribuição de renda é fixo e o ganho de uma pessoa seria a perda de outra. Felizmente, como vimos no Capítulo 4, as pessoas também desejam a renda em si e não apenas seu valor em relação à renda dos outros. Um estudo citado anteriormente descobriu que as pessoas se importam duas vezes mais com a renda absoluta do que com a renda relativa.[6]

Contudo, a luta pela renda *relativa* é totalmente autodestrutiva no nível da sociedade como um todo. Se minha renda aumenta em relação à sua, a sua diminui em relação à minha exatamente na mesma proporção. Todo esse processo não produz um ganho líquido social, mas pode envolver um grande sacrifício da vida privada e do tempo com familiares e amigos. Deve ser desencorajado.

Uma solução seria um acordo coletivo para limitar a competição insana de todos contra todos. Em algumas ocasiões, as nações já concordaram em não entrar na inútil corrida armamentista, reconhecendo que é um jogo de soma nula. Então, por que as pessoas não fazem o mesmo? A resposta é que há pessoas demais para que seja possível um acordo. Precisamos descobrir outra solução.

A falácia da soberania do consumidor

"Espere um momento", ouço você dizer. "Há realmente um problema? Eu quero o meu encanamento funcionando e pouco me importa se o encanador está trabalhando para melhorar seu status ou meu padrão de vida absoluto. Na verdade, a economia existe para satisfazer o consumidor e deve ser bom para ele que as pessoas trabalhem mais."

Isso é errado, porque os consumidores também são os produtores. Para os consumidores consumirem mais, no entanto, sempre terão de produzir. Se trabalharem mais, realmente poderão consumir mais, no entanto, sempre à custa de algo — sua vida familiar, seu jogo de tênis etc. Portanto, só faz sentido para eles trabalhar mais se houver um ganho líquido geral. Mas, como vimos, as pessoas têm um grande incentivo para trabalhar, porque um de seus objetivos é aumentar sua renda relativa. Sempre que a aumentam (o que as agrada), diminuem a renda relativa de outras pessoas (o que as desagrada). Esse é um "prejuízo externo" causado aos outros, uma forma de poluição física.

Se as pessoas não levam em conta essa poluição quando decidem o quanto trabalhar, comportam-se como quem se levanta em um jogo de futebol. O resultado será excesso de trabalho e desequilíbrio entre trabalho e vida.

Taxando a poluição

Pelo menos essas taxas têm a seguinte valia: são um modo comum de evitar a poluição. Tornam possível taxar as pessoas pelos prejuízos que causam umas às outras — e as forçam a levá-los em conta. Por isso, elas ficam atentas aos custos externos que de outro modo ignorariam e, se o nível do imposto é adequado, a atividade poluente volta ao nível mais eficiente.[7] Portanto, o imposto sobre emissões nocivas as reduz e o imposto sobre a renda do trabalho reduz o trabalho.

Nas duas situações o imposto não é distorcedor (desestimulando algo desejável), mas corretivo (desestimulando algo indesejável). Isso empresta uma luz totalmente nova aos impostos existentes, porque tanto os economistas quanto os políticos tendem a considerar os impostos distorcedores, mesmo em níveis bem baixos. Mas agora vimos que, pelo menos até certo ponto, os impostos desempenham uma função útil da qual não tínhamos consciência, ajudando a preservar o equilíbrio entre o trabalho e a vida.

Esse pensamento exige uma revolução no que é chamado de "economia pública".[8] E vai mais longe do que isso, porque fornece um elemento novo e importante no caso da política progressiva como tal.

Os libertários se opõem fortemente a esse argumento. Dizem que estimula o sentimento ignóbil da inveja, que deve ser desprezado. Esse é um argumento extraordinariamente fraco. A política pública tem de lidar com a natureza humana como ela é. Afinal de contas, todos nós reconhecemos a onipresença do desejo de status. A ganância também é comum, e os libertários não a desaprovam. Então, por que deveriam desaprovar o desejo de status? Os dois sentimentos são características da natureza humana. Nós não somos perfeitos e a política pública deve nos ajudar a fazer o máximo possível para nos tornar melhores.

Eu disse isso de maneira bastante incisiva. Para evitar mal-entendidos, deixe-me salientar que a maioria das pessoas gosta muito de seu trabalho; não trabalha apenas por dinheiro, mas também pela camaradagem e satisfação que o trabalho bem feito proporciona. Além disso, o elemento de luta no emprego freqüentemente tem a ver com mantê-lo e não com ganhar mais dinheiro:[9] algumas das lutas da vida são inevitáveis. Mas pelo menos podemos fazer algo a respeito do efeito distorcedor da luta por status.

Taxando o vício

Também há o efeito distorcedor da habituação imprevista. Um dos motivos pelos quais a felicidade não aumentou, apesar de nosso padrão de vida mais alto, é que nos habituamos a ele. A princípio, mais conforto dá mais prazer. Então nos habituamos ao conforto e o prazer volta ao seu nível anterior. Na verdade, o prazer está mais associado à mudança na renda do que ao seu nível. Até certo ponto, isso é como as formas clássicas de vício, como em álcool ou drogas, em que é preciso aumentar a dose o tempo todo para obter o mesmo prazer.[10] Como essas fontes de prazer são diferentes de fontes mais profundas de satisfação, como o tempo com familiares ou amigos, que só continuam a nos dar prazer![11]

Se prevíssemos a habituação à renda, nossas decisões não seriam distorcidas por ela. Isso seria apenas um fato da vida que levaríamos em conta. Mas, na verdade, as pessoas que elevam seu padrão de vida esperam que isso lhes dê mais felicidade do que acabam obtendo.[12] O motivo é que o novo padrão de vida se torna mais ou menos uma necessidade

— um fato que elas não haviam totalmente previsto.[13] Isso é como fumar. Apenas 32% dos jovens que começam a fumar esperam continuar fumando cinco anos depois. Na verdade, 70% continuam. Ficam viciados.

Geralmente lidamos com os gastos com o vício taxando-o. Justificadamente, os impostos sobre os cigarros são altos. Descobriu-se que isso beneficia possíveis fumantes fazendo-os fumar menos, embora eles paguem mais pelo que fumam.[14] Não devemos hesitar em taxar outros gastos nocivos à saúde e viciadores.

Portanto, temos duas distorções que a taxação pode corrigir: uma provém da poluição e a outra do vício imprevisto. Mas o quão altos devem ser esses impostos? O nível certo depende de muitas considerações, inclusive de quantos gastos são justificados com serviços públicos e redistribuição. Mas se você tinha uma opinião formada sobre isso que não leva em conta os argumentos deste capítulo e agora os aceita, deve reconsiderar suas opiniões sobre os níveis de impostos.

O mesmo pode ser dito de um modo mais técnico. Quando os economistas pensam em taxação, normalmente presumem que todos os impostos sobre a renda ou os gastos são distorcedores. Isso significa que 1 libra de imposto cobrado desagrada mais do que a simples perda de 1 libra — a diferença sendo chamada de "sobrecarga tributária", o que torna mais difícil justificar os impostos. Contudo, se o imposto é corretivo em vez de distorcedor, a sobrecarga tributária é negativa. Então, as razões para o gasto público e a taxação se tornam mais fortes.[15]

Seria bom saber o quanto se tornam mais fortes, mas a evidência ainda não é suficientemente precisa. Uma coisa está clara. Nós não estamos fazendo uma tempestade num copo d'água; se a renda extra fez tão pouco para produzir uma sociedade mais feliz, deve haver algo bastante ruim em grande parte disso.

As descobertas no Capítulo 4 fazem sentido. Lá, mencionamos algumas estimativas do que acontecia com a felicidade nacional quando alguém ganhava e gastava 1 libra extra. O ganhador ficava mais feliz, mas, devido à poluição, o resto da sociedade perdia em felicidade cerca de um terço do que o ganhador ganhava.[16] Além disso, devido à habituação, a própria pessoa perdia no próximo período cerca de 40% do que ganhara em felicidade no período anterior, e grande parte dessa perda era imprevista. Esses são fortes efeitos negativos, mas cercados de margens tão grandes de incerteza que ainda não fornecem uma base exata para a política.[17]

Essa é a minha conclusão sobre os impostos. Se você nunca pensou nas questões levantadas neste capítulo, repense sua posição. Os impostos claramente desempenham uma função útil, além de financiarem o gasto público: impedem que tenhamos um estilo de vida ainda mais agitado.

Se alguém replicar que a média dos cidadãos deve trabalhar mais, por favor, peça a essa pessoa para pensar mais um pouco. Na Europa, achamos particularmente irritante quando os economistas americanos fazem preleções sobre nossa semana de trabalho mais curta e nossos feriados mais longos. A maioria dos europeus está feliz com sua jornada de trabalho, embora o PNB pudesse ser maior se trabalhassem mais horas. Alguns podem comparar suas rendas com as dos americanos, mas até hoje isso não tem sido um grande problema.

Respeito

Até agora falamos como se as pessoas trabalhassem principalmente por pagamento e status, mas nossas motivações são muito mais complexas. Também trabalhamos para ser respeitados por nossos amigos.

Certamente as pessoas respeitam o status, mas também respeitam muitas outras qualidades. Portanto, um modo diferente de lidar com a corrida por status é aumentar o respeito por outras coisas.[18] Se nós só respeitarmos o status, certamente teremos problemas. Fiquei chocado quando visitei pela última vez o Department of Education and Skills, em Londres, e vi dois grandes pôsteres no hall de entrada onde se lia: "Ganhando a dianteira." Esse é realmente o objetivo da educação? Em vez disso, devemos cultivar o respeito por quem contribui para o bem-estar alheio, aumentando a quantidade de bondade e cooperação no mundo e deixando a quantidade de status inalterada (como deve ser). A última coisa que queremos é dar ainda mais atenção às posições sociais e é por isso que o pagamento por desempenho provoca sentimentos tão fortes.

Pagamento por desempenho

É claro que a idéia é que pagar as pessoas pelo que fazem é o melhor sistema de incentivos possível. Certamente, quando podemos avaliar corretamente suas realizações, devemos lhes pagar por elas — como no caso de caixeiros-viajantes, corretores de moedas estrangeiras ou jóqueis.[19] Mesmo quando a realização depende do esforço de uma equipe, devemos recompensá-la, desde que seu desempenho possa ser claramente avaliado. Se a equipe é bem pequena e a recompensa é previamente estabelecida, a pressão dos colegas pode fazer com que um trabalhe tanto quanto o outro. Indo ainda mais longe, se eu considerar uma empresa inteira, há muito a dizer sobre participação nos lucros, que incentiva os empregados a se identificar com os objetivos da empresa.

Mas os gurus da administração estão atrás de algo mais bem ajustado do que isso. Eles querem que os indivíduos sejam pagos por suas contribuições específicas e não estão satisfeitos com o sistema mais antigo em que o pagamento acompanha o trabalho — embora isso forneça ótimos incentivos para a qualificação para trabalhos mais bem pagos. Querem um alinhamento ano a ano entre o pagamento individual e o desempenho. Dizem, com razão, que deve ser apresentado a todo indivíduo um claro conjunto de objetivos, com uma discussão anual sobre como ele está se saindo.[20] Mas querem mais do que isso: que o pagamento de uma pessoa reflita seu desempenho, ano a ano.

O problema é que, na maioria das empresas, não há uma avaliação objetiva do desempenho. Na verdade, as pessoas devem ser avaliadas em comparação com seus colegas. Mesmo se a avaliação significa ser objetivo em vez de relativo, a maioria das pessoas sabe quantas tiram cada nota. O efeito é pôr os empregados em uma posição. Se todos concordassem com as posições, isso não seria tão ruim. Mas estudos mostraram correlações bem baixas entre as posições de um avaliador e de outro.[21] Portanto, muito amor-próprio (e freqüentemente pouco pagamento) está ligado a um processo de posicionamento incerto que basicamente altera a relação de cooperação entre o empregado e seu chefe e o empregado e seus colegas.

Esse processo vale a dificuldade que envolve? Há dois problemas principais.

O primeiro é que dá mais importância à posição. Nesse sentido, muda os gostos de um modo que é inimigo da felicidade. Se as pessoas se sacrificam mais para melhorar de posição a perda é clara, a menos que o ganho em produtividade supere o sacrifício extra. O crescimento do pagamento por desempenho tem sido associado a um aumento mensurável no estresse. Por exemplo, em 1996, o Eurobarometer perguntou a pessoas empregadas em vários países se, nos últimos cinco anos, tinha havido um "aumento significativo no estresse envolvido em seu trabalho". Quase 50% responderam que sim e menos de 10% responderam que o estresse havia diminuído. Os números da Grã-Bretanha ficaram perto da média dos europeus.[22] Alguns poderiam argumentar que, se você deseja evitar o estresse, sempre pode mudar de emprego. Isso é verdade. Mas quando um hábito se estabelece, pode ser difícil se livrar dele.

É claro que algumas comparações entre as pessoas são inevitáveis, já que a hierarquia é necessária e inevitável. Algumas são promovidas e outras não. Além disso, as promovidas devem receber mais, já que são talentosas e o empregador deseja mantê-las. Ele também usa o pagamento como um meio de recrutar. Portanto, o pagamento é importante em momentos-chave como um modo de influir nas decisões entre ocupações e empregos. Mas, felizmente, para a maioria das pessoas, as promoções e mudanças de emprego ainda são relativamente raras. As mudanças associadas ao pagamento não são sempre evidentes nos pensamentos das pessoas. Mas o pagamento por desempenho muda isso tudo.

Há um segundo argumento contra o pagamento por desempenho. Os economistas e políticos tendem a presumir que, quando aumentam os motivos financeiros para o desempenho, outros motivos permanecem os mesmos. Na verdade, esses motivos podem mudar, como foi salientado há muito tempo em relação ao suprimento de sangue.[23] Permita-me apresentar três estudos sugestivos.

Em uma creche em Israel, alguns pais freqüentemente chegavam atrasados para pegar seus filhos, por isso foram estipuladas multas por atraso. O resultado foi surpreendente: mais pais passaram a chegar atrasados.[24]

Em outro estudo, o psicólogo Edward Deci entregou quebra-cabeças para dois grupos de estudantes.[25] Um grupo foi pago por cada montagem correta e o outro não. Quando o tempo terminou, os dois grupos tiveram permissão para continuar a trabalhar. O grupo que não foi pago trabalhou mais — devido ao seu interesse intrínseco pelo exercício. Mas, para o grupo que foi pago, a motivação externa reduziu a motivação interna que normalmente existiria. Eles fizeram metade da montagem adicional de quebra-cabeças.

Um terceiro exemplo é um experimento natural na Suíça, em 1993, quando duas comunidades foram escolhidas como possíveis locais de depósito de lixo radioativo. Um economista, Bruno Frey, organizou uma pesquisa com os habitantes.[26] Foi perguntado a um grupo: "Você concordaria em que o depósito fosse aqui?" Cerca de 50% das pessoas disseram que sim. Foi perguntado a um segundo grupo: "Se lhe fosse oferecida uma certa quantia (especificada) para compensá-lo, você concordaria em que o depósito fosse aqui?" A essa segunda pergunta menos de 25% responderam que sim. Concentrar-se nas recompensas financeiras diminuiu a disposição das pessoas de julgar o mérito do caso.

Muitos outros exemplos poderiam ser dados.[27] Por isso, temos de considerar seriamente o argumento de que, aumentando os incentivos financeiros, diminuímos os incentivos internos das pessoas de darem o melhor de si e honrar o nome de sua profissão. O efeito geral é, portanto, incerto. A ética profissional é um motivador precioso que deve ser cultivado. Se não fizermos isso, poderemos não melhorar o desempenho e não produzir trabalhadores que gostem de seu trabalho. O pagamento tem efeitos úteis na escolha da carreira e das empresas para as quais as pessoas querem trabalhar. Mas quando alguém trabalha em uma organização, o respeito dos colegas é forte motivador que devemos explorar.

À luz de tudo isso parece que, nos últimos vinte anos, os governos cometeram erros graves em suas abordagens da reforma dos serviços públicos. Eles salientaram cada vez mais a necessidade de recompensar o desempenho individual, em vez de fornecer o pagamento adequado para cada nível e salientar a importância do trabalho, das normas e da competência profissional. Não admira que a reforma dos serviços públicos seja tão difícil, quando tão freqüentemente são tomadas medidas erradas e os trabalhadores são desmoralizados.

Nenhum empregador sensato considera definidos os gostos de seus empregados. Ele tenta fazer com que se orgulhem de seu trabalho e aumentar sua disposição de se ajudarem. Se quisermos um local de trabalho melhor, devemos ensinar a nossos filhos que a satisfação profissional provém de um trabalho bem feito e não de "ganhar a dianteira".[28] Essa abordagem não é "socialista". Em vez disso, resulta da experiência humana universal.

Propaganda

Portanto, os valores realmente importam. A propaganda visa claramente mudá-los — mudar nossa preferência por um produto a outro. Mas essa experiência nos torna mais felizes? Se a propaganda simplesmente fornecesse informações, seria difícil ser contrário a ela. Mas grande parte da propaganda nos faz achar que precisamos de algo de que obviamente não precisávamos. O anunciante quer apenas que compremos sua marca, em vez de outra. Mas o efeito geral é fazer as pessoas quererem mais.

O truque mais comum da propaganda é nos mostrar que gente como nós tem algo — supondo que também desejaremos tê-lo. O anúncio se torna uma profecia auto-realizável, com um efeito mais sério nas crianças, que colocam os pais sob intolerável pressão para comprar o último modelo de boneca ou calçado. O desperdício é extraordinário e as crianças ficam com a idéia de que é preciso gastar muito apenas para serem elas mesmas. Esse é o motivo pelo qual a Suécia proíbe a propaganda comercial dirigida a crianças com menos de 12 anos.[29] Todos os países deveriam seguir esse exemplo. Também deveríamos pensar em suspender as concessões fiscais para todas as propagandas pictóricas das empresas, já que podem ter um efeito negativo na felicidade daqueles que pressionam.

Às vezes, dizem que o capitalismo depende da propaganda para atingir o pleno emprego. De acordo com essa visão, sem a propaganda haveria menos para ser comprado e, portanto, menos trabalho para ser feito.[30] Isso causaria desemprego. Mas é uma falácia. É verdade que menos trabalho seria feito, mas, ao mesmo tempo, as pessoas também *desejariam* trabalhar menos, porque desejariam comprar menos. Por esse motivo, não haveria qualquer mudança no equilíbrio entre a demanda e a oferta de trabalho. O desemprego não aumentaria. Portanto, a propaganda não pode ser justificada como um instrumento antidesemprego. Se nos chama para uma corrida para gastar, devemos ter um sério debate sobre a reação apropriada.

Competir ou cooperar?

Na escola que eu freqüentei, nós nos sentávamos na classe de acordo com os resultados de nossos testes na quinzena anterior. Também fazíamos nossas refeições e rezávamos na capela na ordem dos resultados de nossos exames no semestre anterior. Esse incentivo era claramente exagerado. Mas não deveria haver competições ou homenagens na escola?

Como vimos, certa rivalidade está enredada em nossos genes. Esse instinto competitivo aumentou nossa capacidade reprodutiva no deserto.[31] Ali, as pessoas que sobreviveram foram as que só ficavam satisfeitas quando tinham o máximo de êxito possível. Para se manter em boas condições, usavam comparações sociais e conquistas passadas como normas para avaliar seu desempenho; não se contentavam em ficar abaixo dessa norma.

Esses são os genes que herdamos, o que significa que fomos criados para ficar insatisfeitos. Mas agora que vencemos a escassez, não precisamos mais ser escravos de nossa natureza. Séculos atrás, decidimos preservar os fracos, e também podemos nos permitir dar a alguém a chance de se livrar da pressão contínua para ser bem-sucedido. O problema básico com essa pressão pode ser exposto de um modo bem simples. Ou você é bem-sucedido — e nesse caso dá um suspiro de alívio — ou fracassa. Não há como atingir seu objetivo com tranqüilidade e conforto.

Uma sociedade obcecada por status está condenada a isso. O sucesso se torna o principal objetivo dos pensamentos e das conversas: quem conseguirá aquele emprego; quanto ganhará? Nós temos de fugir dessa situação.

Então, a competição deve ter algum papel? É claro que sim. Até certo ponto, é um motivador necessário, e sistemas de honra podem ser usados para mostrar nosso valor. Um pouco de competição torna a vida mais interessante e jogar contra outras pessoas também pode ser mais divertido do que desenvolver sua habilidade sozinho. Os jogos promovem a sociabilidade, por isso estão em conformidade com nossa natureza. Quase todos os esportes físicos são inerentemente competitivos, e é mais divertido jogar xadrez contra um bom oponente do que contra um computador. Também é muito divertido ver os outros competirem.

Além disso, freqüentemente, um bom modo de melhorar o desempenho é compará-lo com padrões de referência. Em escolas e hospitais, pode ser muito útil usar esses padrões (resultados de testes, números de mortes pós-operatórias). Mas a informação é muito mais valiosa se está relacionada com as medidas absolutas de seu desempenho comparadas com as de outras pessoas, em vez de com onde você se posiciona em alguma ordem.

Estamos falando sobre um equilíbrio sensato, que significa um equilíbrio menos obcecado por posições do que o atual, porque hoje nosso problema fundamental é uma falta de sentimento comum entre as pessoas — a noção de que a vida é, basicamente, uma luta competitiva. Com essa filosofia, os perdedores se tornam alienados e uma ameaça para o restante de nós; nem mesmo os vencedores podem relaxar em paz. Dado isso, não admira que, em várias avaliações, os países escandinavos estejam entre os mais felizes. Não é por acaso que não têm taxas de suicídio excepcionalmente altas,[32] mas, de fato, têm a idéia mais clara do bem comum. Como mostra a tabela a seguir, a ideologia cooperativa de um país se revela muito claramente na qualidade de vida de suas crianças.

Porcentagem de crianças entre 11 e 15 anos que concordam que "a maioria dos alunos em minha classe são gentis e prestativos"[33]	
Suíça	81
Suécia	77
Alemanha	76
Dinamarca	73
França	54
Estados Unidos	53
Rússia	46
Inglaterra	43

Correr riscos

Tenho me concentrado nos incentivos ao trabalho. Mas também é preciso que haja mais incentivos a correr riscos. Quando governantes de países ricos se encontram na OCDE, em Paris, sempre dizem que os europeus devem estar mais dispostos a ser empreendedores e correr riscos. Como expliquei, a teoria econômica comum não permite dizer que um conjunto de predisposições é melhor do que outro. Nessa base tradicional, tais afirmações da OCDE são ilegítimas. Contudo, são mais fáceis de justificar em termos de um objetivo de felicidade, em que gostos diferentes *podem* ser comparados em termos da felicidade resultante. Nesse contexto, os empreendedores são essenciais.[34]

Mas, como uma sociedade, quantos riscos devemos esperar que o cidadão comum corra? O desejo de segurança é parte central da natureza da maioria das pessoas. É por isso que temos programas sociais e que, desde a Segunda Guerra Mundial, governos e Bancos Centrais tentam controlar o ciclo de crescimento e queda. É claro que há muitas políticas ruins — em alguns países europeus a renda ainda é garantida mesmo quando as pessoas rejeitam o trabalho disponível.

Mas é uma loucura nos tornarmos menos seguros e mais estressados à medida que enriquecemos. Como disse Lord Keynes: "Fomos treinados por tempo demais para nos esforçar e não para nos divertir."[35] Tanto a segurança quanto a paz de espírito devem aumentar — não diminuir — com o enriquecimento.

Contudo, muitas pessoas nas elites anglo-americanas exaltam a mudança e a novidade a bem delas mesmas. Nada é bom se não for "inovador". Os burocratas reorganizam alegremente os serviços públicos, se esquecendo de que cada reorganização destrói um importante canal de segurança e confiança pessoal. Eu acho que os anglo-americanos têm muito a aprender com a "velha Europa", onde o valor da estabilidade é mais bem compreendido.

Então, o que influi na sensação de segurança?

Eu gostaria de ser
A economia prática diz chanceler
Calman

CAPÍTULO

11

Podemos nos dar ao luxo de nos sentirmos seguros?

A maior doença de hoje não é a lepra ou a tuberculose, mas a sensação de ser indesejado, não amado e abandonado por todos.

MADRE TERESA[1]

Suponha que lhe oferecessem a aposta a seguir. Lançando uma moeda ao ar você perderia 100 libras ou ganharia uma soma maior. Que soma o faria aceitar a aposta?

Daniel Kahneman, da Princeton University, estudou como as pessoas respondem a esta pergunta. (Ele é o único psicólogo que ganhou o Prêmio Nobel de Economia.) Kahneman descobriu que a resposta típica é por volta de 200 libras.[2] As pessoas precisam da perspectiva de ganhar 200 libras para compensar a chance de perder 100 libras. Isso mostra o quanto elas não gostam de perder dinheiro.

Na verdade, as pessoas detestam perder quase tudo. Kahneman fez outra experiência.[3] Ele separou estudantes randomicamente em dois grupos. Ao primeiro foi mostrado um determinado tipo de caneca e perguntado quanto estariam dispostos a pagar por ela. Em média, eles responderam 3,50 dólares. A cada membro do segundo grupo foi dado o mesmo tipo de caneca e logo depois perguntado quanto precisaria ser pago para que a devolvessem. As respostas foram notáveis: em média, 7 dólares. Isso está totalmente em desacordo com a teoria econômica comum, que prediz que os dois números seriam os mesmos.

O que ocorre está claro. Os membros do segundo grupo têm uma caneca e não gostam da idéia de perdê-la. Tornaram-se ligados ao *status quo*, como sempre fazemos. Por isso, detestam duas vezes mais (em termos de dinheiro) se separar da caneca do que gostam de ganhá-la. Essa é a mesma proporção revelada no primeiro estudo que mencionei. Naquele caso, as pessoas detestavam duas vezes mais perder 100 libras do que gostavam de ganhá-las (de modo que você precisava de 200 libras para compensar a aposta). Mais uma vez, a proporção é de dois para um.

Na verdade, muitos estudos descobriram que uma perda desagrada cerca de duas vezes mais do que um ganho igual agrada.[4] É por isso que as pessoas estão tão dispostas a evitar o risco da perda. Essa explicação da aversão ao risco é muito mais coerente do que a explicação da teoria comum, que geralmente ignora o elemento de risco em todo projeto em que o risco é bastante pequeno.[5]

É precisamente porque as pessoas detestam perder que temos uma rede de segurança social e, na Europa, um sistema social que considera o bem-estar individual e social dos cidadãos, o chamado *welfare state*. As pessoas desejam a segurança que tais entidades oferecem. Mas foi esse desejo de segurança que Ronald Reagan, Margaret Thatcher e George W. Bush contestaram. Eles salientaram que a segurança pode ser perigosa. É claro que sim. Mas se é o que a maioria deseja desesperadamente, deve ser um dos principais objetivos da sociedade. Os ricos têm muita segurança, os pobres, menos. Uma sociedade feliz precisa de muita segurança para todos.

A falácia da competitividade

Contudo, muitas pessoas acham que não podem mais se dar ao luxo de tanta segurança. O motivo que dão para isso é a globalização, que nos confronta com uma competição que nunca experimentamos. Nessa situação, dizem que não podemos mais nos dar ao luxo de ter nossa antiga rotina: a vida será mais difícil para todos.

Isso é uma grande bobagem. Para um país como um todo, novas oportunidades comerciais são sempre uma vantagem. Os consumidores podem importar mais, a preços mais baixos do que antes. As empresas e os trabalhadores também se beneficiam com as maiores oportunidades de vender no exterior. É claro que há algumas casualidades — as empresas e os trabalhadores que produziam bens que agora importamos (como camisas, carros ou aço) ou cujas exportações foram minadas pela nova concorrência estrangeira. Mas o cidadão ocidental típico ganhou muito com o crescimento do comércio mundial na última metade de século passado, e continuará a ganhar.[6]

Além disso, não tem havido um aumento da fração de trabalhadores expostos à concorrência estrangeira. O setor produtivo se tornou mais exposto, mas agora emprega menos devido ao crescimento do setor de serviços. Portanto, na verdade, a participação do comércio na atividade econômica global não aumentou tanto.[7]

Ao contrário do que se costuma acreditar, não houve um aumento na taxa de destruição do emprego nos últimos vinte anos nos Estados Unidos ou na Europa.[8] E os salários reais aumentaram em média pelo menos 1% ao ano.[9] As empresas se saíram ainda melhor, especialmente na Europa, onde a proporção de lucros e aluguéis em relação aos salários aumentou de 33% na década de 1970 para quase 50% agora. Nem sinal de diminuição dos lucros devido à concorrência estrangeira!

De fato, muito do que se diz sob o desafio competitivo é conversa para assustar criancinhas — ou, nesse caso, os trabalhadores. É claro que uma empresa deve permanecer competitiva para sobreviver. Mas os países sempre sobrevivem, através de processos automáticos de ajuste.[10] Por isso, nenhuma nação ocidental tem de rejeitar seu antigo estilo de vida porque não pode mais se dar ao luxo de tê-lo. Podemos escolher qualquer grau de segurança que quisermos, mas nosso nível de compensação, inevitavelmente, refletirá nossa escolha.

Na verdade, essa é a principal lição da economia aqui. Uma nação sempre poderá competir porque as pessoas serão pagas de acordo com sua produtividade. Se quisermos torná-las mais seguras, talvez tenhamos de aceitar um pagamento menor. Essa é a nossa escolha. Mas em um contexto em que os padrões de vida se elevam constantemente, não é muito difícil.

A globalização também não impõe novos limites aos gastos governamentais ou às políticas do mercado de trabalho. É claro que não é fácil para um país atrair capital se os impostos pagos pelas empresas são mais altos do que em outros lugares, mas a maioria incide sobre o trabalho, que tem muito menos mobilidade. É por isso que os países menores e mais abertos da Europa (os escandinavos) puderam manter os impostos mais altos. Como mostrarei, o *welfare state*, certamente, precisa de reformas, mas não devido à globalização. E, em muitos casos, essas reformas aumentariam, não diminuiriam, a segurança das pessoas.

É isso que elas desejam — segurança em todas as nossas cinco primeiras Sete Grandes fontes de felicidade: renda, trabalho, família, comunidade e saúde.

Renda

As duas grandes ameaças à estabilidade da renda são as flutuações do emprego e o envelhecimento. E duas das conquistas-chave do Estado moderno foram a maior estabilidade econômica e melhores aposentadorias por idade.

Desde a Segunda Guerra Mundial, as flutuações do emprego foram muito menores do que nos cem anos anteriores. Isso se deveu, em parte, à intervenção do Estado ou, no mínimo, à expectativa de que o Estado interviesse, se necessário, dando às famílias e empresas confiança para gastar.

Contudo, diante da escolha entre estabilidade econômica e crescimento a longo prazo, alguns economistas dão grande peso ao crescimento a longo prazo, alegando que uma pequena diferença na taxa de crescimento tem, no devido tempo, enorme impacto no padrão de vida. Nessa linha de raciocínio, pouco dano é causado por uma queda ocasional que traz consigo "destruição criativa", porque, mais uma vez, o ganho a longo prazo supera um custo imediato pequeno. Essa é a opinião do ganhador do Prêmio Nobel Robert Lucas, da University of Chicago.[11] Mas a psicologia moderna leva a uma ênfase diferente. O custo psicológico a curto prazo das flutuações do emprego é grande, enquanto o ganho a longo prazo do crescimento é relativamente pequeno, porque o valor de cada dólar extra se torna cada vez menor à medida que as pessoas enriquecem. Felizmente, menos políticos do que economistas questionam o valor da estabilidade econômica, porque ela beneficia trabalhadores e empregadores.

Entretanto, nos últimos anos teve início um novo debate sobre a renda na velhice. Atualmente essa renda provém, na maioria dos países, principalmente de uma aposentadoria do governo (ou previdência social), baseada em ganhos anteriores. Esse compromisso é firmado pela capacidade do Estado de recolher contribuições dos ganhadores existentes. Mas agora algumas pessoas dizem: "Uma renda maior na velhice não deveria provir da previdência privada, paga com dinheiro investido no mercado de ações?" Em muitos países, houve um crescente apoio a essa idéia, até o crash da Bolsa de Valores, em 2001. Agora a idéia parece menos atraente, e na Grã-Bretanha, onde a previdência privada já fornece cerca de metade de toda a renda na velhice, o sistema se revelou um desastre para muitos investidores. Tanto a experiência como as pesquisas sobre a felicidade confirmam a sensatez da aposentadoria do governo relacionada com os ganhos, baseada na capacidade do Estado de recolher contribuições correntes. Quem quisesse deveria poder abrir mão de algumas das contribuições e dos benefícios relacionados. Mas, certamente, deveria ser oferecida a todos uma chance de participar, num piscar de olhos, de um sistema livre de ansiedade.

Trabalho

Outro elemento-chave do bem-estar da maioria das pessoas é o trabalho. De fato, vimos, no Capítulo 5, que o desemprego é uma das piores coisas que pode acontecer a alguém. Seu impacto é parecido com o da dissolução do casamento — você deixa de ser necessário. Esse efeito psíquico vai além do efeito da redução da renda.

Portanto, uma prioridade-chave de qualquer sociedade civilizada é um nível baixo de desemprego. Mas como isso pode ser obtido? Nos últimos 25 anos, muitos países europeus deixaram o desemprego aumentar até atingir níveis desconhecidos desde a década de 1930, e permanecer neles. Para descobrir como reduzir o desemprego, temos de explicar as diferenças entre os países mostradas na tabela a seguir. Após muitas divergências a esse respeito na década de 1980, os economistas tradicionais chegaram a um consenso. Disseram que não se pode reduzir permanentemente o desemprego aumentando a demanda agregada pela produção de um país, porque o resultado será apenas o aumento da inflação. Em vez disso, é preciso alterar a estrutura do mercado de trabalho.

Dois fatores principais são importantes.[12] O primeiro é como as pessoas são tratadas quando estão desempregadas. Se receberem auxílio-desemprego por um tempo indefinido e não lhes for exigido que preencham as vagas disponíveis, haverá muitas pessoas desempregadas a longo prazo, mesmo com um grande número de ofertas de emprego. No boom europeu, por volta do ano de 2000, essa era a situação na França e na Alemanha Ocidental.[13] Então, a inflação aumentou e o European Central Bank (Banco Central Europeu) elevou as taxas de juros, pondo fim ao boom.

Índice de desemprego, 2000-2004[14]

Espanha	11,3
Itália	9,3
França	9
Alemanha	8,3
Estados Unidos	5,3
Suécia	5,2
Grã-Bretanha	5,1
Dinamarca	4,6
Países Baixos	3,4

Em contraste, há outros países europeus — como a Dinamarca, os Países Baixos e a Grã-Bretanha — em que você só pode obter benefícios se realmente procurar muito por trabalho. Em troca, será mais ajudado a procurá-lo. Essa é a abordagem da previdência social para o trabalho (WTW, de *Welfare to Work*), uma política de prêmio e punição. Nesses países há muito menos desemprego. Por exemplo, na Dinamarca você tem direito a ofertas de trabalho ou atividade útil no fim de seu primeiro ano de desemprego. Nesse ponto o Estado garante que lhe será dado o que fazer. Mas você tem de tirar proveito do que lhe oferecem. Portanto, há direitos e responsabilidades. O trabalhador tem o direito de receber as ofertas mas também a obrigação de aceitar uma delas.

Essa é a melhor abordagem — um meio-termo entre a indulgência da antiga abordagem franco-alemã e a severidade dos Estados Unidos, onde o seguro-desemprego termina após seis meses e as pessoas podem ser levadas a aceitar empregos muito improdutivos e malpagos.

Se as pessoas ficam tão infelizes quando estão desempregadas, você poderia perguntar por que nem sempre aceitam qualquer trabalho. A resposta é que esse cálculo racional não se aplica. Após um período de desemprego, as pessoas que recebem benefícios sociais entram em uma fase de triste resignação em que qualquer mudança pode parecer perigosa. Seus "gostos" mudam. O papel da agência de empregos é fazer as pessoas saírem desse estado para uma atividade significativa. Se pudéssemos mobilizar um número maior de desempregados da Europa, eles poderiam encontrar os empregos que já existem.

Em 1977, os primeiros-ministros da Europa se comprometeram a garantir a todas as pessoas uma oportunidade de trabalhar ou treinar dentro de um ano após ficarem desempregadas. Até agora isso só foi posto em prática na Dinamarca e nos Países Baixos. Na maior parte da Europa isso poderia ser feito dentro de cinco anos, com a condição de que os trabalhadores tivessem de aceitar uma das oportunidades oferecidas. Implementar essa estratégia é uma grande prioridade.

Contudo, em algumas regiões da Europa, o desemprego é, inevitavelmente, alto por um motivo diferente: porque o pagamento é excessivo em relação à produtividade da região. É o que ocorre na Alemanha Oriental, no Sul da Itália e no Sul da Espanha. Nessas regiões tem havido forte pressão política e sindical para vincular os níveis salariais locais aos de outras partes do país em que a produtividade é mais alta. Se esse vínculo persistir, os empregadores nunca fornecerão empregos suficientes nessas regiões. O pagamento regional deve estar ligado à produtividade regional, através de um estabelecimento mais descentralizado ou flexível de salários. Esse é o segundo requisito-chave para o pleno emprego.

Portanto, é essencial que haja na Europa reformas salariais e na previdência social. E quanto à liberdade dos empregadores de contratar e demitir? Na Europa, já é restrita. Essa é uma boa idéia? Em termos de felicidade no trabalho parece que sim — já vimos o quanto a segurança no emprego é valorizada. Mas, se for difícil demitir, os empregadores tenderão menos a contratar. Isso não favorece o desemprego?

Provavelmente não. Há um consenso de que as regras da demissão realmente desencorajam a contratação, mas também, obviamente, a demissão. No cômputo geral, uma anula o efeito da outra, deixando o nível de desemprego inalterado. Como os empregadores contratam menos, há mais desemprego a longo prazo. Mas como demitem menos, há menos desemprego a curto prazo. O nível total de desemprego permanece praticamente o mesmo.[15] Dado isso, os americanos e ingleses certamente deveriam parar de dizer aos seus colegas europeus para mudarem radicalmente na direção de contratar-e-demitir. Se os europeus valorizam sua segurança, deixem que a tenham. Afinal de contas, o norte dos Alpes atingiu os níveis americanos de produtividade por hora, apesar de sua segurança no emprego.[16]

É claro que se poderia argumentar que a segurança no emprego deve ser deixada para a negociação entre empregador e empregados. Mas se um empregado individual pede ao empregador mais segurança em troca de um salário menor, lança dúvidas sobre sua vontade de trabalhar. Por esse motivo, a ação coletiva (inclusive a legislação) para promover uma razoável segurança no emprego é um elemento importante de uma sociedade civilizada. Obviamente, os empregados devem ser demitidos por mau comportamento, o que atualmente é bastante difícil em países como a Itália. Mas os empregados também devem ter direito a informações adequadas, compensação por excessos e reparação se demitidos injustamente.

Portanto, "flexibilidade" não é um mantra sensato se desejamos o pleno emprego e uma vida profissional de boa qualidade. Em vez disso, devemos salientar a abordagem da previdência social para o trabalho e razoável segurança no emprego, assim como salários flexíveis.

Há algo mais: as habilidades. As pessoas sem habilidades tendem muito mais a ficar desempregadas e, se empregadas, a ser mal remuneradas. Na Grã-Bretanha e nos Estados Unidos, cerca de uma em cinco pessoas é funcionalmente analfabeta: por exemplo, não consegue ler uma simples bula de remédio. Isso contrasta com cerca de uma em dez na Alemanha, na Suécia e nos Países Baixos.[17]

Além disso, na Grã-Bretanha e nos Estados Unidos menos pessoas têm habilidades específicas para o trabalho do que na Europa Continental: mais de um terço não tem qualquer tipo de qualificação relevante para o trabalho.[18] Portanto, não admira que a décima parte mais mal paga dos trabalhadores na Grã-Bretanha e nos Estados Unidos receba apenas cerca de metade do salário-hora de seus colegas na Alemanha Ocidental. O método mais testado de adquirir habilidades manuais é através da aprendizagem, e os países que o usam têm menos jovens desocupados — sem estudar ou trabalhar.[19] É vital para os jovens que ampliemos esse aprendizado.

Quem é contra essa idéia argumenta que, em um mundo mutável, as habilidades precisam mudar com tanta freqüência que é inútil investir pesado em uma delas. Contudo, as pessoas mudam muito menos de emprego do que se pensa: normalmente, permanecem nele por cerca de sete anos e meio nos Estados Unidos e dez na Grã-Bretanha.[20] Mesmo se acabarem mudando de ocupação, o melhor impulso possível na vida é aprender o que é ser "profissional". E se as pessoas forem afastadas de uma ocupação em que há poucas oportunidades de emprego, devem receber retreinamento de real qualidade. Um Estado compassivo protege quem perde com mudanças econômicas.

Vida familiar

De todos os fatores que afetam a felicidade, a vida familiar ou outro relacionamento íntimo vem em primeiro lugar. Contudo, o papel do Estado na vida familiar sempre foi controverso. Cada vez mais as pessoas acham que, nos relacionamentos adultos, esse papel é pequeno — exceto quando há crianças envolvidas. Por isso, concentrar-me-ei nas políticas relacionadas com o bem-estar delas.

Como vimos, pode ser muito prejudicial para as crianças ser criadas por apenas um dos pais ou ter pais que não se entendem. O que pode ser feito a esse respeito?

O primeiro passo é tornar claros os princípios envolvidos. As crianças não são, como acreditam alguns economistas *laissez-faire*, objetos que os pais podem consumir livremente, como casas ou carros. São seres conscientes que a sociedade tem o dever de proteger. Portanto, gerar um filho é um ato que envolve enorme responsabilidade, até mesmo maior do que adotar uma criança, porque na fase da adoção a criança já existe. A sociedade se preocupa muito com quem pode adotar uma criança, mas nem um pouco com quem pode gerar uma. Isso levou o psicólogo David Lykken a propor que os pais obtivessem licença para ter filhos, caso contrário correriam o risco de que fossem entregues para adoção.[21] Sua proposta foi longe demais, mas concentra a mente na natureza séria do que está em jogo — no fato de que os interesses da criança são tão importantes quanto os dos pais. Então, o que fazer?

Em primeiro lugar, deveria haver aulas compulsórias sobre paternidade nas escolas que explicassem a enorme tarefa e responsabilidade que é criar uma criança.

Em segundo, um casal só deveria ter filhos quando houvesse um compromisso entre eles e estivessem prontos para cuidar da criança. Não se deve esperar que, uma vez casadas, as pessoas imediatamente tenham filhos. Elas precisam de tempo antes ou depois do casamento para se divertir e se conhecer. Poucas coisas são piores para as crianças do que nascer quando são indesejadas. Essas crianças, freqüentemente nascidas de mães solteiras, apresentam um alto risco de comportamento criminoso. É por isso que as leis para permitir o aborto reduziram muito o nível de criminalidade. Em um estudo, essas leis foram a maior causa isolada do declínio da criminalidade na América.[22] Esse efeito pode ser observado porque o aborto foi legalizado em diversos estados americanos em anos diferentes. Em cada estado o crime caiu em média quinze a vinte anos após a legalização do aborto, e quanto maior a taxa de aborto, maior o declínio da criminalidade.

Quando uma mulher está grávida, ambos os pais devem ser incentivados a freqüentar aulas gratuitas sobre paternidade, além de cursos pré-natais. As aulas devem abranger o relacionamento do casal assim como o relacionamento entre pais e filhos, já que o bem-estar da criança é prejudicado pela desintegração familiar.

A desintegração familiar pode ocorrer devido a tensões internas ou agressões externas. A falta de tempo é uma grande fonte de tensão interna. Para a felicidade de nossos filhos, precisamos de mais práticas de trabalho favoráveis à família e de creches de alta qualidade com um custo proporcional à renda. As práticas de trabalho flexíveis são um investimento essencial em uma sociedade feliz, assim como o são as licenças-maternidade e paternidade. Os países escandinavos são um modelo para o resto do mundo, e esse pode ser um dos motivos de estarem entre os mais felizes.

Contudo, não deve haver pressão social para os pais trabalharem, a menos que vivam de benefícios ou à custa de outras pessoas.[23] É claro que essa questão é muito delicada. Mas a descoberta geral da pesquisa da ciência social é que, quando as crianças têm mais de 1 ano, se desenvolvem igualmente bem se ambos os pais trabalham, ou se apenas o pai ou a mãe trabalha.[24] Portanto, cada família deve se sentir livre para fazer sua própria escolha. Uma exceção é quando os pais desejam requerer benefícios do Estado, pagos por outras pessoas. Nesse caso, deveriam estar dispostos a procurar trabalho, pelo menos em regime de meio expediente, quando as crianças estivessem em idade escolar.

Se as famílias enfrentarem problemas, devem procurar ajuda imediatamente. Se acharem que seus filhos são difíceis, agora há ótimos programas, como o Positive Parenting Programme (Triplo P) australiano, que demonstrou corrigir dois terços do comportamento destrutivo, ao mesmo tempo diminuindo o estresse e melhorando o casamento dos pais.[25]

Mas se algo pode mudar a tendência ao aumento da desintegração familiar, é uma mudança nas atitudes. Nossa sociedade se tornou mais tolerante de muitos modos que aumentam a felicidade, mas é certo uma pessoa de fora destruir o relacionamento estável de um casal? Realmente precisamos de mais sinais interiores de advertência contra certos tipos de comportamento. O amor romântico é um dos sentimentos mais belos e generosos, mas nem sempre nobre. O ditado que afirma que "Vale tudo no amor e na guerra", provavelmente, é o mais estúpido que já existiu — sobre o amor *e* a guerra.

Comunidade

Os relacionamentos íntimos não operam em um vácuo. O contexto é sua comunidade — seus amigos e vizinhos, e os lugares em que você mora, faz compras e trabalha. Quando você interage com esse ambiente, sente que o mundo ao seu redor é amigável ou ameaçador?

Como vimos, aspectos-chave do capital social, como confiança e participação em associações voluntárias, contribuem muito para a felicidade. O que, por sua vez, influi nesses aspectos? A cultura e os valores são importantes, mas também o são fatos mundanos como o grau de mobilidade geográfica. Uma comunidade de alta rotatividade raramente é amigável. Contudo, em geral, os economistas são a favor da mobilidade geográfica porque muda as pessoas de lugares em que são menos produtivas para lugares em que são mais produtivas. Mas a mobilidade geográfica aumenta a desintegração familiar e a criminalidade.

Se as pessoas moram perto de onde foram criadas, dos pais e de velhos amigos, provavelmente tendem menos a se separar: têm uma rede de apoio social que é menos disponível em comunidades mais móveis.[26] De igual modo, se as pessoas se mudam muito, sentem-se menos ligadas às pessoas entre as quais vivem e o crime é mais comum.[27] Um bom prognosticador de baixo índice de criminalidade é quantos amigos se tem em um espaço de 15 minutos de caminhada.[28] A criminalidade é mais baixa quando as pessoas confiam umas nas outras,[29] e elas confiam mais quando se mudam menos e a comunidade é mais homogênea.[30] Portanto, a violência tende a ser alta onde a mobilidade residencial é alta e há concentrações de pessoas novas na área.[31]

Essas descobertas são importantes porque, se pensarmos nos fracassos das sociedades modernas, a alta criminalidade certamente é o mais óbvio. Assim como o nível de doença mental está ligada à pouca confiança; a doença mental é mais provável se você vive em uma área onde seu grupo é minoritário do que se vive onde é majoritário.[32]

Se a mobilidade tem esses preços, eles devem ser levados em conta antes de os europeus serem incitados a igualar os níveis americanos de mobilidade geográfica ou, na verdade, de imigração.[33] É claro que o principal argumento a favor da imigração é o ganho para os imigrantes. Os residentes nativos também deverão ganhar com a troca cultural, especialmente se os imigrantes forem qualificados. Contudo, muitos dos argumentos usados a favor da imigração são falaciosos. Aumentando nossa população obviamente aumentamos a renda nacional. Porém, em linhas gerais, a renda de quem já está aqui não é afetada.[34] Quando o mercado afirma precisar de mais imigração, freqüentemente quer dizer que se ela não ocorrer terá de pagar salários mais altos.

No nível local, o bom planejamento físico pode reduzir os custos da mobilidade. No estado de Eastlake, em uma das novas cidades da Grã-Bretanha, os moradores dos andares térreos apresentavam altos índices de doença mental. Eles ficavam ansiosos porque todo mundo podia caminhar no espaço em frente de seus apartamentos. Como experiência, os planejadores fecharam a maioria dos caminhos que atravessavam o estado, de modo que agora qualquer pessoa do lado de fora da janela provavelmente era um vizinho. A doença mental caiu em um quarto.[35]

Saúde mental

O último elemento-chave da segurança é a saúde. As pessoas querem ser saudáveis e, quando não são, desejam bom tratamento, livre de ansiedade. Por isso, um bom sistema de saúde é uma característica essencial da vida boa.

Mas quais doenças são as piores? Em um estudo interessante, Alex Michalos perguntou às pessoas o quanto estavam satisfeitas com sua saúde geral.[36] Então sua saúde objetiva foi analisada com o uso do teste padrão conhecido como SF-36. O teste registra oito tipos principais de problemas de saúde: limitação de mobilidade, dor física, perturbação mental e assim por diante. Desses, a perturbação mental era o que causava mais insatisfação com a saúde geral.

Claramente, o estado mental é parte fundamental da saúde mas, principalmente, é quesito essencial para a felicidade. Por exemplo, nós poderíamos perguntar se o que causa mais infelicidade é a depressão ou a pobreza. A resposta é a depressão. Ela explica mais sobre a variação na felicidade do que a renda, mesmo depois de levarmos em conta a inter-relação entre pobreza e depressão.[37] Portanto, a doença mental, provavelmente, é a maior causa isolada de infelicidade nas sociedades ocidentais. Segundo a Organização Mundial da Saúde (OMS), a doença mental ou o vício causa quase metade de toda a incapacidade que as pessoas experimentam, como mostra o quadro a seguir.[38]

Causas de incapacidade (Estados Unidos e União Européia)[39]

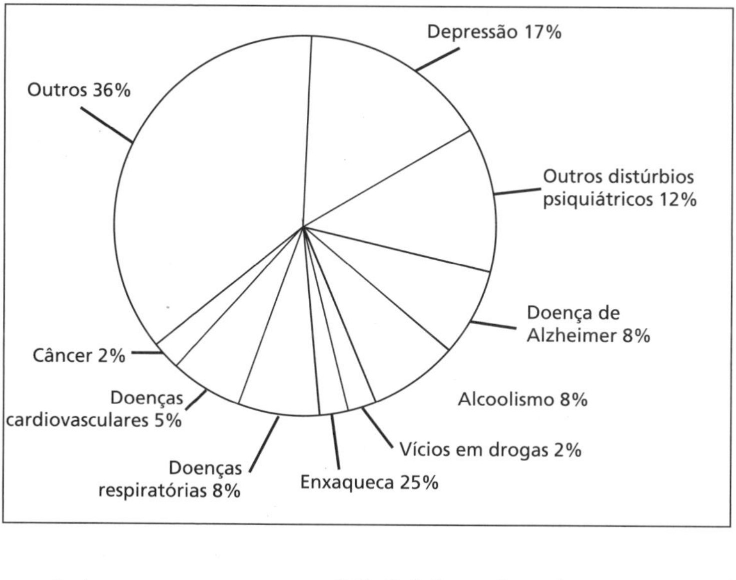

Até recentemente, era difícil falar sobre doença mental (fora de Nova York, é claro). As pessoas fingiam que era rara, quando, na verdade, a maioria tinha parentes ou colegas que sofriam dela.

Cerca de um terço de nós experimenta doença mental grave durante a vida, incluindo cerca de 15% que têm um episódio de depressão grave e incapacitante. Os episódios da doença não duram para sempre, mas com freqüência são recorrentes. Portanto, por ano, cerca de 20% de nós têm problemas mentais graves e 6% depressão grave. Esses são números dos Estados Unidos, parecidos com os da Grã-Bretanha.[40]

Até cinqüenta anos atrás não havia um tratamento eficaz para a doença mental. Desde então, isso mudou. Primeiro vieram os grandes avanços na terapia de drogas, na década de 1950, que fizeram mais para reduzir o sofrimento extremo do que qualquer outra mudança na última metade de século. Da década de 1970 em diante houve importantes progressos na psicoterapia — especialmente a terapia comportamental cognitiva (TCC).

Tanto as drogas quanto a terapia foram testadas em estudos clínicos duplo-cego em que nem o paciente nem o pesquisador sabem se o tratamento real está sendo ministrado. Drogas ou terapia semanal tiram, no espaço de quatro meses, cerca de 60% dos pacientes de sua depressão. Após o tratamento bem-sucedido, o risco de reincidência é maior para os tratados com drogas, a menos que continuem a tomá-las. Mas três quartos das pessoas que tiveram 16 semanas de terapia ou o tratamento com drogas mantido escapam de outra depressão no decorrer dos próximos dois anos.[41]

O custo desses tratamentos não é alto em relação à enorme melhora no bem-estar.[42] Contudo, a maioria das pessoas com doença mental não os recebe.[43] Nem todas procuram ajuda, são corretamente diagnosticadas e concordam em ser tratadas. Portanto, menos da metade das pessoas que experimenta uma depressão grave recebe tratamento e, dessas, a maioria não é tratada por um especialista. Na Grã-Bretanha, apenas um em cinco pacientes com depressão grave consulta um psiquiatra, e a maioria é medicada com drogas por um clínico geral.[44] Menos de um em dez pacientes consulta um psicólogo. Simplesmente, há muito poucos psiquiatras e psicólogos. A situação é parecida nos Estados Unidos.

Esse não é o modo de tratar um grande problema humano. Nós gastamos muito pouco com a doença mental, em comparação com outras doenças. Se considerarmos todas as vítimas de doenças, inclusive de incapacidade *e* morte prematura, a doença mental é responsável por um quarto delas.[45] Contudo, nos Estados Unidos, apenas 7% das verbas para a saúde são destinadas à doença mental, e, na Grã-Bretanha, apenas 13%.[46] A parte das verbas públicas destinadas às pesquisas é ainda menor, 5%.[47]

Precisamos mudar radicalmente nossas prioridades. É um escândalo gastarmos tão pouco com a doença mental em comparação com, por exemplo, a pobreza. Na luta contra o sofrimento, a psiquiatria está na linha de frente. Ao longo das barricadas do século XXI há um lugar-chave em que os idealistas deveriam se reagrupar.

Nós chegamos a um conjunto totalmente novo de questões pessoais, não sociais, que incluem a última etapa de nossa investigação. Como já dissemos, a felicidade vem de fora *e* de dentro. A vida interior e o ser interior determinam como reagimos à vida e o que lhe oferecemos. Nas palavras de William Cowper:

> *Como mostra a natureza, a felicidade depende menos de coisas externas do que a maioria das pessoas supõe.*[48]

Então, como assumir o controle da vida interior? Há disciplinas mentais bastante experimentadas que funcionam para muitas pessoas. Porém, para outras, também é necessário drogas psiquiátricas. Nos dois próximos capítulos examinaremos cada um desses mecanismos para atingir a paz mental que almejamos.

"Eu não canto porque sou feliz. Sou feliz porque canto."

CAPÍTULO

12

A mente pode controlar o humor?

A maioria das pessoas é tão feliz quanto resolve ser.

ABRAHAM LINCOLN

Ninguém pode fazer você se sentir inferior sem o seu consentimento.

ELEANOR ROOSEVELT

Em um experimento recente, o psicólogo Jon Kabat-Zinn ofereceu um curso de meditação aos funcionários de uma corporação. Ele dividiu aleatoriamente os inscritos em dois grupos, pondo um deles em uma lista de espera para ter um grupo de controle. Ao outro grupo deu uma aula semanal de meditação, durante oito semanas. Esse grupo também deveria praticar sozinho todos os dias. A felicidade dos dois grupos foi medida tanto por questionário quanto por exames de EEG.

Os resultados foram notáveis. Quatro meses após o término do curso, as pessoas que o fizeram estavam visivelmente mais felizes. Se você imaginar uma classificação de cem pessoas, das mais infelizes para as mais felizes, o curso situou as que o completaram pelo menos vinte pontos acima segundo essa avaliação — um efeito surpreendente.[1]

Portanto, a meditação faz bem ao espírito. Também é boa para o corpo. No final do curso, todos receberam vacina contra a gripe, independentemente de se tinham feito o curso ou não. Aqueles que o fizeram desenvolveram uma imunidade muito maior à doença.

Jon Kabat-Zinn não ficou surpreso com os resultados. Experimentos anteriores haviam mostrado como, durante a meditação, há mudanças nos batimentos cardíacos, no equilíbrio hormonal e nas leituras de EEG para medir a felicidade.[2] O surpreendente no novo experimento foi a longa duração dos efeitos.

O fato é que podemos treinar nossos sentimentos. Não somos simplesmente vítimas de situações ou do passado — idéias exageradas com freqüência associadas respectivamente a Karl Marx e Sigmund Freud. Em vez disso, podemos lidar diretamente com nossos sentimentos negativos e os substituir por positivos, apoiados na força positiva que há em cada um de nós — nosso eu melhor.

É impossível ser feliz sem uma visão do mundo positiva e a percepção interior de um espaço positivo que é, em última análise, imune a efeitos externos. Isso é fácil de falar, mas extremamente difícil para a maioria das pessoas, a menos que elas sejam ajudadas por algum tipo de disciplina.

Felizmente, essas disciplinas existem, como existem para tocar violino. Se você quiser ser um excelente violinista, terá de praticar violino por cerca de 10 mil horas antes de completar 18 anos. Também precisará estudar com um professor competente. Quando fizer isso, mudará radicalmente seu cérebro, aumentando o número de conexões neuroniais relevantes.[3]

De igual modo, podemos treinar a capacidade de ser felizes. Todos nós temos nossas próprias estratégias para isso, estejamos conscientes delas ou não, escolhidas através de canais desconhecidos da sabedoria do passado. Mas vale a pena examinar algumas das melhores estratégias conhecidas, do budismo à psicologia positiva moderna. Embora aparentemente diferentes, todas as estratégias apresentam uma mensagem básica — a de que podemos liberar a força positiva em nós abandonando autopercepções negativas e objetivos inadequados. Podemos aprender que, afinal de contas, o copo está cheio pela metade e não vazio pela metade.

Budismo

Budistas como o Dalai Lama acreditam que o objetivo da vida é a felicidade e evitação do sofrimento.[4] Também acreditam, corretamente, que não se pode ter sentimentos positivos e negativos ao mesmo tempo.[5] Por isso, a mente tem de eliminar e substituir os sentimentos negativos por positivos.

Sobre o lado negativo, o budismo nos diz para lidarmos com os "venenos" que perturbam nossa paz de espírito: desejos não realistas, raiva e ressentimento tempestuosos. Mas não os atacando de frente. Devemos observar calmamente o que nos está acontecendo. Se sentimos raiva, não a suprimimos simplesmente; a observamos do ponto de vista do desapego de modo a que não possa mais nos consumir. Como diz Thich Nhat Hanh em seu livro sobre a raiva, sempre teremos raiva dentro de nós, mas podemos administrá-la sendo amigos dela, tratando-a como um bebê.[6] Então veremos o quanto nossos desejos e nossa raiva são infantis. Os budistas os chamam de "ilusões", porque pensamos que podem nos consumir, quando não podem.

No jargão psicológico, o problema é de "enquadramento" — concentrando-nos em um desejo ou sentimento em particular nós lhe damos excessivo destaque. Em vez de acharmos que o que queremos é 100% bom e o que detestamos é 100% ruim, precisamos pôr ambos em perspectiva. Como veremos, esse programa para afastar os pensamentos negativos não é diferente dos processos da terapia cognitiva moderna.

Ao mesmo tempo em que afasta os pensamentos negativos, o budista desenvolve sua capacidade positiva de compaixão — como que colonizando o espaço vazio. A idéia básica da compaixão é a compreensão de que todos sofrem, inclusive a pessoa de quem você sente mais raiva. Há muitas rotinas para desenvolver a compaixão, mas um bom budista passa milhares de horas na prática silenciosa da compaixão por todos, pelo eu e pelo outro, pelo amigo e pelo inimigo, pelo grande e pelo pequeno. Você pode praticar a compaixão pelo outro de dois modos: pensando nele com a maior empatia possível ou imaginando que é ele. Mas a compaixão vai além das pessoas. Alguns budistas dizem mentalmente palavras belas para os objetos que encontram ao cuidar de seus afazeres; acham que isso tem um bom efeito em sua visão geral do mundo. Fisiologicamente, sabemos que o simples ato de sorrir melhora os hormônios das pessoas.[7] Em contraste, fofocas maliciosas, muito comuns no Ocidente, mas condenadas pelos budistas, só dão prazer a curto prazo.

Se você se sentir melhor em relação às outras pessoas, se sentirá melhor em relação a si mesmo. Como diz o Dalai Lama:

> Eu sei, por experiência própria, que quando pratico a compaixão obtenho um benefício direto e imediato

> (...)sou 100% beneficiado, enquanto o benefício para os outros pode ser de 50%.[8]

Certamente, há algumas situações críticas em que isso não se aplica e em que as boas ações podem causar grande estresse interior.[9] Mas, em geral, os sentimentos de compaixão realmente trazem suas próprias recompensas. Você obtém mais da vida se tenta "fazer o bem" do que se tenta "fazer bem".

Um bom teste de seu estado mental é comparar seu número de pensamentos positivos e negativos. Essa é uma recomendação tanto do antigo Abhidharma budista quanto da terapia cognitiva moderna, e pode ser extremamente útil nos relacionamentos. Por exemplo, o psicólogo John Gottman analisou como as pessoas casadas discutem seus problemas. Nos casamentos estáveis, elas expressam cinco pensamentos positivos para um negativo, enquanto nos casamentos que não vão bem a proporção é de menos de um para um.[10]

Mas como desenvolver o pensamento positivo? No budismo, a técnica para aumentar a força emocional é a meditação. Seu maior valor é fazê-lo se acalmar. Você não pode realmente lidar com suas emoções se não estiver calmo.

Na meditação, uma pessoa se concentra em um objeto de contemplação, sem se tornar apegada a ele. Ela o aprecia com atenção, ao mesmo tempo permanecendo totalmente imóvel. Para os novatos, o primeiro objeto de atenção costuma ser a respiração. Quando a mente está perturbada, em geral a respiração fica tensa e com a freqüência alterada. Mas quando a respiração é calmamente observada, logo retorna a uma agradável regularidade. É claro que os pensamentos perturbadores ou desconfortos físicos devem ser ignorados. Com essa técnica uma pessoa recupera o controle de seu eu interior e pode passar a contemplar toda uma série de objetos com compaixão e desapego. O primeiro passo é ter compaixão por si mesmo — se aceitar. Então você pode praticar a compaixão pelos outros.

Thomas Carlyle, escritor inglês do século XIX, teria gostado disso. Uma mulher disse: "Senhor, eu aceito o universo." E ele respondeu: "Por Deus, é melhor aceitar."

Um aspecto central da filosofia budista é o conceito de fluxo. Todos os sentimentos de alegria e até mesmo dor física são observados fluindo, e nós nos vemos como uma onda no mar — o mar sendo eterno e a onda apenas sua forma presente. Para muitos budistas, essa realidade os faz se sentir parte de um todo maior, dando sentido à vida.

Na verdade, o próprio conceito do eu é questionado. Os budistas acreditam que nossos problemas geralmente surgem da tentativa de defender ou promover o "eu", sem que se perceba que a vida pode passar por vários canais diferentes e que não somos o centro do universo. As coisas podem não ser exatamente como queremos, mas podemos sobreviver e experimentar grande felicidade desde que não insistamos em ter a vida constantemente em nossos próprios termos. O objetivo não é a auto-realização, mas uma relação harmoniosa com o mundo ao nosso redor e, acima de tudo, força interior e equanimidade. Em última instância, como disse Buda, "não procurem refúgio em ninguém fora de vocês mesmos".[11]

A tradição mística

O budismo é, basicamente, uma prática psicológica, e os budistas não se apóiam em uma crença em Deus. Cristãos, muçulmanos e judeus, ao contrário, acreditam em um Deus que criou o universo ou, pelo menos, o sustenta. Portanto, essas religiões envolvem um relacionamento com um Deus que está tanto dentro como fora de nós — a força positiva que, uma vez obtida, nos dá a sensação de ser livres.

A maioria das religiões é menos explícita do que o budismo a respeito do controle dos próprios sentimentos. Elas têm muitos "nãos", mas fornecem menos ajuda detalhada sobre como atingir um estado de serenidade e benevolência. Contudo, em todas as religiões também há uma tradição mística que se concentra nessas questões.[12]

Para os católicos, os *Exercícios espirituais* de Santo Inácio são um exemplo. As primeiras palavras do livro impressionam: "O homem foi feito para louvar, reverenciar e servir a Deus e, por meio disso, experimentar a salvação." Prosseguindo, Santo Inácio explica que "louvar" significa ser grato — uma condição essencial para a felicidade e mais fácil se você tem alguma idéia de a quem ou pelo que é grato. "Servir a Deus" inclui servir ao próximo. E a salvação envolve ser "indiferente" ao que lhe acontece, desde que você esteja cumprindo o objetivo para o qual foi criado. Inácio diz que todos experimentam desolação, mas ensina como lidar com ela, observando, como os budistas, que tudo muda, inclusive o sofrimento.[13] Um recurso-chave é a gratidão. Muitas pessoas pensam deliberadamente em cinco coisas por dia pelas quais devem ser gratas. Algumas até mesmo levam consigo um seixo para lembrá-las disso.

O protestantismo também tem seus movimentos místicos. Por exemplo, os quakers acreditam basicamente que há "algo de Deus em todas as pessoas" e que devemos ser sensíveis a isso — em nós mesmos e nos outros. É preciso começar consigo mesmo. George Fox, fundador do grupo religioso quaker, escreveu a esse respeito:

> A pérola está escondida no campo e o campo está em seus corações. É lá que vocês devem cavar para encontrá-la, e quando tiverem cavado bem fundo e a encontrado, devem vender tudo para comprar e resgatar esse campo.[14]

Quando você descobre o tesouro interior, tem algo precioso para dar aos outros. Quando os quakers fazem sua reunião semanal, esse é um evento principalmente silencioso em que, juntas, as pessoas experimentam as partes mais profundas de sua natureza. Mais uma vez, o sofrimento não é ignorado, mas observado em um espírito de paz.[15]

Quase todas as religiões concordam em que, às vezes, somos incapazes de nos ajudar através de um esforço consciente. Nesse ponto é melhor pedir ajuda à força positiva interior bem dentro de nós, que algumas pessoas consideram divina. Essa é, por exemplo, a abordagem básica dos Alcoólicos Anônimos (AA), a organização mais bem-sucedida do mundo no tratamento do alcoolismo. As pessoas que vão aos AA se reúnem, como os quakers, em um clima reverencial, e ouvem umas às outras em um espírito de respeito e paz. Todas se esforçam para dar os Doze Passos, e é isso que se espera delas:

1. Admitimos que éramos impotentes perante nossas emoções — que tínhamos perdido o domínio sobre nossas vidas.
2. Viemos a acreditar que um Poder Superior a nós mesmos poderia devolver-nos à sanidade.
3. Decidimos entregar nossa vontade e nossa vida aos cuidados de Deus, *na forma em que O concebíamos.*

4. Fizemos minucioso e destemido inventário moral de nós mesmos.
5. Admitimos perante Deus, perante nós mesmos e perante outro ser humano a natureza exata de nossas falhas.
6. Prontificamo-nos inteiramente a deixar que Deus removesse todos esses defeitos de caráter.[16]

E assim por diante. Dando às pessoas uma consciência de objetivo e esperança, os AA têm sido capazes de mudar vidas.

Como vimos em capítulos anteriores, a crença em Deus parece promover a felicidade. Certamente, ajuda acreditar que há um objetivo no universo. Mas se você não consegue acreditar nisso, ainda pode acreditar em objetivos criados pelo homem. E se o objetivo é a felicidade humana, a psicologia pode lhe dizer muito sobre como alcançá-la. Como o budismo e a tradição mística, pode nos ajudar a aprender a ser felizes.

Terapia cognitiva

Nos últimos trinta anos, a psicologia prática sofreu uma revolução. Antes disso, concentrava-se muito no que tinha dado de errado com as pessoas. A idéia predominante de Freud era a de que as pessoas eram vítimas de suas experiências da infância e só podiam ficar bem se revivessem e entendessem seu passado. Felizmente, não foi confirmada. Em muitos casos, a concentração excessiva no passado tinha o efeito de lhe dar um excessivo destaque, tornando mais difícil progredir. Isso era verdade em relação a grande parte da psicanálise, mas também, por exemplo, ao "*debriefing*"* após acidentes.[17]

---

* Aproximação do paciente da causa e das situações do trauma para que possa exteriorizar o que o aflige. *(N do T.)*

Então, na década de 1960, os psicólogos começaram a desenvolver técnicas mais prospectivas para ajudar as pessoas. A terapia cognitiva foi criada por Aaron Beck. Segundo ele, a depressão envolve um círculo vicioso de pensamentos automáticos que são autodestrutivos e auto-reforçadores. Em muitos casos, o paciente conclui que quase tudo que experimentar acabará sendo catastrófico. Eis um exemplo do psicólogo Paul Gilbert de um paciente que estava continuamente ansioso.[18] Gilbert lhe pediu para descrever uma situação típica de medo e o paciente disse: "Uma viagem de trem."

TERAPEUTA: Ok, então você está no trem e sente que começa a se mover. O que passa pela sua mente?

PACIENTE: Que eu posso ficar ansioso.

T: Então, você fica ansioso. O que acontece depois?

P: Eu começo a suar.

T: E por que isso o incomoda?

P: Outras pessoas podem ver.

T: Eu entendo. Então você se preocupa com a possibilidade de ficar ansioso e porque isso poderia levá-lo a suar. Nesse caso, outras pessoas poderiam ver. É isso que você pensa?

P: Sim.

T: Está bem, podemos começar a explorar o significado de suar e de outras pessoas verem você suando? Vamos nos concentrar nisso por um momento e descobrir o que é mais preocupante nesse fato.

P: Bem, elas podem achar que há algo de errado comigo, como, por exemplo, que eu estou doente ou algo desse tipo.

T: Que você está doente ou algo desse tipo?

P: Sim, elas podem achar que tenho algo contagioso e sentir repulsa por mim.

T: Repulsa por você?

P: Sim, pela minha aparência. Mais tarde eu penso que se não conseguir controlar isso sempre ficarei só.

Aaron Beck acreditava que a depressão pode ser curada fazendo você contestar todo pensamento negativo que surja — imaginar que é uma terceira parte interrogando suas próprias crenças. Isso pode envolver submeter a crença negativa a uma espécie de teste sistemático — inclusive condução de experimentos quase científicos para ver se a previsão de desastre realmente acontece. Essa técnica de autodisciplina mental se revelou bastante eficaz no tratamento da depressão de maior ou menor gravidade, assim como da ansiedade e dos ataques de pânico.[19]

Freqüentemente inclui elementos significativos da "terapia comportamental" na qual, por exemplo, o paciente se compromete a cumprir um programa de exercícios físicos ou ajudar outras pessoas. As seqüências comportamentais são particularmente importantes para o tratamento de fobias e desordem obsessiva-compulsiva: através delas, uma pessoa pode ser progressivamente dessensibilizada para a experiência que a apavora. Essas terapias comportamentais cognitivas contrastam muito com as terapias que defendem a expressão da emoção, que se revelaram ineficazes.[20]

Se a felicidade depende da distância entre a realidade percebida e a aspiração anterior, a terapia cognitiva lida principalmente com a percepção da realidade.[21] Mas também é importante ter aspirações sensatas. Muitas pessoas são levadas à depressão por objetivos não realistas.[22] Os cônjuges que querem mudar as personalidades um do outro não tendem a ser felizes, assim como as pessoas que gostariam de ser mais bonitas. Em todos os meios sociais, a Oração da Serenidade tem a abordagem certa para o que nos incomoda:

> Deus, conceda-me serenidade para aceitar as coisas que não posso modificar, coragem para modificar aquelas que posso e sabedoria para reconhecer a diferença entre elas.

Assim, cada vez mais, a terapia cognitiva tenta evitar os objetivos não realistas, bem como os pensamentos negativos.

Psicologia positiva

Todos precisam de objetivos significativos. A partir dessa percepção, surgiu um novo movimento intitulado "psicologia positiva", liderado por Martin Seligman. Seus conceitos se aplicam a pessoas em todos os pontos do espectro da felicidade. A idéia central é se concentrar nas verdadeiras fontes da autêntica felicidade — que incluem uma percepção de sentido na própria vida. A psicologia positiva sugere que nós nos concentremos nas áreas da vida onde podemos realmente florescer — isto é, em nossos pontos fortes. Para progredir, é mais importante desenvolver os pontos fortes do que combater os fracos.[23]

Outro *insight* essencial se relaciona com nossas atitudes básicas. Cada vez mais, hoje em dia, as pessoas acham que *devem* tirar o máximo proveito de tudo. Em outras palavras, em vez de serem felizes com o que é suficientemente bom, devem ter o melhor. Isso as coloca sob enorme tensão, porque sempre há o risco de perder uma oportunidade. A constante reotimização (às vezes exaltada com o nome de "flexibilidade") é a verdadeira inimiga da felicidade, como pode ser observado entre os jovens que passam o dia reorganizando seus programas noturnos cada vez que surge uma oportunidade melhor.

Tem-se uma idéia da tensão de otimizar comparando-se a felicidade dos "maximizadores" (que buscam o melhor) com a dos "satisfacientes" (que se satisfazem com o que é suficientemente bom). Barry Schwartz, do Swarthmore College, e seus colegas, criaram boas escalas que nos permitem classificar as pessoas nessas duas categorias e, de fato, descobrir que os maximizadores são menos felizes do que os satisfacientes.[24] Os maximizadores realmente podem obter um resultado "objetivo" melhor com toda a sua busca, mas, mesmo assim, são menos felizes. Por quê?

Um dos motivos é que eles se arrependem mais. Depois de tomar e implementar uma decisão, continuam a analisar o que teria acontecido se tivessem tomado uma decisão diferente. Outro motivo é que tendem mais a fazer comparações sociais. Se lhes é dada a mesma tarefa de um colega, sua felicidade no final da tarefa é muito afetada se eles se saíram melhor ou pior do que o colega; esse não é o caso dos satisfacientes.

Essas descobertas sugerem duas conclusões importantes. A primeira é que nossa crescente tendência a fazer o melhor para nós mesmos não está nos beneficiando. Um pouco de planejamento é essencial, mas há pessoas demais concentradas principalmente no futuro. Quando o futuro chega, planejam para o dia seguinte.

Contudo, a vida não é um ensaio geral. Portanto, o conceito budista de plena atenção tem uma mensagem para todos nós: cultive o sentimento de admiração e respeito; aproveite as coisas de hoje e olhe ao redor com o mesmo interesse com que assiste a um filme ou tira uma foto. Envolva-se com o mundo e as pessoas que o cercam. Em certo sentido, como disse Leo Tolstoi, a pessoa mais importante no mundo é aquela que está diante de você agora.[25]

Uma segunda conclusão é que temos de controlar nossa tendência a nos comparar com os outros. Devemos tentar ter como objetivo a felicidade das pessoas e apreciar os sucessos delas. Também devemos confiar em nossos próprios julgamentos em vez de nos dos outros. No final, a única opinião sobre você que importa é a sua.

Então devemos louvar, não desprezar, o movimento de auto-ajuda, especialmente quando tem em vista o eu interior, e sempre dar grande valor às velhas máximas: conte suas bênçãos; não chore sobre o leite derramado e evite os falsos deuses.

Em última análise, há um elemento comum no que pode nos tornar mais felizes: o amor. É notável como usamos esta palavra. Nós amamos nossos cônjuges, nossos animais de estimação, roscas fritas, jogar tênis, Mozart e Veneza. Por tudo isso, temos sentimentos positivos que nos dão felicidade. Como escreveu Ezra Pound: "O que amas de verdade permanece, o resto é escória."[26]

Educação espiritual

Então, como a política pública pode ajudar? Como vimos, nossa felicidade depende muito de nossas atitudes, e estas podem ser aprendidas e praticadas. A menos que você aprenda cedo a ter boas atitudes, se verá em situações em que será ainda mais difícil aprender. A pobreza de espírito é contagiosa. Por esse motivo, a educação espiritual é um bem público.

Nós nunca fomos indiferentes às atitudes dos filhos dos outros — porque afetam a nós todos. Porém, nas últimas décadas, tornou-se cada vez mais difícil para os professores ensinar valores morais como verdades estabelecidas, em vez de como temas interessantes para discussão. Nós temos de reverter essa situação e ensinar a sabedoria das eras como princípios bem estabelecidos.[27]

Experiências controladas demonstraram que cursos bem planejados de inteligência emocional têm efeitos significativos no humor das crianças e em sua consideração pelos outros; esses efeitos ainda são evidentes dois anos depois.[28] Como todas as crianças se beneficiam adquirindo força interior, alguns desses cursos são dirigidos a elas. Agora é preciso haver um currículo escolar do primeiro ao décimo segundo ano que inclua os temas a seguir:

- conhecer e controlar os sentimentos (inclusive a raiva e a rivalidade);
- amar e servir aos outros (incluindo exercícios práticos e aprendizado sobre modelos de papéis);
- apreciar a beleza;
- observar causas e curas de doenças, inclusive de doença mental, vício em drogas e álcool;
- amor, família e paternidade;
- trabalho e dinheiro;

- conhecer a mídia e a preservação dos próprios valores;
- compreensão dos outros e como se socializar;
- participação política;
- desenvolvimento de idéias filosóficas e religiosas.

Esta lista não é diferente da preparada por Daniel Goleman em seu best-seller *Inteligência emocional*.[29] O currículo também deveria incluir exercícios físicos, que são bons para a saúde mental, e música e arte, que nos dão habilidades muito valorizadas que podemos usar durante toda a vida.

Na Grã-Bretanha, há uma matéria chamada "educação social, pessoal e de saúde", dada durante cerca de uma hora por semana, na maioria das escolas, a alunos de 5 a 16 anos.[30] Lamentavelmente, com freqüência, é ensinada até mesmo no ensino médio escolar por professores não especializados, e seu objetivo não é bastante radical — deveria visar produzir uma geração mais feliz de adultos do que a geração atual.

Será difícil fazer isso sem mudar os valores de toda a cultura jovem. Então, agora é preciso que haja uma verdadeira experiência controlada. Como as atitudes são influenciadas pela sociedade em geral, é inútil testar tal currículo em uma seleção randômica de crianças de determinada escola ou em uma escola de determinada cidade. A cultura jovem é forte demais. Somente se todas as escolas e organizações culturais de uma cidade ou um estado se unirem, veremos o que poderia ser conseguido em uma geração. Ainda teríamos de combater o efeito global de uma tevê nacional, mas certamente poderíamos tentar. O objetivo seria incentivar mais atitudes sadias e caracteres mais fortes e virtuosos. Nas pesquisas discutidas neste capítulo serão encontrados alguns dos elementos centrais da cultura do século XXI.

O efeito placebo

Infelizmente algumas pessoas acreditam que somos como somos e que nenhuma prática mental pode nos mudar. Então, como elas explicam o efeito placebo? Todos os médicos sabem que uma pílula falsa, sem nada dentro, cura muitos de seus pacientes.[31] Mas se não há nada na pílula, o que os cura? Suas crenças. Eles melhoram porque acreditam que podem melhorar. Se as crenças podem curar o corpo, certamente podem ajudar o espírito.

Portanto, a educação e a terapia podem nos ajudar a desenvolver sentimentos positivos — acima de tudo, um espírito generoso e magnânimo que busca alcançar a harmonia. Mas ninguém acha isso fácil o tempo todo. Para algumas pessoas mentalmente doentes, é preciso mais. Felizmente, há uma segunda possibilidade, que examinaremos a seguir: os medicamentos psiquiátricos.

"Dados desencorajadores sobre o antidepressivo."

CAPÍTULO

13

Drogas ajudam?

A cocaína não vicia.
Eu sei porque uso há anos.

TALLULAH BANKHEAD[1]

Até pouco tempo atrás as drogas psiquiátricas eram malvistas por muitas pessoas — em grande parte devido à influência de Sigmund Freud. Contudo, até perto dos 40 anos, Freud tentou entender e curar a doença mental por meio de métodos físicos.[2] Fora seu trabalho principal em neurologia, tornou-se interessado em analisar se a cocaína podia curar seu próprio esgotamento nervoso. Então usou a droga, e não ficou desapontado. Escreveu para sua noiva: "Ai de você, minha princesa, quando eu aí chegar. Eu a beijarei até que fique bem corada e a alimentarei até que esteja roliça. E se você se mostrar rebelde, verá quem é mais forte, uma jovem delicada que não come o bastante ou um brutamontes selvagem que tem cocaína no corpo."

Em 1884, Freud escreveu um artigo, "On Cocaine", para um jornal de medicina, em que descreveu como os incas mastigaram folhas de coca durante séculos a fim de aumentar sua capacidade física para o trabalho pesado (uma propriedade mais tarde explorada por seus conquistadores espanhóis para aumentar a exploração das minas de ouro). Freud elogiou os benefícios mentais da cocaína: "Produz euforia duradoura (...) mais autocontrole, vitalidade e capacidade para o trabalho (...) sem os efeitos secundários desagradáveis do álcool." Ele também salientou as propriedades da cocaína como um anestésico local — o que permitiu ao seu colega Karl Koller descobrir a ciência moderna da cirurgia ocular.

O artigo de Freud teve grande impacto na Europa. Por toda parte, os médicos prescreviam cocaína contra a ansiedade e depressão. Seu uso se tornou tão comum quanto o de Valium hoje em dia. Ao mesmo tempo, a cocaína passou a ser (em pequenas doses) um item regular de consumo em vinhos tônicos e, a partir de 1886, na Coca-Cola. (Somente no século XX a cocaína da Coca-Cola foi substituída por cafeína.)

Mas a nêmesis estava por vir. O amigo de Freud, Ernst Fleischl, sentia uma dor lancinante após a amputação de seu polegar. Ele tomava morfina, mas se viciou nela. Freud o aconselhou a substituir a morfina por cocaína. Mas Fleischl também se viciou em cocaína. Passou a injetá-la em si mesmo e cada episódio de euforia era seguido de um maior de depressão. Ele acabou se tornando psicótico.

Logo a comunidade médica se voltou contra o uso repetido de cocaína. Ao mesmo tempo, Freud estava mudando sua abordagem geral da doença mental. Cada vez mais ele perdia a esperança de entender como a biologia do cérebro afeta a mente e se concentrava em como a própria mente afeta a experiência mental. A prática clínica que isso tornou possível, fora do laboratório, também tornou mais fácil para ele sustentar sua mulher e seus seis filhos.

Na época, a conclusão de Freud sobre o cérebro fazia sentido. Não existiam as ferramentas com as quais os neurocientistas um dia trariam alívio para as mentes atormentadas. Os instrumentos da ciência não eram suficientemente poderosos e o conhecimento de química era deficiente. Mesmo assim, Freud sempre manteve sua crença na natureza molecular básica dos processos mentais. Em *Além do princípio do prazer*, publicado em 1920, ele insiste em que "as deficiências em nossa descrição provavelmente desapareceriam se já estivéssemos em uma posição de substituir os termos psicológicos por termos químicos." Somente na década de 1950 os cientistas começaram a justificar a antiga crença de Freud no poder da ciência médica de acalmar a mente atormentada.

Drogas

É claro que não há nada de novo no uso de drogas. Durante milhares de anos nós as usamos para nos animar e aplacar a dor. A droga mais comum é o álcool, que sempre foi produzido em todo o mundo. Outras drogas incluem o ópio, a cocaína, o tabaco e a maconha. O ópio veio da Ásia, até que derivados como a morfina e a heroína pudessem ser produzidos em laboratório. A cocaína, o tabaco e a maconha vieram da América Latina.

A maioria dessas drogas tem dois usos distintos. Elas podem controlar a dor e animar. Na Europa, até 150 anos atrás, o álcool era o principal anestésico dos cirurgiões. A morfina é a principal droga contra a dor extremamente forte, enquanto a cocaína é a base para muitos anestésicos locais.

Mas o uso mais amplo de todas essas drogas é "recreativo" — para liberar o espírito e expandir a experiência da vida. Quase todas as drogas podem fazer isso quando usadas com moderação. E a maioria das pessoas pratica a moderação. Mas, infelizmente, quase todas as drogas são (até certo ponto) viciadoras. Em outras palavras, se você quiser continuar a experimentar o mesmo efeito, tem de usar uma quantidade cada vez maior da droga. Em alguns casos, isso pode matar. Mas também é muito doloroso e freqüentemente angustiante parar.

Portanto, as drogas recreativas só podem animar durante algum tempo. Em contraste, as drogas psiquiátricas modernas têm cada vez mais o poder de mudar a vida das pessoas.

Distúrbios mentais

A droga de que você precisa depende do tipo de problema que tem. Se considerarmos apenas os problemas mentais graves, cerca de um terço de nós experimentará um deles em algum momento da vida. Incluem a esquizofrenia (1% de nós), a depressão (15%), o transtorno bipolar (1%) e a ansiedade intensa, inclusive ataques de pânico, fobias, obsessões e ansiedade generalizada.[3]

Esses estados são terríveis, não apenas para aqueles que os experimentam como também para seus parentes. A maioria das pessoas com *esquizofrenia* que ficam sem tratamento se sente atormentada e perde o controle de aspectos importantes da realidade. Sofrem de delírios devastadores sobre si mesmas e outros que as "perseguem". Muitas ouvem vozes que lhes transmitem mensagens ou dão ordens. Algumas têm alucinações visuais. Outras acreditam ser alguém diferente, como o papa. Esses delírios podem levar a comportamento violento; antes de as drogas modernas existirem, muitos esquizofrênicos eram colocados em camisas-de-força e celas acolchoadas. Qualquer um que já tenha visto um esquizofrênico gritando e batendo com os punhos na cabeça jamais se esquecerá disso. Mas a maioria dos esquizofrênicos vai na direção oposta, uma forma de doloroso isolamento acompanhado de alguma forma de delírio. Geralmente a esquizofrenia aparece no final da adolescência ou por volta dos vinte anos, um pouco mais tarde nas mulheres do que nos homens. Até o surgimento das drogas modernas, a maioria dos esquizofrênicos passava grande parte da vida no hospital.

A esquizofrenia causa grandes distorções da realidade. Contrastantemente, a *depressão* é um distúrbio da emoção. Todos nós nos tornamos o que chamaríamos de deprimidos em algum momento da vida. Mas uma depressão grave é algo bem diferente.[4] Eis como o compositor Hector Berlioz a descreveu:

> É difícil expressar com palavras o que eu sofri — as lembranças nostálgicas que pareciam arrancar meu coração do peito, a sensação horrível de estar só em um universo vazio, a agonia que me fazia tremer como se o sangue corresse gelado em minhas veias, o desgosto com a vida, a impossibilidade de morrer.
>
> Eu havia parado de compor: minha mente parecia enfraquecer à medida que meus sentimentos se fortaleciam. Eu não fazia coisa alguma. Só me restava uma capacidade — a de sofrer.

Ele descreveu uma experiência típica:

> O ataque me atingiu com espantosa força. Em minha agonia, fiquei gemendo no chão com os braços largados e estendidos, arrancando convulsivamente pu-

> nhados de grama e margaridas inocentes e surpresas, lutando contra a esmagadora sensação de *ausência*, contra um isolamento mortal. Mas esse ataque não se compara com as torturas cada vez maiores que sofro desde então.[5]

Gerald Manley Hopkins expressou suas experiências em seus pujantes sonetos de Dublin. Em "No Worst, There Is None", escreveu:

> *Ah, a mente... a mente tem montanhas;*
> *grandes penhascos*
> *Escarpados, aterradores, nunca sondados pelo homem.*
> *Desdenha deles*
> *Quem nunca esteve ali pendurado.*

Ao contrário do que em geral ocorre com a esquizofrenia, a depressão vem e vai; às vezes desaparece para sempre. Contudo, o *transtorno bipolar* costuma ser recorrente. Os bipolares alternam períodos de depressão e períodos mais curtos de mania, intercalados por períodos normais.[6] Quando estão maníacos, ficam altamente excitados e, com freqüência, dormem pouco. Iniciam projetos grandiosos — e então tudo vai por água abaixo. Um em dez comete suicídio. Alguns bipolares famosos, como Vincent Van Gogh, deixaram grandes obras para trás. William Pitt, o Velho, era bipolar, e como primeiro-ministro da Grã-Bretanha organizou a conquista do Canadá. Então, quando seus ministros propuseram impostos desastrosos para as colônias americanas, ele estava deprimido demais para se opor. Por isso, as colônias foram levadas a lutar por sua independência.[7]

Finalmente, há aqueles que sofrem de *ansiedade* extrema. Isso inclui medo extremo, ataques de pânico (quando freqüentemente acham que vão morrer) ou fobias (de sair, encontrar pessoas ou insetos). Um pouco parecidos são aqueles com desordem obsessiva-compulsiva, que passam horas por dia lavando as mãos ou verificando se a porta dos fundos está trancada. Essas condições podem ser paralisantes.

A esquizofrenia e o transtorno bipolar são, *grosso modo*, igualmente comuns em todos os países, sejam ricos ou pobres, comunistas ou capitalistas, quentes ou frios. A depressão varia mais entre os países. Mas todas essas condições, inclusive os distúrbios extremos da ansiedade, têm um elemento genético. Isso não significa que são causados exclusivamente pelos genes. Também não costumam ser causados apenas pela experiência. O que ocorre é simples: se a sua combinação particular de genes e experiência é bastante ruim, você está no grupo de risco.

Podemos ver isso claramente no gráfico a seguir. Das pessoas com gêmeos idênticos esquizofrênicos, 48% também são esquizofrênicas. Esse é o resultado de genes comuns e um ambiente similar. Para isolar o efeito dos genes podemos examinar gêmeos não-idênticos que têm o ambiente similar, mas menos genes similares. Quando o gêmeo não é idêntico, a proporção cai para 17%. Portanto, ter os mesmos genes de alguém com esquizofrenia torna uma pessoa muito mais propensa a ser esquizofrênica. Essa é uma verdade dura para algumas pessoas aceitarem, embora seja bem-vinda para os pais a quem disseram que a doença dos filhos se devia totalmente ao modo como eles os trataram na infância. É difícil perdoar a infelicidade causada aos pais por psicanalistas como R. D. Laing, que insistiram em que a esquizofrenia era causada apenas pela experiência.[8]

Se uma pessoa tem esquizofrenia, qual a porcentagem de parentes que a têm?[9]

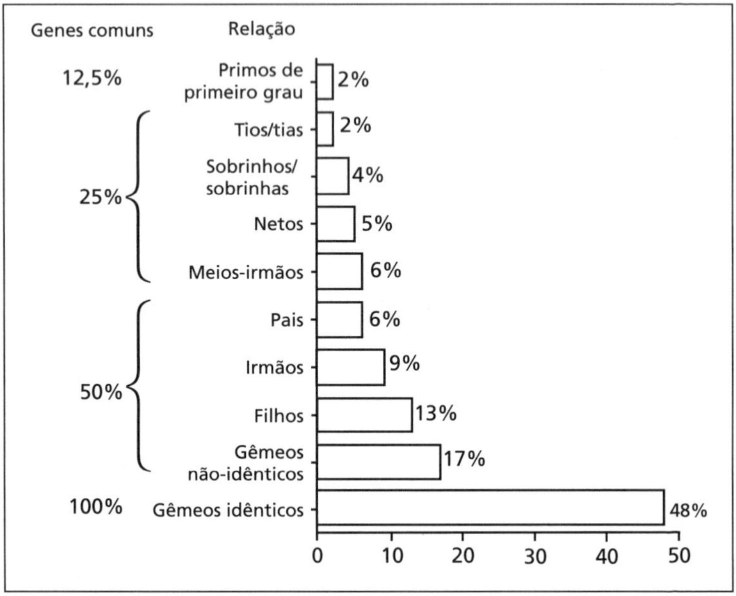

O fator genético é ainda mais forte na depressão bipolar do que na esquizofrenia, embora um pouco menos forte na depressão pura e nos estados de ansiedade. Só há um motivo para se fixar no fator genético: enfatizar que os problemas mentais têm, em parte, uma origem genética. Não admira que as pessoas que sofrem deles possam ser ajudadas com métodos físicos, como têm sido.

Desde a Segunda Guerra Mundial, o progresso nas drogas psiquiátricas é notável. Embora muitas ainda produzam efeitos colaterais desagradáveis e às vezes perigosos, mudaram a vida de milhões de pessoas e, em grande parte, esvaziaram os manicômios. Em alguns casos, isso pode ter ido longe demais, para cortar custos. Porém, nos Estados Unidos, o número de leitos para doentes mentais foram reduzidos de mais de meio milhão em 1950 para menos de 100 mil. Na Grã-Bretanha, o número de pacientes internados caiu de cerca de 200 mil para 30 mil.[10]

Drogas para a mente

Então, quais foram as principais descobertas farmacêuticas? Houve quatro, todas na década de 1950 e todas usadas até hoje. Para a esquizofrenia, a droga é um anti-histamínico chamado clorpromazina. Dois psiquiatras franceses a experimentaram na esquizofrenia, em 1952. Como escreveu um deles vinte anos depois:

> Vinte anos atrás, as enfermarias psiquiátricas ainda tinham pacientes agitados que não reagiam aos procedimentos terapêuticos comuns. Os tratamentos existentes não eram capazes de abolir camisas-de-força e celas. Se recriássemos agora a atmosfera de uma enfermaria agitada para instrução de nossos alunos, eles ririam ou reagiriam com ceticismo. Contudo, as drogas antiesquizofrenia se originaram nessa atmosfera. Nós mal havíamos tratado dez pacientes — com o devido respeito pelos fervorosos adeptos da estatística — quando nossa convicção provou estar correta, apoiada pelo súbito e grande interesse do pessoal de enfermagem, que sempre havia visto com reservas as inovações.[11]

A clorpromazina não só reduz os delírios que afligem a maioria dos esquizofrênicos como também, às vezes (mas não sempre), ativa as pessoas que se retiraram para dentro de si mesmas.

Logo após essa descoberta, um psiquiatra suíço descobriu o poder do antidepressivo imipramina, pertencente à família das drogas conhecidas como tricíclicas.

Talvez a descoberta mais notável e acidental tenha sido a de um psiquiatra australiano, o lítio, que ajuda a estabilizar o humor no transtorno bipolar. O lítio tem a extraordinária capacidade de ajudar nas duas direções: tirar da fase de depressão e da fase da mania. Em outras palavras, enquanto as duas primeiras drogas só levam em uma direção, o lítio age como um estabilizador nas duas direções — como é preciso para controlar as variações de humor da mania e depressão.

Todas essas drogas são muito diferentes das drogas "recreativas", que animam ou controlam a dor temporariamente. As novas drogas são específicas para tipos particulares de problema mental. Além disso, se tomadas regularmente, podem produzir uma mudança permanente no modo como uma pessoa funciona e experimenta a vida. Elas não são viciadoras.

Não se pode dizer o mesmo da quarta maior descoberta da década de 1950, o diazepam, mais conhecido pela marca registrada Valium. O Valium reduz a ansiedade. Até ser descoberto, as principais drogas usadas para controlá-la eram os barbitúricos, mas estes matavam de overdose. O Valium era mais seguro e foi tão bem-sucedido que, em 1975, 15% dos americanos o tomavam ou tomavam algo similar.[12] Mas suas propriedades viciadoras o desacreditaram e agora só é usado para períodos de crise de algumas semanas. Para tratar a ansiedade a longo prazo, hoje os médicos usam antidepressivos ou betabloqueadores, que reduzem a resposta ao estresse.

Infelizmente, nenhuma das drogas que examinamos são perfeitas. Nenhuma funciona em todos os casos e, mesmo quando controlam a doença mental, podem ter efeitos colaterais desagradáveis. Por exemplo, as tricíclicas podem causar secura na boca, batimentos cardíacos irregulares e dificuldade em urinar; o lítio pode causar constipação. Esses efeitos colaterais variam, dependendo da droga e da reação individual. Isso significa que as drogas são "sujas" — não são específicas o bastante para se concentrar exclusivamente na área do cérebro perturbada. Em vez disso, invadem muitas outras áreas cerebrais que estão funcionando muito bem.

Portanto, reduzir os efeitos colaterais dessas drogas tornou-se um dos principais objetivos dos pesquisadores. E houve alguns avanços. O mais famoso é o Prozac (fluoxetina), tomado por milhões de pessoas que sofrem de depressão, inclusive a princesa Diana. Ao contrário de drogas anteriores, o Prozac é uma droga criada para um fim específico, resultante de um longo processo de desenvolvimento realizado por uma indústria farmacêutica (Eli Lilly), usando ciência cerebral pioneira. Para entender tal esforço e, na verdade, a natureza do animal humano, temos de delinear alguns dos processos básicos que ocorrem no cérebro.

Como as drogas funcionam

O cérebro humano consiste em neurônios, que transmitem mensagens uns para os outros. Há cerca de 100 bilhões deles, cada qual conectado a mil ou mais neurônios. Portanto, cada um de nós possui no cérebro uma rede grande como todo o sistema telefônico de Nova York ou Londres.[13]

As sensações chegam ao cérebro através dos nervos do resto do corpo e interagem com a vida interna intensa do cérebro para produzir os sentimentos e as reações, conscientes e inconscientes. As mensagens viajam dentro de cada neurônio por um método de transmissão elétrica. Quando chegam à terminação do neurônio, liberam um "neurotransmissor" químico que flui através da "sinapse", a conexão entre esse neurônio e o próximo. Isso provoca o impulso elétrico que percorre o próximo neurônio. Portanto, para influenciar o fluxo de mensagens no cérebro você pode aumentar ou diminuir a ação desses neurotransmissores.

Há pelo menos cinqüenta neurotransmissores e cada caminho de um neurônio para o outro usa apenas alguns deles. Portanto, há circuitos no cérebro associados a neurotransmissores diferentes. Como circuitos diferentes realizam funções diferentes e geram sentimentos e comportamentos diferentes, podemos influir tanto no sentimento quanto no funcionamento operando no neurotransmissor relevante. É exatamente isso que as drogas fazem.

Os principais neurotransmissores que influem no bem-estar mental são a dopamina e a serotonina. A esquizofrenia está associada a um excesso de dopamina. Assim, a clorpromazina "funciona" bloqueando a passagem da dopamina para o neurônio receptor. Reduzir a atividade nos circuitos de dopamina modera a experiência da esquizofrenia. Contudo, há um limite para a dosagem porque, infelizmente, pessoas com muito pouca dopamina sofrem de Parkinson, a terrível doença que produz um tremor incontrolável. As que morrem com Parkinson só possuem 20% do nível normal de dopamina.

A depressão, ao contrário, está associada a muito pouca serotonina, um neurotransmissor tipicamente baixo nos suicidas. Portanto, a depressão pode ser diminuída com maior fornecimento de serotonina. Quando o Prozac foi criado, a maior dificuldade era descobrir uma droga que não fizesse mais do que aumentar a serotonina.[14]

E quanto às drogas recreativas? A maioria das drogas estimulantes age aumentando a dopamina. É o caso da cocaína, e é por isso que uma grande quantidade dela pode tornar você psicótico. Outro estimulante (produzido pelo homem) é a anfetamina — a bolinha da década de 1950. Ela também aumenta a dopamina.[15] A nicotina é mais gentil — mata o corpo, não a alma.

Quando nós passamos dos estimulantes para os sedativos e calmantes como o Valium, o neurotransmissor-chave envolvido é o ácido gama-aminobutírico (GABA, de *gamma-aminobutyric acid*). O GABA inibe a descarga de neurônios e, portanto, o grau de atividade mental. Tanto o Valium quanto os sedativos barbitúricos reforçam a ação do GABA desacelerando a descarga. O álcool faz exatamente o mesmo.

Finalmente, há o controle da dor lancinante.[16] Quando os soldados são gravemente feridos em batalha, cerca de metade sente pouca dor nas primeiras horas. Isso contraria frontalmente o modelo neural simples apresentado pela primeira vez pelo filósofo Descartes, no século XVII, segundo o qual os nervos transmitem automaticamente para o cérebro o que o corpo experimenta. O motivo são as sinapses. Para chegar ao cérebro, o sinal da dor tem de ser levado por um neurotransmissor através das sinapses. Mas a passagem do sinal pode ser bloqueada por neurotransmissores naturais chamados endorfinas, que são produzidos e liberados durante o trauma. Eles também aparecem após vinte minutos de corrida para acabar com a dor e renovar as energias. É por isso que os exercícios podem ser tão bons para combater o sofrimento mental.

Ocorre que a química da morfina é basicamente a mesma das endorfinas, exceto pelo fato de que a morfina provém da papoula e também é o ingrediente ativo do ópio e da heroína (um derivado da morfina). Ela impede a dor se encaixando nos mesmos locais de bloqueio que aceitam as endorfinas no neurônio receptor. O trágico é que, enquanto a euforia produzida pelas endorfinas não vicia devido à sua velocidade natural de queda, os opiáceos externos são viciadores. Até agora ninguém conseguiu produzir um opiáceo "externo" não viciador que possa penetrar no cérebro.

Nação do Prozac?

Que vida poderíamos ter se algo assim fosse possível! É claro que não escolheríamos sempre a euforia porque, durante parte do tempo, precisaríamos estar com a mente suficientemente alerta para organizar nossa vida. Mas para os milhões em tormento mental seria um grande alívio ter algo melhor do que eles têm agora. Então, até que ponto as drogas deveriam ser usadas para mudar as pessoas?

Há alguns bons motivos, e outros maus, para agir com cautela. Muitas das drogas mais atraentes, como o Prozac, são relativamente novas e não podemos estar bem certos de seus efeitos colaterais. Muitas pessoas ainda são, bastante logicamente, influenciadas pela tragédia da talidomida no final da década de 1950, quando mais de 10 mil mulheres grávidas que tomaram a droga tiveram bebês deformados.

Contudo, com o correr do tempo, essas preocupações provavelmente diminuirão. Então, uma questão mais profunda se tornará dominante: estaremos dispostos a mudar permanentemente nossas naturezas com o uso de drogas? Se as coisas ficarem bastante ruins, para a maioria de nós a resposta será sim. A maior parte dos esquizofrênicos e bipolares toma suas medicações, embora em muitos casos isso exija grande esforço que envolve o apoio de médicos, parentes e assistentes sociais. Mas e quanto à pessoa cujo temperamento geralmente é depressivo ou hiperansioso?

O psiquiatra Peter Kramer lida com essa questão e descreve a evolução de seu próprio modo de pensar em *Listening to Prozac.*[17] Ele pratica a psicoterapia e acredita na importância do autoconhecimento. Mas ano após ano vê pacientes serem levados pelo Prozac de uma "quase-vida" cinzenta para um novo nível de realização contínua. Eles não se tornam vegetais, mas ficam mais animados e corajosos em seu envolvimento com a vida. Como disse um paciente: “Você pára de pensar em si mesmo o tempo todo.” Pode até mesmo se importar menos com as comparações sociais.

Nem todos os pacientes que experimentam o Prozac são tão positivos, mas o que deveríamos pensar sobre seu uso por aqueles que são? Essa mudança de personalidade é causada pelo comprimido? Aqueles que tiveram essa boa experiência dizem algo diferente. Observam a mudança, mas a descrevem como “me sentir mais eu mesmo”. Antes do Prozac a parte positiva de si mesmos era puxada para baixo pela parte negativa, mas agora não é mais.

Para alguns críticos isso é fácil demais. Os mais puritanos argumentam que a infelicidade é parte da experiência humana. Por isso, deveríamos aceitá-la em vez de lutar contra ela. Essa opinião é simplesmente imoral.

Um puritanismo diferente diz que *deveríamos* combater o distúrbio mental, mas apenas através de meios mentais, não físicos. O tratamento com drogas é considerado antinatural enquanto lutar com nós mesmos é continuar a fazer o que fazemos há milênios. Mas se achássemos que jamais deveríamos interferir na natureza, nunca trataríamos o câncer, a doença cardíaca, o reumatismo ou qualquer uma das milhares de enfermidades que nos atingem. Essa abordagem dos problemas mentais revela um dualismo de corpo/mente: uma visão de que os médicos devem se ater às doenças físicas e deixar a mente para a psicologia e para a religião. Mas nós sabemos demais desde Darwin para pensarmos assim. É quase inevitável que, à medida que as drogas sejam aperfeiçoadas, as pessoas as usem para melhorar seu estado mental.

Acabando com a criatividade?

Nesse processo reduziremos a centelha criativa tão freqüentemente ligada à experiência da infelicidade? Esta é uma pergunta válida. As pessoas sempre reconheceram um elo entre a criatividade artística e a experiência emocional extrema. Como diz o rei Teseu em *Sonho de uma noite de verão*:

> *O lunático, o enamorado e o poeta*
> *são compostos só de imaginação.*

Eles

> *... entendem*
> *o que a fria razão jamais pode entender.*

Pesquisas modernas confirmam um elo entre a criatividade e a instabilidade mental. Um estudo de 291 homens famosos mundialmente e agora falecidos mostra que os grandes artistas e escritores criativos tendiam muito mais a sofrer de depressão do que a população em geral.[18] É claro que, durante suas depressões, na maioria das vezes, eles não produziram coisa alguma.[19] A criatividade veio no meio e foi algumas vezes acentuada pela mania que acompanha o transtorno bipolar.[20] Estudos de escritores e artistas contemporâneos contam a mesma história.

Então, se os artistas são tratados de problemas mentais se tornam menos criativos? Edvard Munch, que pintou o famoso quadro *O Grito* e foi internado várias vezes, tinha uma visão clara desse problema. Ele observou: "Certa vez um alemão me disse: 'Mas você poderia se livrar de muitos de seus problemas.' Ao que eu respondi: 'Eles são parte de mim e da minha arte. São indistinguíveis de mim e isso destruiria minha arte. Eu quero manter esses sofrimentos.'"

Mas o que mostra a evidência? Em particular, o que acontece quando os bipolares tomam lítio, que reduz a depressão *e* a mania? Quando foi perguntado a artistas e escritores que tomaram lítio sobre seus efeitos, a maioria disse que sua criatividade aumentou ou ficou inalterada.[21] Eles também ficaram mais felizes.

Portanto, não está claro que a criatividade dessas pessoas instáveis proveio de sua experiência de sofrimento. Pode ter provindo de seus genes. Eis a evidência. Podemos pegar pessoas bipolares e seus parentes e comparar sua criatividade. Ocorre que os parentes são *mais* criativos que os próprios bipolares — eles têm muitos dos mesmos genes, mas uma quantidade menor das experiências ruins que ajudou a produzir a bipolaridade.[22]

Com base nessa evidência pouco é perdido se nós aliviamos os bipolares do fardo de suas terríveis experiências. É claro que cabe a cada indivíduo decidir aceitar o tratamento ou não. Mas devemos nos lembrar de que, antes do advento do lítio, um em cinco bipolares cometia suicídio. Quantos quadros a mais Van Gogh poderia ter pintado e quanto sofrimento poderia ter sido poupado com a ajuda da psiquiatria moderna?

Aumentar o sofrimento é fácil. Em vez disso, devemos usar nosso crescente conhecimento para diminuir a infelicidade proveniente de genes estranhos e criações destrutivas. Ironicamente, no final, as drogas ruins, especialmente a heroína e a cocaína, serão derrotadas pelas novas drogas da medicina que funcionam melhor do que elas. Essas novas drogas serão mais seguras e não-viciadoras. Lado a lado com as terapias cognitivas, permitirão a muitas pessoas de natureza rude ou que tiveram uma vida difícil se tornarem mais felizes.

"Às vezes, a obrigação de ter a infância feliz que meus pais não tiveram é uma responsabilidade grande demais."

CAPÍTULO

14

Conclusões para o mundo atual

A natureza, sr. Allnut, é o lugar onde somos postos neste mundo e de onde temos de nos elevar.

KATHARINE HEPBURN PARA HUMPHREY BOGART EM *A RAINHA AFRICANA*

Então aqui estamos nós como uma sociedade: não mais felizes do que éramos cinqüenta anos atrás.[1] Contudo, todos os grupos sociais estão mais ricos, e a maioria mais saudáveis. Nessa nova terra de oportunidades, o que não estamos fazendo que poderíamos fazer?

Neste livro, tentei resumir a evidência.[2] Agora sabemos o bastante para ver quais filosofias sociais aumentarão a felicidade e quais a diminuirão. Eis algumas das coisas principais que sabemos e suas implicações — doze verdades sobre a felicidade.

A felicidade importa

- **A felicidade é uma dimensão objetiva de toda a nossa experiência.**[3] E pode ser medida. Podemos perguntar às pessoas como se sentem. Podemos pedir uma avaliação independente a seus amigos ou observadores. O notável é que, além disso, agora podemos medir a atividade elétrica nas partes relevantes do cérebro. Todas essas diferentes medições dão respostas coerentes sobre a felicidade de uma pessoa. Com elas podemos identificar os altos e baixos da experiência e comparar a felicidade de pessoas diferentes. As medições ainda são bastante rudimentares, mas estão sendo aperfeiçoadas rapidamente.

Portanto, a felicidade é um fenômeno real e objetivo. Além disso, os bons sentimentos afastam os maus e vice-versa, de modo que a felicidade é uma dimensão única de toda a nossa experiência desperta, indo da máxima dor e infelicidade, em um extremo, à sublime alegria e satisfação, no outro.

- **Somos programados para buscar a felicidade.**[4] As fontes de felicidade freqüentemente são conflitantes e as escolhemos de acordo com seus custos comparativos e com como contribuem para nossa felicidade. Geralmente o que nos torna felizes é bom para nós e, portanto, ajudou a perpetuar nossa espécie. Isso se aplica não só ao nosso apreço pela comida e pelo sexo como também à nossa capacidade instintiva de cooperação: quase todo (mas não todo) comportamento moral faz uma pessoa se sentir melhor. Se somos programados para buscar a felicidade, não admira que esta seja uma questão tão central na vida.

- **Portanto, é evidente que a melhor sociedade é a mais feliz.**[5] Pelo menos é isso que eu argumento. Os autores da Declaração de Independência dos Estados Unidos tinham a idéia certa, o que significa que a política pública deve ser julgada pelo quanto aumenta a felicidade e diminui a infelicidade humana. De igual modo, o comportamento privado deve visar produzir a maior felicidade total.

Foram apresentados muitos argumentos contra essa filosofia, mas nenhum deles se sustenta. Na verdade, muitos desaparecem à luz de nosso novo conhecimento psicológico. E nenhum propôs um outro princípio "final" que pudesse servir como árbitro quando uma regra moral (como a de dizer a verdade) entrasse em conflito com outra (como a bondade).

- **Nossa sociedade não tenderá a se tornar mais feliz se as pessoas não concordarem em que é isso que querem que aconteça.**[6] Portanto, o ideal da maior felicidade tem duas funções. Pode nos ajudar a pensar imparcialmente sobre como organizar a sociedade e também pode nos inspirar com um forte compromisso para com o bem comum. A sociedade moderna precisa desesperadamente de um conceito de bem comum em torno do qual unir os esforços de seus membros. Eis o conceito certo. Queremos aumentar a felicidade geral e nos comprometemos a atingir esse fim. Nenhum indivíduo alcançará totalmente esse ideal. Mas se o reconhecermos tenderemos a viver mais de acordo com ele.

Fontes de felicidade

Então, o que torna as pessoas felizes?

- **Os humanos são seres profundamente sociais.**[7] A maioria das pessoas prefere ter companhia durante a maior parte do tempo. A amizade e o casamento as torna mais felizes. O desemprego causa uma infelicidade que vai além do efeito da perda de renda, porque rompe um laço social. Na verdade, em grande parte nossos laços sociais definem nossa identidade pessoal e dão sentido à nossa vida. Por isso, é uma grande falácia de muitos economistas pensar nas interações humanas como, antes de tudo, um meio para atingir um fim, em vez de como um fim em si. Isso também se aplica ao processo político. Muitos economistas se queixam de que as pessoas se importam com os processos e não apenas com os "resultados". Mas se as pessoas são assim, quem somos nós para dizer que deveriam ser diferentes?

- **Como seres sociais, queremos confiar uns nos outros.**[8] A felicidade média de um país (como também a taxa de suicídio) comparada com a de outro pode ser, em grande parte, explicada por seis fatores-chave: a proporção de pessoas que dizem que podem confiar nos outros; a proporção que pertence a organizações sociais; a taxa de divórcio; o índice de desemprego; a qualidade do governo e a crença religiosa. Infelizmente, nos últimos quarenta anos os níveis de confiança caíram drasticamente na Grã-Bretanha e na América, embora não na Europa Continental. Nos Estados Unidos e na Grã-Bretanha, hoje, a porcentagem de adultos que acham que podem confiar na maioria das pessoas é metade da porcentagem da década de 1950. Por isso, as políticas que incentivam a confiança são extremamente importantes. Elas incluem educação moral nas escolas e políticas para formar famílias, comunidades e locais de trabalho estáveis.

Nós não desejamos uma alta rotatividade nos empregos, nas moradias ou nos casamentos, exceto quando vantagens claras superam os custos humanos e de outros tipos. Tampouco desejamos que as empresas e os serviços públicos sejam repetidamente reestruturados, com grande perda de confiança em todas as etapas. Infelizmente, os líderes políticos nos Estados Unidos e na Grã-Bretanha elevaram a "flexibilidade" e "mudança" ao mesmo nível da maternidade e torta de maçã. Mas há enormes vantagens na inflexibilidade e previsibilidade de que desfrutam os europeus continentais. A evidência mostra que a reotimização contínua não é o melhor caminho para a felicidade: você tende mais a ser feliz quando se satisfaz com o que é "suficientemente bom" do que quando acha que sempre deve ter o melhor.

As pessoas também querem ser confiáveis e respeitadas. Para isso, precisam ter alguma autonomia. A maioria de nós gosta de sentir que está trabalhando bem ou ajudando os outros porque de outro modo não poderíamos esperar ser respeitados. Esse é um elemento-chave da motivação para o trabalho — a satisfação da norma profissional. Entretanto, nos últimos anos os empregadores usaram cada vez mais incentivos financeiros para motivar as pessoas; o pagamento por desempenho foi introduzido em toda parte, inclusive nos serviços públicos.

Os que são a seu favor acham que, com um incentivo extra, as pessoas trabalham mais. Presumem que todos os outros incentivos manterão sua força existente. Mas não é assim que as pessoas são. Se você lhes paga por algo, elas param de achar o que se espera automaticamente delas. Em conseqüência disso, podem até mesmo trabalhar menos. Portanto, apresentar metas e pagar às pessoas para atingi-las pode não ser o melhor modo de revolucionar os serviços públicos.

- **As pessoas também são profundamente ligadas ao *status quo*.**[9] Elas detestam todo tipo de perda e se importam menos com os ganhos do que com as perdas. Os pesquisadores descobriram que, normalmente, se uma pessoa perde 100 libras seu humor piora duas vezes mais do que melhoraria se ganhasse 100 libras. Isso não é uma inconveniência a ser ignorada, mas um fato a ser respeitado. Contudo, os racionalistas reorganizam de bom grado as coisas sem avaliar adequadamente o custo para a felicidade de mudar uma ordem estabelecida.

  De um modo mais geral, as pessoas gostam do que lhes é familiar. Os índices de criminalidade e doença mental são mais altos em comunidades transientes ou mistas, outras coisas permanecendo iguais. Esse é um custo importante da alta mobilidade. Os economistas anglo-americanos podem dizer aos europeus que eles deveriam mudar de casa com mais freqüência. Isso, certamente, aumentaria a produtividade, mas não é desejável se os ganhos da maior produtividade superam os custos de maior criminalidade e instabilidade familiar. O objetivo da política pública deve ser a felicidade, não o dinamismo.

- **Os seres humanos também têm consciência do status.**[10] A seleção natural criou em nós o desejo de ser melhores do que as outras pessoas ou de, pelo menos, não ficar atrás delas. É isso que causa a competição insana. Em toda competição há um número fixo de vencedores. Para todo vencedor há um perdedor: esse é um jogo de soma nula. Também o é a competição por status, porque a soma total de status em uma sociedade é fixa, um dos principais motivos de nossa sociedade não ter se tornado mais feliz.

Então, o que pode ser feito? Se um indivíduo trabalha mais e ganha mais, pode lucrar aumentando sua renda em comparação com as rendas dos outros. Mas os outros perdem porque suas rendas agora são menores em relação à dele. Esse indivíduo não se importa de poluir os outros dessa maneira, por isso devemos lhe fornecer um incentivo automático para que se importe: a taxação. Se criamos impostos proporcionais ao dano que um indivíduo causa aos outros quando ganha mais, ele só trabalha mais se isso proporciona um real benefício para a sociedade como um todo. É eficiente desestimular o esforço de trabalho que torna uma sociedade pior. Assim, a taxação é um modo de conter a competição insana e devemos parar de nos desculpar por seus "terríveis" efeitos desestimulantes. Se os cortadores de impostos acham que as pessoas deveriam trabalhar ainda mais, precisam explicar por quê.

Também há outra tática para limitar a competição insana: a educação. Nós passamos do período da evolução em que apenas os mais fortes podem sobreviver. Portanto, devemos ensinar aos nossos jovens a dar menos valor ao status e mais valor a ajudar aos outros. Essa idéia não é nova, mas realmente está sendo esquecida na era atual de individualismo desenfreado. Só pode prevalecer com o apoio de um sólido argumento intelectual.

- **Os seres humanos também são muito adaptáveis.**[11] Como ocorre com outros animais, nossos sentimentos se adaptam à nossa experiência, de modo que nossas reações iniciais à mudança acabam se tornando menos intensas e nós voltamos a nos sentir como nos sentíamos antes. Se as coisas melhoram, depois de algum tempo as temos como certas. Se pioram, acabamos em grande parte aceitando-as. Esse é outro motivo pelo qual o crescimento econômico não aumentou o bem-estar tanto quanto esperávamos. O número de pessoas insatisfeitas com suas posições financeiras ainda é tão alto quanto era trinta anos atrás, embora as pessoas sejam muito mais ricas agora. Como isso é deprimente!

Em outras palavras, a renda é viciadora. Suponha que minha renda e meus gastos aumentem este ano: no ano que vem eu precisarei de ainda mais renda para atingir um determinado nível de felicidade. Na verdade, em grande parte o que influi na felicidade é a mudança na renda em vez de a renda em si — a menos que você seja muito pobre. Sobre esse aspecto, a renda é muito diferente de, digamos, a amizade, porque, se eu faço mais amizades este ano, isso tem efeitos permanentes na minha felicidade — não tenho meus amigos como certos e preciso de ainda mais amigos no ano que vem. Nós nos habituamos mais rapidamente às coisas que o dinheiro pode comprar do que às que não pode — mais ao bens materiais do que aos relacionamentos.

Como a maioria das pessoas não prevê os efeitos viciadores da renda e dos gastos, a taxação tem mais uma vez um papel útil, assim como com outras formas de vício, como o fumo. Os impostos nos desestimulam a trabalhar demais, a correr em uma esteira hedonista que nos faz avançar menos na direção da felicidade do que esperávamos.

Se combinarmos esse argumento da habituação com o da busca de status, poderemos dizer veementemente que até certo ponto os impostos não são ineficientes, como é dito com tanta freqüência. Nós precisamos taxar a renda do trabalho para manter um equilíbrio tolerável entre trabalho e vida. Em contraste, os cortes de impostos obviamente aumentariam a produção, mas melhorariam a qualidade de vida?

- **Em todo caso, a renda extra aumenta menos a felicidade à medida que as pessoas se tornam mais ricas.**[12] Esse era o argumento tradicional para a taxação redistributiva, e as pesquisas modernas sobre a felicidade o confirmam. O argumento se aplica tanto dentro dos países quanto internacionalmente. Nos países pobres a renda extra aumenta muito mais a felicidade do que nos países ricos, e é por isso que ajudar o Terceiro Mundo deve ser um dos principais objetivos éticos da sociedade ocidental. Além disso, as políticas que certamente aumentarão a infelicidade, como leis menos rígidas para o jogo, nunca podem ser justificadas pela renda que gerariam. A renda não é tudo.
- **Na verdade, a felicidade depende tanto da vida interior quanto das circunstâncias externas.**[13] Através da educação e da prática, você pode melhorar sua vida interior — se aceitar mais e ter mais compaixão pelos outros. Na maioria de nós há uma força positiva profunda que pode ser liberada se superamos nossos sentimentos negativos. Desenvolver essa força de caráter interior deve ser um dos principais objetivos da educação. Para os adultos há uma série de práticas espirituais que ajudam a trazer paz de espírito, de meditação budista a psicologia positiva. Para quem enfrenta dificuldades, a terapia cognitiva tem um bom registro de sucesso. Para aqueles nos extremos da infelicidade, as drogas psiquiátricas e a terapia cognitiva provavelmente ajudaram mais do que todas as outras

mudanças nos últimos cinqüenta anos, e ainda podemos esperar outros grandes avanços.

- **A política pública pode acabar mais facilmente com a infelicidade do que aumentá-la.**[14] Isso ocorre porque as causas da infelicidade são mais óbvias, especialmente quando olhamos além do círculo familiar. Também é moralmente certo dar uma importância extra a pôr fim à infelicidade. Portanto, esse deveria ser um dos principais objetivos da política pública. No Ocidente, as pessoas mais infelizes são as mentalmente doentes. Nós sabemos como ajudar a maioria delas, mas hoje apenas cerca de um quarto recebe tratamento. Nós lhes devemos mais do que isso.

Veredicto sobre a economia

Dado tudo isso, os economistas tradicionais estão certos ou errados em sua abordagem de nossos problemas?[15] Em parte certos e em parte errados. Eis a parte boa: cada indivíduo sabe mais sobre si mesmo do que qualquer outra pessoa. Portanto, há enormes vantagens em podermos trocar livremente uns com os outros bens e serviços — inclusive nosso trabalho —, especialmente onde os mercados são grandes e bem informados e ninguém afeta ninguém exceto através do processo de troca voluntária. Na verdade, os economistas mostraram acertadamente que se essas condições existem, os contratos podem ser cumpridos e os gostos são determinados, o resultado é totalmente "eficiente". Em outras palavras, todos ficam tão felizes quanto possível sem que outra pessoa seja menos feliz. Essa importante afirmação ajuda a explicar o extraordinário sucesso do capitalismo pós-guerra em produzir progresso material.

Mas por que esse progresso não garantiu um aumento na felicidade pessoal? O motivo é que não obtemos muitas das coisas mais importantes para nós através da troca voluntária. Nossos gostos, nossas expectativas e normas, que também influem em nossa felicidade, não permanecem iguais.

Outras pessoas nos afetam através de tantos canais que a troca voluntária é apenas parte limitada da história. Por exemplo, nós somos diretamente afetados pela nossa experiência de como as outras pessoas vivem. Nossos filhos são ainda mais afetados. A propaganda também afeta nossas percepções. Somos afetados de um modo bastante involuntário pelo crime nas ruas, pela amizade de nossos vizinhos e, talvez, pelas insinuações da esposa de nosso colega. É por isso que temos leis e códigos que regulam todos os tipos de instituições e comportamentos, indo muito além do simples cumprimento dos contratos voluntários.

Além disso, nossos valores podem mudar. Nos últimos quarenta anos nos tornamos cada vez mais individualistas, especialmente na Grã-Bretanha e nos Estados Unidos. Somos mais influenciados do que nunca pelas versões exageradas da "sobrevivência dos mais fortes" (Charles Darwin) e da "mão invisível" (Adam Smith).[16] Um resultado disso foi o bem documentado declínio da confiança.

Nossos líderes usam uma linguagem cada vez mais agressiva para descrever o mundo em que vivemos. Falam muito menos em segurança e comunidade e mais na luta competitiva. Dizem que não podemos mais nos dar ao luxo de fornecer segurança. A maioria dos economistas concordaria em que isso é absurdo. À medida que enriquecemos, podemos escolher livremente o quanto de nossa riqueza extra dedicaremos a padrões de vida mais elevados e o quanto à segurança no emprego, na velhice e em nossa comunidade. O objetivo da política é tornar o mundo um lugar mais amigável e não um campo de obstáculos.

Um mundo melhor: levando a felicidade a sério

Então, qual é minha visão de uma sociedade melhor em que as pessoas se sintam menos ameaçadas e pressionadas e que realmente possa promover o fim da escassez que a ciência torna possível? O que devemos fazer de um modo diferente se nosso objetivo passar a ser um estilo de vida mais feliz?[17]

- Devemos monitorar tão atentamente o aumento da felicidade em nossos países quanto monitoramos o aumento da renda.
- Devemos repensar nossa atitude em relação a muitas questões comuns: reconhecer o papel dos impostos em preservar o equilíbrio entre o trabalho e a vida; nos preocupar com a tendência do pagamento por desempenho a incentivar a competição insana e considerar a tendência da mobilidade a aumentar a criminalidade e enfraquecer as famílias e comunidades.
- Devemos gastar mais ajudando os pobres, especialmente do Terceiro Mundo. Atualmente os Estados Unidos gastam 0,12% de sua renda em ajuda internacional e a Grã-Bretanha gasta 0,31%.[18] Agora sabemos melhor como gastar esse dinheiro.[19] Se você quer diminuir a fome e a miséria, esse é o caminho. Devemos nos orgulhar de torná-lo um objetivo das sociedades abastadas.
- Devemos gastar mais para enfrentar o problema da doença mental. Essa é a maior fonte de infelicidade no Oci-

dente, e os afortunados devem garantir uma situação melhor para aqueles que sofrem. A psiquiatria deve ser um dos principais ramos da medicina, não um dos menos prestigiosos.

- Para melhorar a vida familiar, precisamos de mais práticas de trabalho favoráveis à família — horas de trabalho mais flexíveis, licenças-maternidade e paternidade e acesso facilitado a creches.
- Devemos subsidiar atividades que promovam a vida comunitária.
- Devemos acabar com o alto índice de desemprego. Aqui a firmeza e a brandura funcionam melhor. Após algum tempo, todos devem ter uma chance de trabalhar, mas aproveitar a oportunidade para continuar a receber apoio.
- Para combater a escalada constante dos desejos, devemos proibir propaganda comercial dirigida a crianças, como faz a Suécia. Também devemos suspender as concessões fiscais para as propagandas pictóricas dirigidas a adultos.
- Finalmente, e talvez o mais importante, precisamos de uma educação melhor, para um mundo melhor, inclusive de educação moral. Devemos ensinar os princípios morais não como pontos de discussão interessantes, mas como verdades estabelecidas essenciais para uma vida significativa. Devemos ensinar a prática sistemática de um currículo adequado do início ao fim da vida escolar que inclua o estudo detalhado de modelos de papéis. O currículo também deve incluir o controle das próprias emoções, a paternidade, a doença mental e, é claro, a ci-

dadania. Mas o objetivo básico deve ser a consciência de um propósito global mais amplo do que o próprio eu.

Conclusão

Uma sociedade só pode florescer com a consciência de um objetivo comum. A busca atual por auto-realização não dará certo. Se o seu único dever é obter o melhor para si mesmo, a vida se torna muito estressante e solitária — você está destinado a fracassar. Em vez disso, precisa sentir que você existe para algo maior, e essa própria idéia alivia um pouco a pressão.

Nós precisamos desesperadamente de um conceito de bem comum. Eu não posso pensar em um objetivo mais nobre do que buscar a maior felicidade de todos — cada pessoa contando igualmente. Esse objetivo nos coloca em pé de igualdade com nossos vizinhos, como deveríamos estar, e ao mesmo tempo também dá um peso adequado ao nosso próprio interesse, já que sabemos mais sobre nós mesmos do que qualquer um.

Algumas pessoas dizem que você não deve pensar em sua própria felicidade porque ela é apenas um subproduto de outra coisa.[20] Essa é uma filosofia deplorável, uma fórmula para se manter ocupado a todo custo. É claro que você não pode ser feliz sem um objetivo maior do que si mesmo, mas também não pode ser sem autoconhecimento e auto-aceitação. Se você se sente desanimado, há filosofias seculares que podem ajudá-lo. É melhor buscar a beleza interior do que ter um caso amoroso.

Portanto, a felicidade vem de fora e de dentro, o que não é uma contradição. O verdadeiro peregrino luta contra os demônios no mundo exterior e cultiva o espírito interior.

O segredo é a comparação com os outros, e o princípio da Felicidade Maior é, basicamente, a expressão desse ideal. Talvez essas duas idéias pudessem ser os pilares de nossa cultura futura.

A humanidade percorreu um longo caminho desde a Idade da Pedra e, no Ocidente, provavelmente somos mais felizes do que qualquer sociedade anterior.[21] Mas os anseios que eram úteis na Idade da Pedra hoje se tornaram desnecessários. Portanto, devemos tornar a dedicar nossa sociedade à busca da felicidade em vez de ao objetivo da eficiência dinâmica. A vida é para ser vivida. Através da ciência, a escassez material absoluta chegou ao fim no Ocidente, e precisamos pensar muito no que agora poderia representar progresso. Acredito firmemente que o progresso é possível.

Nós não podemos terminar melhor do que com Jeremy Bentham. Logo antes de sua morte ele enviou uma carta de aniversário para a jovem filha de um amigo, em que escreveu:

> Crie toda a felicidade que puder criar: elimine todo o sofrimento que puder eliminar. Todos os dias você poderá aumentar o prazer dos outros, ou minorar-lhes o sofrimento. E para cada grão de contentamento que semear no coração de alguém você terá uma colheita em seu próprio coração; e cada tristeza que arrancar dos pensamentos e sentimentos de um semelhante será substituída por beleza, paz e alegria no refúgio de sua alma.[22]

Considero este um grande conselho.

Lista de anexos

Disponível em http://cep.lse.ac.uk/layard/annex.pdf

Esses anexos contêm várias análises técnicas de apoio. Alguns contêm mais tabelas estatísticas, outros fornecem evidências detalhadas de pesquisas e alguns são análises especulativas.*

3.1 Trends in happiness [Tendências relativas à felicidade]

4.1 Role of income comparisons and habituations [O papel das comparações de renda e habituações]

4.2 Productivity and growth in Europe and the USA [Produtividade e crescimento na Europa e nos EUA]

4.3 Is happiness cardinal and comparable? [A felicidade é cardinal e comparável?]

5.1 Heritability [Hereditariedade]

5.2 Domain satisfaction and overall happiness [Satisfação do domínio e felicidade total]

5.3 Causes of national life-satisfaction and suicide rates [Causas da satisfação nacional com a vida e taxas de suicídio]

---

* Conteúdo em inglês. *(N do T.)*

6.1 Effect of TV on happiness [Efeito da tevê na felicidade]

8.1 How caring about others could make people happier [Como se importar com os outros poderia tornar as pessoas mais felizes]

8.2 The value of creating or extending life [O valor de criar ou estender a vida]

11.1 Rates of mental illness and the proportion of sufferers being treated [Índices de doença mental e a proporção de doentes em tratamento]

11.2 Mental health: Britain's biggest social problem? [Saúde mental: o maior problema social da Grã-Bretanha?]

14.1 Topics needing further research [Tópicos que precisam de mais pesquisas]

14.2 Selected reading (by chapter) [Leitura selecionada (por capítulo)]

Notas

Capítulo 1: Qual é o problema?

1. Não dispomos de dados sobre a Europa Continental anteriores a 1975. Mas desde então os dados mostram uma ligeira tendência ascendente na felicidade — ao contrário do que ocorre nos Estados Unidos, na Grã-Bretanha e no Japão (veja o Capítulo 3). Nos países do Terceiro Mundo a felicidade aumentou. Mas este livro só trata dos países mais ricos do mundo.
2. Estritamente, para uma situação em que ninguém pode se tornar mais feliz sem que outra pessoa se torne menos feliz.
3. Hobbes (1642).
4. Frankl (1985).

Capítulo 2: O que é felicidade?

1. *The Code of the Woosters.*
2. Robinson e Downhill (1995), figuras 23.1 e 23.6.
3. Veja Davidson (1992, 2000) e, mais técnico, Davidson et al. (2000). A área em questão é o córtex pré-frontal dorsolateral. O lado esquerdo é especialmente ativo nos tipos de felicidade experimentados com a aproximação de um objetivo (embora também após a meditação). O lado esquerdo é especialmente ativo na autocrítica e no automonitoramento. As correlações entre as avaliações do cérebro e os sentimentos relatados são de menos de 100%.

4. Para um estudo excelente do conceito de felicidade objetiva veja o cap. 1 de Kahneman em Kahneman et al. (1999).
5. World Values Survey (1981, 1990, 1995-97). Uma análise mais recente baseada no General Social Survey e Eurobarometer também demonstra que os dois países são muito similares.
6. Diener e Suh (1999). Note que as pessoas respondem similarmente sobre si mesmas para um entrevistador ou preenchendo um formulário: portanto, há pouca influência predisponente na situação da entrevista. Também se pode analisar a expressão facial, especialmente a freqüência de "sorrisos Duchenne", em que os olhos também sorriem. Essas avaliações também estão correlacionadas, porém não tanto, com a felicidade auto-relatada.
7. Veja Kahneman et al. (2004).
8. Kahneman et al. (2004), tabela 1. A média de felicidade é tirada subtraindo-se o efeito negativo do positivo.
9. Ibidem.
10. Kahneman et al. (2004), figura 1. Os dados são do efeito negativo mas com a indicação oposta.
11. Veja Davidson (1992 e 2000, págs. 1202-4) e Davidson et al. (2000). Todos os comentários nesta parte se relacionam com pessoas destras. EEG significa eletroencefalograma; IRM significa imagem por ressonância magnética; PET significa tomografia por emissão de pósitron, em que isótopos radioativos são postos na corrente sangüínea e depois rastreados.
12. As imagens das seções do cérebro são tiradas em ângulos retos com a espinha dorsal e em várias distâncias do alto da cabeça.
13. Lisanby (2003).
14. Clow et al. (2003).
15. Fox e Davidson (1986).
16. Uso a palavra "sentimentos" para indicar a experiência consciente e "emoção" para indicar todo o processo de resposta afetiva. Veja um exemplo em Damásio (1994).
17. Coghill et al. (2003). Curiosamente, a resposta cerebral no tálamo, a parte cognitiva do cérebro, é praticamente a mesma em todas as pessoas. Mas não é aí que a experiência consciente ocorre.
18. Em uma experiência interessante, uma equipe inglesa escolheu 16 casais e aplicou uma série de choques elétricos no homem ou na mulher. Quando o homem levou o choque, a mulher recebeu um sinal do que estava acontecendo. O cérebro da mulher foi monitorado quando ela levou o choque (dor física) e quando seu parceiro o levou (dor mental). A resposta cerebral em duas áreas cerebrais foi similar nas duas situações (Singer et al., 2004). Sobre a interação mais geral de sofrimento físico e mental veja Romano e Turner (1985) e Turk e Okifuji (1994).
19. Investigar isso exige dados do mesmo indivíduo ao longo do tempo. Por exemplo, se o humor de uma pessoa é estimulado por clipes de filmes positivos e negativos e observado várias vezes com o uso de EEG, há forte correlação negativa da ativação esquerda e direita.

Uma questão bem distinta é comparar indivíduos diferentes. Quando o período relatado não é instantâneo, descobrimos naturalmente a mesma pessoa relatando sentimentos positivos e negativos. Na verdade, algumas pessoas relatam muitos de ambos e outras poucos de ambos, o que tende a apresentar uma correlação estatística positiva entre sentimentos positivos e negativos, quando avaliada entre pessoas. Mas esses resultados não são relevantes porque

(i) os sentimentos não são instantâneos,

(ii) eles envolvem mais erros de medição do que leituras da mesma pessoa ao longo do tempo e

(iii) os pesquisadores testam para descobrir uma relação linear entre pensamentos positivos e negativos, quando de fato a verdadeira relação tem a forma de L (em que os sentimentos negativos são medidos em um eixo e os negativos no outro).

O estudo das mulheres do Texas salienta a diferença entre correlações ao longo do tempo e entre pessoas. A correlação de sentimentos positivos e negativos entre situações da mesma pessoa foi -0,83, enquanto a correlação entre indivíduos foi de apenas -0,42 (veja uma minuta anterior de Kahneman et al., 2004).

Sobre esses temas veja também Green et al. (1999) e Russell e Carroll (1990 a e b), que fornecem mais evidências da existência de uma dimensão única da felicidade/infelicidade.

20. Isso é minuciosamente discutido por Csikszentmihalyi (1990). Ele descreve, por exemplo, um jogador de xadrez contando mais tarde como se sente durante um jogo: "Eu tenho uma sensação geral de bem-estar e de que estou totalmente no controle de meu mundo." Contudo, Seligman (2002, p.116) argumenta que durante o fluxo você não tem qualquer sentimento positivo: esse sentimento só vem em retrospecto. Seligman distingue inteiramente três tipos diferentes de felicidade — a vida agradável (dos sentidos), a vida boa (fluxo) e a vida significativa (o compromisso com outra pessoa). Claramente, todos esses fatores interagem, influenciando a corrente de felicidade que experimentamos.
21. Veja Keyes et al. (2002), modelo 4, e o posterior ensaio de Ryff em F. Huppert et al. (2005), *The Science of Well-being*. Oxford: Oxford University Press. Seu trabalho também demonstra que as avaliações refinadas de prazer propositado, respeito próprio, relacionamentos positivos, domínio do ambiente e crescimento pessoal freqüentemente podem predizer marcadores físicos como níveis de cortisol, função imunológica, função cardíaca, densidade mineral óssea, qualidade do sono e assimetria frontal esquerda-direita da atividade cerebral. E podem fazer isso melhor do que respostas para uma pergunta sobre satisfação na vida.
22. Ryff não concordaria com a minha conclusão e ela está certa em argumentar contra visões superficiais e mecânicas da felicidade. Mas no amplo espectro de opiniões sobre essas questões as divergências entre pensadores "benthamianos" e "aristotélicos" é muito pequena comparada com as divergências entre essas duas posições e o resto.
23. Sobre esses assuntos éticos veja o Capítulo 8.
24. Danner et al. (2001), tabela 3, linhas 5 e 8.

25. Veja, por exemplo, Ryff e Singer (2003), Goleman (1996, cap. 11) e Rosenkranz et al. (2003).
26. Ryff e Singer (2003) e Davidson et al. (2000). Essas relações foram descobertas usando tanto a felicidade auto-reportada quanto as medições cerebrais da felicidade. Ryff e Singer também mostram o bom efeito dos relacionamentos amorosos em uma média ponderada de indicadores físicos relacionados com o estresse que eles chamam de "carga alostática".
27. Redelmeier e Singh (2001).
28. Alguns aspectos do comportamento moral não se encaixam nessa afirmação — veja o Capítulo 8.
29. Por exemplo, Clark (1997) dá ênfase a modelos do organismo em que há relativamente pouca coordenação entre atividades (veja pp. 250-258).
30. Sobre os seres humanos veja, por exemplo, Deaton e Muellbauer (1980). Sobre os animais, veja Shizgal e Conover (1996) e Cabanac (1992). Nos humanos também temos exemplos diretos de como a felicidade avaliada influencia o comportamento. Por exemplo, os trabalhadores menos satisfeitos com seus empregos tendem mais a abandoná-los (Clark, 2001) e os desempregados que detestam mais o desemprego tendem mais a encontrar trabalho (Clark, 2003a).
31. Veja, por exemplo, Bargh e Chartrand (1999), que resumem as experiências relatadas no parágrafo seguinte.
32. Veja o Capítulo 9. Darwin acreditava que esse modelo se aplicava a todos os animais senscientes (Badcock, 2000, pp. 125-26).
33. Nesse e Williams (1996, cap. 14). Dois outros mecanismos-chave psicológicos são a aversão à perda e o esquecimento da duração na lembrança da dor (as pessoas tendem a se concentrar no auge e fim da dor). O valor desses mecanismos para a sobrevivência é óbvio: a aversão à perda encoraja a resistência à perda e a lembrança do auge da dor nos ajuda a evitar perigo futuro extremo. Note também que a maioria das pessoas que não podem sentir dor morre antes dos 30 anos (Nesse e Williams, 1996, p. 35).

Capítulo 3: Estamos nos tornando mais felizes?

1. Tampouco piorou; veja o anexo 3.1 em http://cep.lse.ac.uk/layard/annex.pdf. Eu não discuto neste livro a experiência específica dos negros nos Estados Unidos, o que é em si um tema completo. Os negros, certamente, se tornaram mais felizes, embora ainda sejam menos felizes do que os brancos (General Social Survey).
2. A fonte é a Gallup, que apresenta as porcentagens "muito feliz" opostas a "razoavelmente feliz", ou piores: 1948, 40; 1952, 42; 1957, 52. É comparável ao do World Values Survey, que apresenta as porcentagens "muito feliz" opostas a "razoavelmente feliz", ou piores: 1981, 38; 1990, 35; 1998, 33.
3. Veja World Database of Happiness, disponível na web.
4. Renda *per capita* (ajustada segundo preços locais).
   Bureau of Economic Analysis, U.S. Department of Commerce, National Income and Product Accounts, tabela 1 PIB real *per capita* por ano.

Felicidade

1946-71: American Institute of Public Opinion (AIPO) (Gallup), reportado em T. W. Smith, "Happiness: Time trends, seasonal variations. Intersurvey differences and other mysteries", *Social Psychology Quarterly* 42(1), mar. 1979, pp. 18-30.
1972-2000: General Social Survey (GSS)

As perguntas da pesquisa foram comparáveis, mas não idênticas:

AIPO: Em geral, você diria que é muito feliz, razoavelmente feliz ou infeliz?
GSS: Em geral, você diria que é muito feliz, consideravelmente feliz ou não muito feliz?

O GSS obteve menos respostas na categoria superior do que a AIPO por motivos óbvios (a diferença entre "consideravelmente feliz" e "razoavelmente feliz"). Minha abordagem é aceitar as respostas da GSS e ajustar todas as da AIPO para igualar a resposta da AIPO em 1971 às da GSS em 1972. Veja R. G. Niemi et al., *Trends in Public Opinion*, 1989; Nova York: Greenwood Press, tabela 15.1.

Note também que menos pessoas na GSS estão "muito felizes" comparadas com os dados na p. 14. Isso ocorre devido à diferença na categoria adjacente: "consideravelmente feliz" na GSS e "razoavelmente feliz" na WVS.

5. World Values Survey. Para os EUA, 1981, 1990 e 1995-97; para a Grã-Bretanha, 1981 e 1990.
6. Curiosamente, a saúde auto-relatada *aumentou* ao longo do tempo nos Estados Unidos (General Social Survey), refletindo precisamente o aumento na saúde absoluta objetiva.
7. Seria suficiente examinar como, em uma amostra, a relação entre felicidade auto-relatada e medições cerebrais mudou. Note que, é claro, nenhum de nossos números incluem o 0,3% da população no hospital em que a dor física e o sofrimento mental diminuíram muito desde a Segunda Guerra Mundial.
8. Easterlin (2001). Na Europa, temos tendências distintas de satisfação com a vida e felicidade. Não admira que a satisfação com a vida, que é um conceito mais relativo, tenha aumentado menos do que a felicidade; veja o anexo 3.1 em http://cep.lse.ac.uk/layard/annex.pdf. Curiosamente, Clark (2002a) sugere que nos últimos anos, na Grã-Bretanha, coortes sucessivos estão menos satisfeitos.
9. Nesses países também não há renda adicional associada à probabilidade de vida adicional. Contudo, em qualquer país a probabilidade de vida, como a de felicidade, aumenta com a renda (relativa). Veja Marmot (2004).
10. Renda *per capita*
    World Bank, *World Development Report*. PIB real *per capita* por ano em 1999, medido pela paridade do poder de compra em dólares americanos.

Felicidade

Word Values Survey, quarta onda, por volta de 1999. Onde não disponível uma onda anterior.

As perguntas foram:

i) Em geral, você diria que é muito feliz, razoavelmente feliz, não muito feliz ou de modo algum feliz?

ii) Considerando tudo, o quanto você está atualmente satisfeito com sua vida em geral? Por favor, use este cartão para ajudá-lo em sua resposta.

1 2 3 4 5 6 7 8 9 10

Insatisfeito Satisfeito

O valor mostrado no gráfico é a média da porcentagem de "razoavelmente feliz" ou "muito feliz" e da porcentagem de "satisfeito" no nível 6 ou acima.

11. Se seu olho sugere que a diferença não é grande, note que a porcentagem de pessoas que *não* estão felizes/satisfeitas é quase quatro vezes maior do que as nos Estados Unidos.
12. Diener e Oishi (2000), p. 204.
13. Helliwell (2003a), tabela 6. Contudo, esta descoberta é bastante influenciada pelo Leste europeu e pelas repúblicas soviéticas, em que a correlação entre renda e felicidade é especialmente alta. No anexo 4.3 em http://cep.lse.ac.uk/layard/annex.pdf explicamos como é possível comparar as mudanças na felicidade que ocorrem em pontos diferentes da escala da renda.
14. Inglehart e Klingemann (2000, p. 176) fornecem dados de uma região russa em 1981. Também fornecem dados da Hungria em 1981 que nivelam esse país com Bangladesh.
15. Veenhoven (2000).
16. Shao (1993). Na verdade, as respostas nos dois idiomas foram tão compatíveis quanto as respostas encontradas em outro grupo de estudantes chineses aos quais foram feitas as mesmas perguntas com três semanas de intervalo, usando em ambas as vezes o idioma chinês.
17. Veja, por exemplo, Di Tella et al. (2003), tabela 10.
18. Para esse parágrafo veja Fombonne (1995).
19. Veja o Capítulo 13.
20. Veja o Capítulo 11, nota 41.
21. A principal fonte para os Estados Unidos é o estudo 1982 Epidemiological Catchment Area (ECA) de 18 mil adultos em seus lares; veja Fombonne (1995), p. 555. Nos dados da ECA houve um aumento aproximadamente equiproporcional na depressão, na esquizofrenia e desordem do pânico (Fombonne, 1995, p. 564). Mais recentemente para os Estados Unidos e cinco outros países temos evidência retrospectiva do WHO International Consortium in Psychiatric Epidemiology (2000), p. 40; para os Estados Unidos este usa o 1992 National Co-Morbidity Survey.
22. Wells e Horwood (2004).
23. Para um estudo geral veja Fombonne (1995), pp. 554-55. Por exemplo, em Lundby, Suécia, um estudo cuidadoso de toda a população mostrou aumentos significativos na depressão (grave ou média) entre 1947-57 e 1957-72 (Hagnell et al., 1990, pp. 81-82, tabelas 48c e d). Na Grã-Bretanha, o Office of National Statistics (2001) (daqui em diante abreviado ONS, 2001), tabela 3.3, mostrou que a doença mental aumentou cerca de 14% nos homens entre 1993 e 2000; não houve mudança nas mulheres. Para mudanças em um prazo mais longo na Grã-Bretanha veja Ferri et al. (2003), p. 230. Note que nenhuma das descobertas nesta parte se relacionam

com como os médicos diagnosticaram pacientes individuais, o que certamente mudou ao longo do tempo.

24. Sobre isso e o parágrafo seguinte veja Silbereisen et al. (1995). No Reino Unido, 26% das pessoas fizeram uso arriscado da bebida no último ano (ONS, 2001, tabela 2.14). A proporção de pessoas que experimentaram "dependência do álcool" nos últimos seis meses foi 8% e "dependência de drogas" 4% (mais da metade apenas de maconha). Ambos os números são do ano de 2000 e pelo menos 75% mais altos do que sete anos antes (veja a tabela 3.5). O governo do Reino Unido estima que o custo de crimes, doenças, faltas ao trabalho e dissolução da família é de cerca de 20 bilhões de libras por ano (Cabinet Office, 2004). Sobre possíveis medidas para conter o abuso de álcool, veja Academy of Medical Sciences (2004). Para dados relevantes sobre os Estados Unidos veja o diagrama na p. 213.
25. Diekstra et al. (1995). Para os jovens, a Alemanha é uma exceção — talvez seu sistema de aprendizado seja um bom profilático.
26. Smith (1995a).
27. Hoje uma alta proporção de criminosos é viciada em drogas e muitos crimes são cometidos para pagar por elas. Essa pode ser, em parte, uma explicação dos índices de criminalidade atuais. Mas é improvável que os criminosos dependentes de drogas sejam felizes. Tampouco o são o 0,5% de viciados em jogo (Oxford et al., 2003).
28. Wilson e Hernstein (1985).

Capítulo 4: Se você é tão rico, por que não é feliz?

1. Citado em Frank (1999), p. 10.
2. Solnick e Hemenway (1998), tabela 2. Os estudantes estavam na School of Public Health.
3. Veja as pp. 61-66 e o anexo 4 em http://cep.lse.ac.uk/layard/annex.pdf.
4. Veja as pp. 66-68.
5. Para uma discussão geral veja Layard (1980) e Frank (1985, 1999).
6. Dados do General Social Survey. Veja Lane (2000), p. 25.
7. Rainwater (1990), tabela 1. A pergunta não foi feita desde 1986, quando o Gallup trocou as entrevistas presenciais por entrevistas pelo telefone.
8. Bewley (1999).
9. Ashenfelter e Layard (1983).
10. Medvec et al. (1995).
11. Clark (1996b). Além disso, o desemprego faz você sofrer menos se "outras pessoas" estão desempregadas e se você já esteve desempregado (Clark, 2003a).
12. Postlethwaite et al. (1998).
13. Blanchflower e Oswald (2004). O estudo se relaciona com os Estados Unidos e a renda das outras pessoas foi calculada pela renda média no estado em que o respondente vivia.
14. Veja o anexo 4.1 em http://cep.lse.ac.uk/layard/annex.pdf. Nesse ponto nosso conhecimento não nos permite distinguir entre exterioridades atuando na renda e exterioridades atuando no consumo.

15. Veja Stutzer (2003), resumido no anexo 4.1 em http://cep.lse.ac.uk/layard/annex.pdf. Nesse estudo a renda de uma pessoa afeta a felicidade cerca de oito vezes mais do que a renda dos outros. Contrastantemente, um estudo da satisfação dos ingleses com o trabalho descobriu que somente os salários relativos importam.
16. Lyubomirsky e Ross (1997).
17. Veja Lyubomirsky e Loewenstein (1999) e Clark et al. (2003). Nós discutimos em mais detalhes o casamento no capítulo a seguir.
18. Van Praag e Frijters (1999).
19. Van Praag e Frijters (1999) faz estimativas para nove países, todas entre 35 e 65 centavos. A "renda necessária" também varia de acordo com o tamanho da família de um modo que produz consideráveis escalas de equivalência das necessidades de renda familiar. Stutzer (2003) faz uma estimativa de 40 centavos (veja o anexo 4.1 em http://cep.lse.ac.uk/layard/annex.pdf).
20. Há vários graus de vício. Suponha que $H_t = f(c_t - \lambda c_{t-1})$ e H seja felicidade e c o logaritmo do consumo. Nós começamos de um estado constante e aumentamos o consumo em $x\%$ no período T. Se $\lambda = 1$ temos um "vício completo" e o consumo deve continuar a aumentar $x\%$ em todos os períodos para preservar a felicidade no nível do período T. Se λ é menor do que 1, temos um "vício parcial" e o consumo pode finalmente se estabilizar, ao mesmo tempo mantendo a felicidade em seu nível no período T.
21. Frank (1999) e Frey e Stutzer (2003a).
22. Veja Loewenstein e Schkade (1999), Loewenstein et al. (2003), Frey e Stutzer (2003b) e Gilbert e Watson (2001). Contudo, os empregadores parecem entender que o estado de ânimo dos empregados melhora se, à medida que eles envelhecem, obtêm regularmente aumentos de salário, mesmo quando isso não está totalmente ligado a maior produtividade. Esse é um dos motivos pelos quais o salário de uma pessoa em uma empresa aumenta mais com a idade do que sua produtividade (Frank e Hutchens, 1993).
23. Essa é a principal distorção, em vez da distorção a favor de gastar em vez de economizar (Layard, 2005). O argumento presume que há índices de correção.
24. OECD *Employment Outlook* 2003, p. 322. Na Austrália a jornada de trabalho é ligeiramente maior.
25. Veja o anexo 4.2 em http://cep.lse.ac.uk/layard/annex.pdf.
26. Freeman e Schettkat (2001).
27. As horas anuais de todos os trabalhadores foram tiradas de OECD *Employment Outlook* 2003, p. 322. Depois foram multiplicadas pela razão entre as horas semanais trabalhadas dos trabalhadores em tempo integral e as horas semanais trabalhadas de todos os trabalhadores (do European Labour Force Survey e U.S. Current Population Survey).
28. Veja o anexo 4.2 em http://cep.lse.ac.uk/layard/annex.pdf.
29. No poder aquisitivo dos Estados Unidos (World Bank, *World Development Report*, 2000-1, prefácio).
30. Veja *Economist*, abril de 2004, p. 30.

31. É isso que ocorre quando a renda média do país é mantida constante. Por exemplo, no U.S. General Survey pode-se regredir a felicidade baseada na renda e a renda ao quadrado. O último termo sempre é significativo, motivo pelo qual o termo único logaritmo *Y* é usado no anexo 4.1. Veja também Helliwell (2003a), mas suas descobertas se relacionam com as classes de renda e deixam aberta a questão de se é a renda ou classe de renda que importa.
Em todo este livro presumimos que a felicidade é mensurável e comparável entre as pessoas. Sobre o conceito de mensurabilidade veja o anexo 4.3 em http://cep.lse.ac.uk/layard/annex.pdf.
32. Se somente a classe de renda importa, a dispersão da renda não tem efeito na felicidade média, já que a média da classe é fixa. Mas até agora não há uma evidência clara da importância da classe comparada com a renda relativa.
33. De igual modo, os especialistas em saúde seguem as duas abordagens. Por exemplo, Wikinson (1996) acredita que a renda relativa afeta a saúde *e* a desigualdade tem efeitos "ambientais" mais amplos na sociedade. Em contraste, Deaton (2003) questiona esses dois efeitos, argumentando que o gradiente social na saúde pode ser explicado pelos níveis de renda absolutos diferentes. A evidência na p. 150 sugere que há mais do que a renda absoluta envolvida, como afirma Marmot (2004).
34. Graham e Pettinato (2002), Clark (2003b), Senik (2003). Veja também Alesina et al. (2001, 2003).
35. Helliwell (2003a).

Capítulo 5: Então, o que nos torna felizes?

1. De "Empedocles on Etna".
2. Floud (1988). Os 5 centímetros equivalem a um desvio padrão da altura masculina. Para uma análise paralela de QI veja o trabalho do psicólogo James R. Flynn.
3. Em cada lócus eu tenho duas representações do gene (dois "alelos"). Um veio de meu pai e outro de minha mãe. Pelo mesmo motivo, meu pai também tinha dois alelos nesse lócus. Mas eu só tenho um dos dois alelos de meu pai, selecionados randomicamente. Por isso, a probabilidade de eu ter determinado alelo de meu pai é de 50%. Ocorre o mesmo com os alelos de minha mãe. Para o meu irmão, a probabilidade é a mesma. Assim, uma em duas vezes eu terei o mesmo alelo de meu irmão. Portanto, os irmãos que não são gêmeos "têm cerca de metade de seus genes em comum". Mas os gêmeos idênticos vieram do mesmo óvulo e têm todos os seus genes em comum. (Essa análise se aplica aos genes que diferem entre as pessoas, os chamados polimórficos. Esses genes incluem cerca de um quarto de todos os nossos genes; os outros três quartos são os mesmos em todos os seres humanos.)
4. Lykken (1990), p. 56. O estudo usa o Tellegen Multi-dimensional Personality Questionnaire para avaliar o bem-estar. O coeficiente de correlação entre a felicidade do gêmeo que nasceu primeiro e o que nasceu depois é de 0,44 para os gêmeos idênticos e 0,08 para os não-idênticos. (O coeficiente de correlação entre duas variáveis x e y, cada qual calculada pela média, é o total, em todas as observações, de xy dividido pelo desvio padrão de x vezes o desvio padrão de y.)

5. Lykken (1999), p. 56. O mesmo é verdadeiro em relação aos gêmeos não-idênticos criados separados, comparados com os criados juntos. Veja também Plomin et al. (2001), p. 236.
6. McGue e Bouchard (1998), tabela 1.
7. Suponha que $H = G + E + I\ (G, E) + e$ e H seja a felicidade medida, G os genes, E a experiência, I um efeito de interação $(G\ x\ E)$ e e um erro de medição. Então Var (H) - Var (E) – Var (e) = Var (G)+ Var (I) + 2 Cov (G, E) + 2 Cov (G, I) + 2 Cov (E, I). A medida padrão de "hereditariedade" inclui o efeito de todos os genes do lado direito desta equação. Veja Rutter (2001) e Plomin et al. (2001). Para mais detalhes sobre a medição da hereditariedade veja o anexo 5 em http://cep.lse.ac.uk/layard/annex.pdf.
8. Judith Rich Harris teve o grande mérito de insistir em que esses temas fossem levados a sério (veja Harris, 1998, e Pinker, 2002). Mas sua conclusão de que a criação tem efeitos pequenos é incompatível com grande parte das evidências recentes — veja as pp. 79-80 a seguir.
9. Tienary et al. (1994), p. 23. Os resultados são do estudo de adoção da Finlândia.
10. Bohman (1995), tabela 1. Os resultados são do estudo de adoção de Estocolmo.
11. Cadoret et al. (1995), tabela 4. Este é um estudo americano, baseado em quatro agências de adoção.
12. Isso está especialmente bem documentado para o QI, em que a correlação entre pares de irmãos adotivos é de cerca de 0.25 na infância mas diminui na direção do zero na idade adulta (Plomin et al., 2001, p. 177).
13. Caspi et al. (2004).
14. Caspi et al. (2003), figura 2. O gene é o 5-HTT. Caspi et al. (2002, figura 2) mostram um resultado similar para a violência dos adultos, que depende de maus-tratos na infância *e* do gene que codifica a enzima monoaminoxidase A (MAOA), que metaboliza vários neurotransmissores.
15. Para controlar todo o conjunto de genes, ainda é preciso usar os estudos de gêmeos. Jaffee et al. (2004) fazem isso para gêmeos ingleses de 7 anos e mostram como os maus-tratos físicos influem em seu comportamento, controlando os genes. Sobre os efeitos no cérebro dos abusos contra as crianças veja Teicher (2002).
16. Anisman et al. (1998). Além disso, as fêmeas se tornaram mães melhores.
17. Suomi (1977).
18. Collins et al. (2000), pp. 225-26.
19. Uma exceção é O'Connor et al. (2000), que usa o Colorado Adoption Project para mostrar como a separação dos pais influi no comportamento das crianças de 12 anos.
20. Furstenberg e Kiernan (2001), tabela 1. O mesmo é verdadeiro em relação aos efeitos na evasão escolar e gravidez na adolescência. Veja McLanahan e Sandefur (1994), p. 70. Para mais evidências sobre a paternidade e a depressão veja Cherlin et al. (1998),Glenn e Kramer (1985) e Ermisch e Francesconi (2001), que consideram as diferenças entre irmãos.
21. Amato et al. (1995). Eles entrevistaram pais durante um período de 12 anos e no último ano entrevistaram seus filhos de 19 anos ou mais.

22. Nem estudando nem trabalhando. Todos os resultados controlam a educação da mãe e do pai, a raça, o número de irmãos e a área. Veja McLanahan e Sandefur (1994). Em seu apêndice B eles afirmam que o efeito medido de viver com apenas um dos pais não se deve a uma característica dos pais que também precipitou a dissolução do casamento. Mais evidências sobre o efeito independente de perder um dos pais provêm do sério efeito da morte de um dos pais. Sobre os efeitos de viver com apenas um dos pais veja Sigle-Rushton e McLanahan (2002). Veja também Lykken (2001).
23. Amato et al. (1995). Se os pais dos dois cônjuges são divorciados, o casal tende mais a se divorciar do que se nenhum dos pais é divorciado. Mas McGue e Lykken (1992) mostram que grande parte da propagação do divórcio através das gerações se deve à semelhança genética de pais e filhos — os gêmeos idênticos estão muito mais em conformidade do que os não-idênticos.
24. McLanahan e Sandefur (1994), p. 67. No Estados Unidos, cerca de metade de todas os filhos de mães solteiras nunca viveram com os pais.
25. Concentrando-se no comportamento de uma amostra de crianças inglesas de 5 anos, Jaffee et al. (2003) descobriram que a ausência do pai não tem qualquer efeito negativo quando o próprio nível de comportamento anti-social do pai é tomado em consideração. Contudo, é arriscado extrapolar isso para o efeito da ausência paterna quando a criança é mais velha.
26. Veja Easterlin (2001). Os dados comparam amostras randômicas de pessoas no mesmo corte de nascimento tiradas em idades diferentes. Estão relacionados com felicidade não corrigida para outras influências. Controlando outras influências, a felicidade diminui um pouco por volta dos 40 anos e depois aumenta.
27. Na maioria dos países, a distribuição da felicidade é similar para homens e mulheres. Contudo, em uma regressão em que fatores como renda, idade e status de emprego são controlados, as mulheres são um pouco mais felizes do que os homens. É claro que o padrão de doença mental de homens e mulheres é diferente: as mulheres tendem mais à depressão e os homens ao alcoolismo.
28. Veja Keltner e Harker (2001), tabela 6. Diener et al. (1995) mostram alguma relação, mas ela se torna pequena quando cabelos, jóias e roupas são cobertos (tabela 3).
29. Lykken (1999), p. 73.
30. Usando o World Values Survey, Helliwell (2003a) não encontra nenhum efeito direto da educação. A maioria dos estudos que usam o Eurobarometer ou os dados do U.S. General Social Survey encontram algum efeito direto dentro de cada país (por exemplo, Di Tella et al., 2003), embora não se possa dizer se esse é um efeito do nível de educação absoluto ou relativo.
31. Veja o anexo 5.2 em http://cep.lse.ac.uk/layard/annex.pdf. Outras pesquisas apresentam resultados similares. Os dois últimos fatores não podem ser classificados, mas sua relevância é mostrada na tabela na p. 84. Veja também a nota 37.
32. Anexo 5.2 em http://cep.lse.ac.uk/layard/annex.pdf.
33. Todas as fileiras, exceto as 8 e 9: Helliwell (2003a), com base no World Values Survey. Para descobrir o efeito de uma redução de 33% na renda familiar, proponho

que passemos do sexto grupo decil para o quarto grupo decil (correto para o Reino Unido, veja Office of National Statistics *Economic Trends*, abr. 2000, p. 62).
Fileira 8: Blanchflower e Oswald (1999), tabela 7. Muito aproximada.
Fileira 9: Di Tella et al. (2003), tabelas 8 e 10.

34. Para controlar os aspectos sociais da religião, mantivemos a freqüência à igreja constante.
35. Veja Helliwell (2003a). Seus resultados são muito parecidos com os de outros levantamentos, como o General Social Survey, nos Estados Unidos, e Eurobarometer Survey. Para os resultados do Eurobarometer e do U.S. General Social Survey veja Di Tella et al. (2003).
36. A escala é realmente de 1 a 10, mas é mais fácil de explicar se todas as unidades são multiplicadas por 10. Nesse caso, a média é 68 e o desvio padrão 24. A pergunta que Helliwell usa (2003) se relaciona com a satisfação com a vida, mas está altamente correlacionada com a felicidade. Di Tella et al. (2003) obtém resultados muito parecidos quando a felicidade é a variável dependente.
37. O estudo de Helliwell também controla idade, educação e "efeitos fixos" de sete áreas (Europa Ocidental e Estados Unidos, Escandinávia, antiga União Soviética, Europa Oriental e Central, América Latina, Ásia e outras). Mas desprezar esses efeitos fixos faz pouca diferença para os resultados.
38. A felicidade é muito menos influenciada pela renda do que pela "satisfação com a situação financeira", já que a última também reflete a renda relativa "percebida" e compromissos financeiros e compromissos financeiros (veja o anexo 4.1, seção 1).
39. Frey e Stutzer (2003a).
40. Clark et al. (2003). Veja também Easterlin (2003).
41. O efeito é de cerca de um terço da mudança mostrada na tabela; veja Lucas et al. (2003), p. 532.
42. Para discussão adicional veja a p. 91-92.
43. Clark et al. (2003).
44. Waite (1995).
45. Gardner e Oswald (2002).
46. Clarke e Berrington (1999), p. 7.
47. Ryff e Singer (2003), figura 57.4 e referências ali a outro trabalho dos mesmos autores.
48. Para uma análise científica veja Lewis et al. (2000).
49. Winkelmann e Winkelmann (1998), tabela 4.
50. Winkelmann e Winkelmann (1998), tabela 2; Layard (2003a).
51. Clark (2002b). Não dou muito valor aos resultados de seu British Household Panel porque a pergunta da felicidade é inadequada.
52. Clark (2003a), tabela 4.
53. Clark et al. (2001).
54. Di Tella et al. (2001).
55. Como explicamos no Capítulo 11, no final das contas menos desemprego não deve ser conseguido à custa de mais inflação. Nesse contexto é interessante notar que se a inflação aumenta dez pontos percentuais a felicidade só cai um (de acor-

do com o índice de felicidade usado na tabela na pág. 84. Isso é muito menos do que o efeito de um aumento de dez pontos percentuais no desemprego.

56. Marmot (2004).
57. Putnam (2000); Halpern (2004).
58. Knack (2001). O coeficiente de correlação foi .65. A experiência da carteira fora conduzida pelo *Reader's Digest.*
59. Michalos (2003) e anexo 5.2 em http://cep.lse.ac.uk/layard/annex.pdf.
60. Veja, por exemplo, Riis et al. (2002) sobre diálise renal. Contudo, um artigo famoso de Brickman et al. (1978) exagerou claramente esse caso, como o demonstram seus próprios números.
61. Loewenstein e Schkade (1999).
62. Veja, por exemplo, Frederick e Loewenstein (1999).
63. Frey e Stutzer (2000a, 2002).
64. Sobre mortes na Europa veja Davies (1997), pp. 1328-29.
65. Veja Helliwell (2003b) para este e os dois parágrafos a seguir. Veja o anexo 5.3 em http://cep.lse.ac.uk/layard/annex.pdf para detalhes de suas descobertas.
66. Essas principais organizações são: as que ajudam jovens, idosos, doentes ou pessoas em dificuldades; políticas/de lobby, lazer (artes, esportes) e étnicas. Estudo clássico da participação é Putnam (2000).
67. Dos seis fatores discutidos em relação à liberdade pessoal essa variável usa apenas quatro: o estado de direito, a eficiência dos serviços públicos, a ausência de corrupção e a eficiência do sistema de regulamentação.
68. Veja o anexo 5.3 em http://cep.lse.ac.uk/layard/annex.pdf.
69. Goleman (1996).
70. De "The Character of a Happy Life".
71. Nas nações, a relação não pode surgir porque as pessoas com uma predisposição genética à felicidade tendem mais a acreditar em Deus. Nos países em que a fé é maior, a taxa de suicídios é menor, as outras coisas permanecendo iguais. Além disso, as pessoas religiosas tendem mais a confiar nos outros (Soroka et al., 2003).
72. Lyubomirsky et al. (2003). Veja também Lyubomirsky et al. (2004, próximo), que salienta a importância do que você dá (faz) comparada com o que você recebe (em termos de circunstâncias).
73. Campbell et al. (1976), por exemplo, popularizaram essa visão, embora seu próprio modo de pensar fosse mais sofisticado. William James tinha um modelo parecido.
74. A felicidade pode ser considerada positivamente dependente *tanto* de (a) Realização + Objetivos *quanto* de (b) Objetivos + Potencial.
75. Nesse (1999, 2000).
76. Scitovsky (1976).
77. Keynes (1930), Russell (1930). Ambos preconizavam maior atenção às artes. Infelizmente, nos últimos cinqüenta anos a alta cultura não conseguiu de modo algum satisfazer essa necessidade (Pinker, 2002, cap. 20).
78. Csikszentmihalyi (1990). "Êxtase" deriva de uma palavra grega que significa ficar fora de si mesmo.

Capítulo 6: O que está dando errado?

1. Veja Scott-Clark e Levy (2003) e os artigos no *Journal of Bhutan Studies.*
2. Popenoe (1996), p. 19. Nem todos os pais eram casados. Dos filhos de pais casados, um terço experimenta um divórcio antes dos 16 anos.
3. Ellwood e Jencks (2004).
4. Lord Chancellor's Department (1999), p. 3.
5. Para os Estados Unidos, veja Popenoe (1996), p. 34. Para a Inglaterra, veja ONS *Population Trends,* nº. 114, tabela 1.
6. Dados da Inglaterra (Kiernan, 2003, p. 12); Lord Chancellor's Department (1999).
7. Cutler et al. (2000). Isso se baseia em análises das taxas de suicídio em todo o país, mas é compatível com o fato de que quando o divórcio atingiu seu ápice, por volta de 1980, o suicídio de jovens parou de aumentar.
8. Curiosamente, segundo o U.S. General Social Survey a felicidade média em cada estado civil tem aumentado, mas os pesos mutáveis impediram que a felicidade geral aumentasse.
9. 1960: McLanahan e Sandefur (1994), p. 138.
   2000: Coluna 1 U.S.: *Statistical Abstract of the USA* (dados de 1997). RU: *Social Trends,* nº. 31, ed. 2001 (dados de 1999).
   Colunas 2 e 3 G. Martin e V. Kats, Families and work in transition in 12 countries, 1980-2001, *Monthly Labor Review,* set. 2003, tabelas 4 e 6.
10. Home Office (2003).
11. Blomquist et al. (1988) estimam que os indivíduos nas melhores áreas (com menos crimes) fazem sacrifícios financeiros devido a aluguéis mais altos e salários menores para ter mais segurança. Sacrificam 11% de sua renda média em diferenciais de salários e aluguéis, comparados com os indivíduos nas piores áreas (com mais crimes). Essa é outra medida do "custo" do crime. Mas Michalos e Zumbo (2000) investigam o tamanho do efeito dos crimes na felicidade.
12. Estados Unidos: FBI, *Uniform Crime Reports*; Grã-Bretanha: *Recorded Crime Statistics* 1898-2002. Houve, é claro, um aumento desconhecido na quantidade de crimes registrados.
13. Os principais motivos da diminuição da criminalidade nos Estados Unidos desde 1991 parecem ser o maior número de criminosos na prisão, mais policiais e menos filhos indesejados devido à legalização do aborto (Levitt, 2004).
14. Home Office (2003).
15. Hall (1999), p. 432 e World Values Survey 1995. Em 1981, o número foi de 43%.
16. Putnam (2000), p. 140. Usando o World Values Survey os números são: 1981, 40%; 1990, 51%; 1995, 36%; 2000, 36%. Usando o GSS os números são: 1972, 46%; 1980, 46%; 2000, 34%.
17. Putnam (2000), p. 139.
18. Putnam (2000).
19. Dentro dos coortes de nascimento não há um declínio durante a vida (Putnam, 2000, p. 141).

20. *Historical Statistics of the USA* e *Statistical Abstract of the USA.*
21. http://www.chipubliv.org/004chicago/disasters/infant—mortalit.html.
22. Havia umas poucas exceções como as cidades têxteis de Lancashire, onde as mulheres arranjavam escalas de serviço complicadas para cuidar dos filhos.
23. Schreiner (1911).
24. Veja Mincer e Layard (1985).
25. Veja também Ellwood e Jencks (2004).
26. Ellwood e Jencks (2004).
27. General Social Survey.
28. Na Grã-Bretanha temos dados da porcentagem de pessoas casadas que consideram seus relacionamentos "felizes". Para as que tinham 36 anos, em 1991, era de 81%, e para as que tinham 30, em 2000, era de 64%. Homens e mulheres deram praticamente as mesmas respostas. Veja Ferri et al. (2003), tabela 4.1.
29. Gallup, dados de 2004.
30. Smith (1995b). O número apresentado é o médio.
31. Nielsen Media Research.
32. Williams (1986). O estudo controlou as mudanças em outras cidades comparáveis que já tinham tevê.
33. A leitura das crianças também foi reduzida, especialmente no caso das pessoas com QI mais baixo.
34. Veja, por exemplo, Huesman e Eron (1986), cap. 1.
35. Phillips (1983). Os dois dias são o terceiro e o quarto após a luta. Não há conseqüências nos outros dias.
36. Gould (2001) resume a evidência. Em um período notório após a apresentação do suicídio de um jovem em um seriado de tevê alemão, houve um grande aumento do suicídio de jovens, sem uma subseqüente diminuição que o compensasse. As principais mortes adicionais foram sob trens, como no seriado de tevê (Schmidtke e Häfner, 1988).
37. Williams (1986). O estudo também demonstrou que a televisão aumentou a percepção das crianças da diferença nos papéis entre homens e mulheres. Outro lugar em que a televisão chegou tarde foi St. Helena; ali, a pesquisa sobre as mudanças no comportamento infantil apresentou resultados variados, porém a tevê não era vista por muito tempo — apenas durante uma hora por dia (Charlton et al., 2002).
38. A televisão foi introduzida em diversos estados americanos em anos diferentes. Usando esses dados, Hennigan et al. (1982) não mostram um efeito na violência. Contudo, o furto aumentou cerca de 5% no primeiro ano, quando metade da população tinha aparelhos de tevê.
39. Gerbner et al. (1980) e Signorielli e Morgan (2001), p. 348.
40. Belk e Pollay (1985).
41. Schudson (1984).
42. O'Guinn e Shrum (1997). Isso mantém constante a renda e a educação do respondente.

43. Veja o anexo 6.1 em http://cep.lse.ac.uk/layard/annex.pdf. Se nós explicamos a felicidade através diretamente do ato de ver tevê, há o problema óbvio da causalidade reversa. Mas se mostramos um mecanismo como o descoberto no anexo 6.1, um elo causal se torna muito mais plausível.
44. Estimativa em Schor (1999).
45. Também tem efeitos negativos ao estimular a preguiça e, portanto, a obesidade e falta de amor-próprio.
46. Kenrick et al. (1993).
47. Kenrick et al. (1989). Veja também James (1998). As mulheres sempre se preocuparam com sua aparência (veja as novelas de Jane Austen), mas agora provavelmente tendem mais a subestimá-la.

Capítulo 7: Podemos perseguir um objetivo comum?

1. Wright (1994), Ridley (1996).
2. Hobbes (1651), cap. 13.
3. O dilema com esse nome é o que se segue. Dois prisioneiros não conseguem se comunicar um com o outro. Se os dois confessarem, cada qual será condenado a dois anos de cadeia. Se um deles confessar e o outro não, o que confessou ganhará a liberdade e o outro cumprirá pena de cinco anos. Se nenhum dos dois confessar, cada qual cumprirá pena de seis meses. Ambos terão um incentivo para confessar, mas ficariam em melhor situação se nenhum deles confessasse.
4. O'Neill (2002).
5. Robinson e Darley (1977).
6. Veja, por exemplo, Wolpin (1979).
7. É assim (ou quase) seja qual for a estratégia que a outra parte siga. Veja Axelrod (1984). O número de peças deve ser imprevisível, caso contrário não ocorrerá colaboração no último jogo, no penúltimo etc.
8. Veja, por exemplo, Fehr e Fishbacher (2003). Eles comparam o comportamento do "proponente" no Ultimatum Game com seu comportamento no Dictator Game. Nos dois jogos o proponente decide como 10 dólares devem ser divididos entre ele mesmo e o respondente. No Dictator Game o respondente não tem voz ativa, mas no Ultimatum Game o respondente pode se recusar a aceitar e, nesse caso, o proponente também não recebe nada. Isso leva o proponente a oferecer mais no Ultimatum Game. Contudo, como também salienta Fehr, rejeitar uma oferta é um ato altruísta que visa punir o mau comportamento. Ele mostra que essa "punição altruísta" é necessária para a sobrevivência da colaboração nas grandes sociedades.
9. Zahn-Wexler et al. (1992).
10. Se aqueles que o cercam são imorais, é claro que isso pode levar a um péssimo comportamento (Milgram, 1963).
11. Wilson (1993).
12. Hare (1999).
13. Brown (1991).

14. Loehlin (1992).
15. Rillint et al. (2002), tabela 6. Quando o jogo era contra um computador, não havia essa reação cerebral em uma situação de outro modo idêntica.
16. Skyrms (1996). Os macacos capuchinhos também reconhecem o princípio da justiça e, por isso, rejeitam ofertas injustas (Brosnan e de Waal, 2003).
17. Para algumas evidências veja Schwartz (1970) e Lyubomirsky et al. (2004). Contudo, alguns trapaceiros também sobrevivem na luta competitiva. Frank (1988) tem uma boa explicação para como, em equilíbrio, os trapaceiros e honestos podem sobreviver — associando-se a indivíduos como eles próprios. Veja também Fehr e Fischbacher (2003), que mostram como múltiplos equilíbrios são possíveis: se houver pessoas egoístas suficientes, até mesmo as pessoas altruístas se comportarão egoisticamente.
18. Veja, por exemplo, Rabin (1998).
19. Os pombos, podendo escolher entre uma refeição pequena agora e uma grande em quatro segundos, preferem a pequena, disponível imediatamente. Mas podendo escolher entre uma refeição pequena em 10 segundos e uma grande em 14 segundos, preferem a grande, que demora mais a chegar. Veja Ainslie e Hernstein (1981). Há uma vasta literatura econômica que confirma que as pessoas têm maior preferência por consumir "hoje" em vez de "amanhã" do que por consumir "amanhã" em vez de "depois de amanhã".
20. Damasio (1994).
21. Frank (1988), tabela 7.2.
22. Não está claro como a doutrina econômica contribuiu para isso, mas a teoria do problema do agente-principal certamente incentivou o egoísmo de curto prazo nos negócios através de seu impacto nos sistemas de remuneração. Sobre doutrina econômica veja Frank et al. (1996) e Frey e Meier (2002).
23. Becker (1981).
24. Murstein et al. (1977).
25. Clark e Mills (1979).
26. Hornstein et al. (1968). Eu só apresento o resultado quando a pessoa que supostamente encontrou a carteira era nativa. (Esse é um estudo diferente do mencionado na p. 89-90.
27. Além disso, eles nem sempre eram cooperativos dentro do grupo; veja, por exemplo, Edgerton (1992).
28. Keely (1996).
29. World Health Organization, *Young People's Health in Context. Health Behaviour in School-aged Children (HBSC) Study: International report from the 2001/1 survey*, editado por Candace Currie et al., fig. 2.18.
30. Stone (1983), baseado principalmente na evidência de T. R. Gurr.
31. Sherif (1966). O Stanford Prison Experiment apresentou resultados semelhantes.

Capítulo 8: A Felicidade Maior: esse é o objetivo?

1. Veja a p. 301, última nota.

2. Veja Bentham (1789). Os precursores de Bentham incluíram Hutcheson, Helvetius, Beccaria, Priestley e os enciclopedistas. De um modo que confundia, Bentham, como Hutcheson, de vez em quando usava a frase "a maior felicidade do maior número". Mas ele corrigiu explicitamente isso, dizendo que se referia à maior soma total de felicidade (Parekh, 1974, p. 99). Infelizmente, essa frase ambígua sobreviveu na linguagem comum.
3. No Capítulo 2 demos uma explicação evolutiva do motivo pelo qual a busca da felicidade é tão inerente à nossa natureza. Mas isso não significa que o objetivo da política deveria ser a satisfação de nossos desejos desde o começo, porque, em alguns casos, isso reduziria nossa felicidade. Portanto, defendo o cultivo dos bons sentimentos, não a satisfação dos desejos.
4. Ele relaciona, por exemplo, facilidades econômicas, oportunidades sociais, segurança protetora, liberdade política e garantias de transparência; veja Sen (1999), p. 38, e Sen (1992). Em sua opinião, os conflitos entre esses objetivos deveriam ser resolvidos através do processo político. Espero que possam ser empregadas evidências de como atingir esses objetivos influi nos sentimentos das pessoas. Nussbaum (2000) apresenta uma lista mais detalhada de capacidades: vida; saúde física; liberdade física; sentidos, imaginação e pensamento; emoções; razão prática; afiliação; relações com outras espécies e controle do próprio ambiente.
5. Na *Odisséia*, Ulisses e seus homens chegaram à terra dos lotófagos e depois de comer lótus já não queriam voltar. Essa história inspirou o poema "The Lotos-Eaters", de Alfred, Lord Tennyson, em que os homens demonstram que preferem a quietude à labuta.
6. Nozick (1974). Para um bom debate veja Crisp (2003), que também discute as razões evolutivas para freqüentemente considerarmos a realização e a honestidade como valores supremos.
7. Também devo respeitar meus próprios sentimentos, se eles diferirem muito nas duas ações possíveis.
8. Nessa abordagem não estou derivando um "devo" de um "é", porque o "devo" já está ali. Estou aceitando a idéia de ação moral (veja o Capítulo 7) e tentando lhe dar um conteúdo mais preciso.
9. Na Bíblia o princípio de amar ao próximo aparece primeiro em Levítico 19:18 e o princípio de não fazer aos outros o que não desejaria que lhe fizessem em Mateus 7:12.
10. Isso é ilustrado no anexo 8.1 em http://cep.lse.ac.uk/layard/annex.pdf. Começa com toda renda indo para uma pessoa (A) e mostra como ela se comporta e se sente de acordo com o quanto se importa com o bem-estar da outra pessoa (B). Quanto mais A se importa com B, mais dá para B e mais felizes são B *e* A.
11. Veja Smart e Williams (1973) e Sen e Williams (1982).
12. Usado em Mill (1861). Mesmo se *fosse* verdade que você não pode ser feliz tentando diretamente sê-lo, poderia buscar a felicidade indiretamente, realizando coisas e atividades que sabe que são, em última análise, favoráveis à felicidade.

13. Williams indaga isso. Ele dá o seguinte exemplo: suponha que me mostrem vinte índios sul-americanos que serão fuzilados por um oficial do Exército. Mas me garantem que se eu mesmo atirar em um deles, os outros serão poupados. Williams diz que não é óbvio o que eu deveria fazer, porque sou menos responsável pelo que os outros fazem (mesmo se eu posso determiná-lo) do que pelo que eu faço (veja Smart e Williams, 1973, pp. 98-99). Em vez disso, o princípio da Felicidade Maior se concentra em toda a série de conseqüências (o que inclui a ação) em vez de simplesmente na qualidade da ação.
14. Veja Sen (1999).
15. Veja as pp. 70-72.
16. Fogel e Engerman (1974).
17. Veja Layard e Walters (1978), pp. 45-46. Uma questão ainda mais difícil é o modo de valorizar novas vidas e extensões de vidas existentes. Sobre isso veja o anexo 8.2 em http://cep.lse.ac.uk/layard/annex.pdf.
18. Rawls (1971) argumenta que o único critério deveria ser o bem-estar da pessoa em pior situação. Nenhum ganho para outra pessoa poderia pesar mais do que uma perda para ela. Contudo, o conceito de bem-estar que Rawls usa aqui não é o mesmo que felicidade. É o meio externo de alcançar a felicidade — "bens primários" como "direitos, liberdades e oportunidades, renda e riqueza, as bases sociais do amor-próprio". Se as pessoas diferem em seus gostos ou em sua capacidade de ser felizes, isso, na opinião de Rawls, compete a elas.
19. Isso foi demonstrado em uma palestra interessante de Barbara Maugham, do Institute of Psychiatry, na Royal Society Conference, sobre "The Science of Well-being" ("A Ciência do Bem-estar"), realizada nos dias 19-20 de novembro de 2003, em Londres. Ela demonstrou que se os indivíduos são divididos em três grupos de igual tamanho chamados de muito felizes, felizes e infelizes, as características e situações mensuráveis dos infelizes e felizes diferem muito, enquanto a dos felizes e muito felizes diferem bem menos.
20. O bem-estar dos animais também deve ter o mesmo peso. Contudo, nossa capacidade de avaliar os sentimentos deles ainda é muito limitada. Veja Dawkins (2003).
21. Hare (1981), cap. 2 e 3. Por conseguinte, usamos o princípio da Felicidade Maior para criar "regras" e julgar "atos".
22. Warnock (1998), cap. 3.
23. Veja, por exemplo, Frey e Stutzer (2000a).
24. Veja, por exemplo, Singer (1981).
25. Wolpert (2005).
26. Wright (2000) é convincente ao afirmar que as propriedades do universo tornaram provável o eventual surgimento de seres conscientes, capazes de amar.
27. Possíveis exceções são algumas sociedades de caçadores-colhedores (Sahlins, 1972; Biswas-Diener et al., 2003). No estudo mais recente, o total de pontos (de 1 a 7) da satisfação com a vida da tribo maasai foi de em média 5,4, comparado com 5,8 nos Estados Unidos e 5,7 na Grã-Bretanha (World Database of Happi-

ness). Não se deve subestimar o medo, nas sociedades de caçadores-colhedores, associado à bruxaria, à guerra, aos desastres naturais e ao sofrimento com a morte prematura de entes queridos. Veja Edgerton (1992).

28. Bentham nem sempre foi claro a respeito do status filosófico de suas idéias, mas veja Ayer (1948) para uma opinião favorável. Para uma opinião menos favorável veja Parekh (1974). Contudo, algumas das críticas psicológicas de Parekh foram derrubadas por descobertas modernas da psicologia mencionadas no Capítulo 2 (como por exemplo, que a felicidade e a infelicidade se situam em um único *continuum* e que a busca pela sensação boa é um motivador humano geral, obviamente com algumas exceções).

Capítulo 9: Os economistas têm uma pista?

1. Smith (1776), livro 1, cap. 2.
2. Um século atrás Vilfredo Pareto definiu uma situação como eficiente se fosse impossível, devido a alguma mudança, uma pessoa ficar em uma situação melhor sem piorar a situação de outra (Layard e Walters, 1978, p. 7).
3. Veja, por exemplo, Layard e Glaister (1994).
4. Esse é o chamado teste de Hicks-Kaldor (Layard e Walters, 1978, p. 32).
5. Veja as pp. 148-149. Também precisamos levar em conta a expectativa de vida; veja o anexo 8.2 em http://cep.lse.ac.uk/layard/annex.pdf.
6. Veja, por exemplo, Marshall (1890).
7. Em outras palavras, era "cardinal". Veja o anexo 4.3 em http://cep.lse.ac.uk/layard/annex.pdf.
8. Veja, por exemplo, Robbins (1932).
9. Nesse caso a felicidade é "ordinal", não "cardinal". A descoberta foi de Pareto e o conceito mencionado de preferência revelada foi desenvolvido por Samuelson (1948).
10. Nordhaus e Tobin (1973).
11. Para apresentações claras da abordagem psicológica dos três últimos aspectos veja Kahneman (2003a e b).
12. Veja, por exemplo, Mirrlees (1971) — um ensaio muito técnico. Outras figuras-chave foram Tony Atkinson e Joseph Stiglitz; veja Atkinson e Stiglitz (1980). Durante a década de 1970, Amartya Sen se tornou cada vez mais desencantado com a felicidade como um objetivo social (veja o Capítulo 8).
13. Se partirmos de uma redistribuição de renda mais desigual do que ótima, a rapidez com que nos moveremos na direção da ótima a longo prazo será afetada pelo grau de aversão à perda a curto e longo prazo. Veja Layard (1980).
14. Veja, por exemplo, Layard e Walters (1978), p. 323.
15. Arrow e Hurwicz (1977) mostraram como a tomada gradativa de decisões levaria ao ótimo geral, desde que não existissem economias de escala.
16. Para a afirmação mais radical dessa posição veja Becker e Stigler (1977). Para a economia do bem-estar comum não é necessário presumir que os gostos são constantes, mas apenas que não são afetados pela política.

17. Note também que na economia comum os estados de felicidade só podem ser classificados, enquanto a psicologia também avalia as diferenças na intensidade desses estados.
18. Veja o Capítulo, 10, pp. 184-187.
19. Há uma vasta literatura sobre o assim chamado problema do agente-principal. Trata da questão de como alinhar melhor os interesses do agente (por exemplo, o CEO) com os do principal (por exemplo, os acionistas). Contudo, a implementação dessa idéia tem levado a muitos abusos, como os CEOs obterem recompensas imerecidas, e a uma preocupação excessiva com recompensas financeiras.
20. O'Neil (2002).
21. Capítulo 10, pp. 186-189.
22. Nickerson et al. (2003). Entretanto, a evidência usada nesse ensaio sugere que as pessoas que se importam com o dinheiro também ganham mais dele e acabam menos felizes do que as pessoas que não se importam tanto com o dinheiro.
23. Veja o anexo 8.1 em http://cep.lse.ac.uk/layard/annex.pdf.
24. Veja o capítulo 7, nota 22.
25. Veja o início do Capítulo 11.
26. Veja a p. 282, nota 55. O fenômeno da aversão à perda se reflete em uma falha na equação que relaciona a felicidade com a renda. Isso significa que a análise de custo-benefício não pode ser feita satisfatoriamente em unidades de dinheiro para alguém de um nível de renda especificado. No devido tempo, será mais fácil fazê-la em unidades de felicidade.
27. Runciman (1966).
28. Sobre toda essa parte veja Kahneman e Tversky (2000, especialmente o cap.1) e Rabin (1998).
29. Veja o Capítulo 4.
30. Suas preferências entre consumir no ano $T+1$ e ano $T+2$ são diferentes quando vistas do ano T e do ano $T+1$. Sobre esse assim chamado "desconto hiperbólico", que varia com o tempo, veja Rabin (1998, pp. 38-41) e Frederick et al. (2002).
31. Conversa particular em abril de 2001. Ellsberg é um especialista em teoria da decisão.
32. Kahneman e Tversky (2000, p. 652).
33. Alguns governos já mostram sinais de interesse. Para o Reino Unido veja Cabinet Office (2000a e b).

Capítulo 10: Como podemos abrandar a competição insana?

1. De seu poema "Leisure", escrito em 1911.
2. Brammer et al. (1994). Sobre status veja também Marmot (2004) e de Botton (2004).
3. O papel das fêmeas também é importante: elas têm de querer o macaco líder. Isso pode ocorrer porque ele traz mais bananas e porque é líder. Se for pelo segundo motivo, parece natural que as fêmeas humanas, quando liberadas da dependência

dos homens, passem a buscar status diretamente através de seus esforços, em vez de através dos esforços deles.

4. Sobre esse parágrafo veja Marmot (2004). A diferença na expectativa de vida citada a seguir compara graus administrativos/executivos com graus clericais/de apoio e se relaciona com a expectativa de vida aos 40 anos.
5. Em Irvine, *Antipanegyric for Tom Driberg*, 1976.
6. Blanchflower e Oswald (2004). Função da felicidade citada é $H_i = \log Y_i - 0{,}3\log\overline{Y}$, em que H_i é a felicidade, Y_i a renda e $\overline{Y}$ a renda média. Também pode ser escrita $H_i = 0{,}7\log Y_i + 0{,}3\log(Yi/\overline{Y})$, a formulação usada aqui.
7. Os impostos sobre a renda do trabalho diminuem o trabalho, se a arrecadação é gasta de maneira sensata. Então, não há um "efeito de renda" (que tenderia a aumentar o trabalho), mas há um "efeito de substituição" (fora do trabalho).
8. Esse argumento é apresentado há pelo menos cinqüenta anos; veja Duesenberry (1949), cap. 6. Ressurgiu de vários modos em Hirsch (1976), Layard (1980), Boskin e Sheshinski (1978) e numerosos escritos de Frank. Mas não parece ter sido apresentado em nenhum livro didático comum sobre finanças públicas.
9. Outro problema importante é o que os economistas chamam de seleção adversa. Por exemplo, nos escritórios de advocacia de Nova York, os associados trabalham horas demais para provar que estão aptos a ser sócios. Cada qual tem um incentivo para trabalhar mais do que qualquer pessoa: sinalizar seu empenho. Mas a maioria preferiria trabalhar menos horas (ganhando menos) se os outros fizessem o mesmo (Landers et al. 1996, tabela 7). Especialmente nas áreas de direito e finanças, essa sinalização estimula uma cultura de trabalho machista.
10. Veja o Capítulo 4, nota 20, para definições de vício. Note que, sob esse aspecto, fumar vicia muito menos do que o álcool ou as drogas.
11. Frank (1999), cap. 6.
12. Sobre esse parágrafo veja Loewenstein e Schkade (1999), p. 90.
13. Usando a equação da felicidade do capítulo 4, nota 20: $H_t = f(c_t - \lambda c_{t-1})$. Quanto maior c_{t-1}, maior deve ser c_t para produzir determinado H_t. O "logaritmo do consumo necessário" é λc_{t-1}.
14. Gruber e Mullainathan (2002).
15. Mesmo se o sistema de tributação for, em termos gerais, distorcedor, é menos do que seria se não incluísse um elemento corretivo.
16. Suponha que eu ganho 1 dólar a mais do que n pessoas. Segundo a nota 6, minha felicidade aumenta cerca de $1/Y_i$. A felicidade da outra pessoa normalmente cai cerca de $0{,}3/\overline{Y}n$ e a felicidade combinada de todas as pessoas cai $0{,}3/\overline{Y}$. Se $\overline{Y}_i = \overline{Y}$, esse prejuízo externo é de 30% do que eu ganho.
17. Se levássemos os números a sério, eles poderiam justificar, tendo como base a eficiência, uma taxa de, digamos, 60% da renda adicional (30% mais três quartos de 40%). Essa é uma típica alíquota de imposto marginal na Europa, após serem consideradas todas as taxas e contribuições sobre a renda e os gastos. Veja Collier (2004), tabela 1, que mostra uma alíquota de imposto marginal de 60% na Europa (média dos países) e de 40% nos Estados Unidos. As alíquotas médias são mais baixas: a participação do PNB em todos os impostos é de 43% na

área européia, 38% na Grã-Bretanha, 30% no Japão e 29% nos Estados Unidos — o motivo principal para os baixos impostos nos EUA sendo o financiamento privado de grande parte do sistema de saúde (OEDC), *Economic Outlook*, nº. 72, p. 207).

No texto, apresento a discussão em termos de imposto sobre a renda, conhecido de todos os leitores. Mas é sempre mais eficiente taxar o gasto do que taxar a renda, porque taxar a renda significa taxar duas vezes a poupança: primeiro quando a renda poupada é recebida e depois quando a poupança produz mais renda. Portanto, isso distorce a escolha entre o gasto presente e futuro. Contudo, a despeito de Frank (1999) e Loewenstein et al. (2003), o vício não contribui significativamente para os argumentos a favor de taxar o gasto em vez de taxar a renda. O problema principal com o vício é seu efeito na escolha trabalho-lazer, em vez de nas decisões de poupar (veja Layard, 2005).

18. Sennet (2003).
19. Fernie e Metcalf (1999).
20. Locke et al. (1981).
21. Nickell (1995), pp. 91-96.
22. Blanchflower e Oswald (2000), tabela 19. Como mostra a tabela 7 deles, a satisfação com o trabalho na Grã-Bretanha diminuiu entre 1991 e 1997 no setor público, mas não no privado.
23. Titmuss (1970) mostrou que o suprimento de sangue era melhor e mais seguro na Grã-Bretanha, onde era fornecido de graça, do que nos Estados Unidos, onde era, em grande parte, pago.
24. Gneezy e Rustichini (2000).
25. Deci e Ryan (1985).
26. Frey e Oberholzer-Gee (1997).
27. Frey e Jegen (2001).
28. Poderia-se expressar o argumento precedente assim:
    $\text{Felicidade}_i = f(\text{Lazer}_i, \text{Consumo valorizado}_i) + \alpha \text{ Posição}_i + \beta \text{ Produção}_i$
    No nível de toda sociedade a Posição Σ é constante, por isso queremos que α seja o menor possível, caso contrário a busca por posição levará à redução inútil do lazer. Contrastantemente, queremos que β seja a maior possível, para que as pessoas trabalhem para gerá-la (assim como para serem pagas) e obtenham felicidade direta fazendo isso.
29. Para a definição exata da lei veja www.konsumentverket.se.
30. Uma visão infelizmente popularizada por Galbraith (1958).
31. Rayo e Becker (2004).
32. Por exemplo, nos últimos anos a taxa de suicídios na Suécia foi a mesma que na Alemanha Ocidental e mais baixa do que na França (Helliwell, 2003b, figura 2).
33. World Health Organization, *Young People' Health in Context. Health Behaviour in School-aged Children (HBSC) Study: International report from the 2001/2 survey*, editado por Candace Currie et al., figura 2.18.
34. Gavron et al. (1998).
35. Keynes (1930).

Capítulo 11: Podemos nos dar ao luxo de nos sentirmos seguros?

1. Citado em *Observer*, 3 de outubro de 1971.
2. Kahneman e Tversky (2000), p. 58.
3. Kahneman et al. (1990).
4. Veja o anexo 4.1 em http://cep.lse.ac.uk/layard/annex.pdf.
5. A abordagem econômica mais comum da aversão ao risco é internamente inconsistente. Presume (i) que o indivíduo maximiza a utilidade que pode esperar, após levar em conta as várias probabilidades de diferentes eventos externos e (ii) que ele tem uma função estável que relaciona a utilidade com a riqueza, o que demonstra utilidade marginal decrescente da riqueza. Mas, como mostrou Rabin (2000), essa função não pode explicar por que as pessoas são avessas tanto a pequenos riscos quanto a riscos maiores. Contudo, esses dois conjuntos de fatos poderiam ser explicados em termos da utilidade esperada se a função que relaciona a utilidade com a riqueza apresentasse um desvio (ou quase desvio) na riqueza atual, sugerindo que a função muda quando a riqueza muda.
6. Veja Krugman (1966). O mesmo vale para o típico cidadão do Terceiro Mundo, apesar do fato de que os compradores de produtos agrícolas do Terceiro Mundo teriam lucrado mais se houvesse menos proteção agrícola na Europa e nos Estados Unidos (isto é, *mais* globalização). No Ocidente, os trabalhadores não-especializados perderam um pouco com a globalização, mas foram em grande parte protegidos dela pelo aumento dos serviços nacionais não-comercializáveis (veja Katz e Autor, 1999, pp. 1536-37).
7. Para a União Européia, a participação no PNB negociada com outros países não aumentou nos últimos vinte anos. O mesmo vale para o Japão. Para os Estados Unidos, a participação das exportações foi estável, mas a das importações aumentou (*EU, European Economy*, 2003, nº.4, Annex). Em geral, a produção de bens comercializados internacionalmente aumentou mais rápido em termos de volume do que o PNB, mas seus preços caíram em relação aos não comercializados internacionalmente.
8. Davis e Haltiwanger (1999, pp. 2735-37).
9. *EU, European Economy*, 2003, nº. 4, p. 163. Para o próximo conjunto de números sobre a participação não salarial no PNB veja a p. 197.
10. Se a taxa de câmbio é flexível, é o principal mecanismo de ajuste que mantém a competitividade. Se é fixa, o nível de preços se ajusta, embora isso possa envolver um desemprego extra temporário.
11. Lucas (2003). É digno de nota o argumento de Lucas de que a completa eliminação de todas as flutuações econômicas só aumentaria a felicidade na mesma proporção de um aumento de 0,05% no consumo pessoal. Nessa avaliação ele não considera a evidência sobre a aversão à perda ou o trabalho de qualquer psicólogo.
12. Veja, por exemplo, Layard et al. (1991), Nickell e Layard (1999) e Layard (1999a, 2003a).

13. Sobre isso e os parágrafos a seguir, veja Layard (2003a) e de Koning et al. (2004).
14. *EU, European Economy*, 2003, nº. 4, pp. 108-9.
15. Bentolila e Bertola (1990), Bertola (1994) e Nickell e Layard (1999).
16. Veja o anexo 4.2 em http://cep.lse.ac.uk/layard/annex.pdf.
17. Moser Working Group (1999). Dados baseados no International Adult Literacy Survey (IALS).
18. Steedman (2000).
19. Layard (2003b).
20. Para os Estados Unidos, veja Current Population Survey; para a Grã-Bretanha, veja Gregg e Wadsworth (2002), tabela 1. Em média o período de trabalho incompleto é de cerca de 3,75 anos nos Estados Unidos e 5 anos na Grã-Bretanha. Normalmene, metade do período é cumprida.
21. Lykken (2001).
22. Veja Levitt (2004), tabela 5, levando em conta o fato de que o crime contra a propriedade é a maior categoria de crime. Veja também Donohue e Levitt (2001).
23. Em 1999, em Lisboa, os líderes da UE estabeleceram a meta de que, no mínimo, 70% dos homens e das mulheres de 15 a 64 anos deveriam estar empregados em 2010, em comparação com 63% em 1999. O principal objetivo era desestimular as pessoas em idade para trabalhar a viver de benefícios do Estado. Porém, infelizmente, a meta não identificou especificamente esse grupo.
24. Waldfogel (2002).
25. Huppert (2003).
26. Veja Young e Wilmott (1957).
27. Glaeser e DiPasquale (1999), Sampson et al. (1997).
28. Sampson e Groves (1989).
29. Halpern (2001), tabela 5. Veja também Halpern (2005).
30. Sobre dados interárea dos Estados Unidos, veja Alesina e La Ferrara (2000). Sobre dados do Canadá, Soroka et al. (2003) mostram que as pessoas confiam muito menos umas nas outras onde a mobilidade é mais alta e a densidade populacional é maior. Sobre dados de todo o país veja Knack e Keefer (1997, tabela VII), embora La Porta et al. (1997, p. 337) mostrem pouca relação bivariada entre confiança e diversidade etnolingüística. No nível experimental, os estudantes de Harvard tendem menos a se comportar de um modo confiante e confiável em relação a pessoas de outras nacionalidades ou outros grupos étnicos (Glaeser et al., 2000).
31. Sampson et al. (1997). Nós podemos dizer que a causa é passar da mobilidade para a violência, porque a estabilidade residencial também prediz os tipos de solidariedade da comunidade que conduzem à baixa violência.
32. Halpern e Nazroo (2000), Faris e Dunham (1939). Índices notavelmente altos de doença mental foram encontrados entre afro-caribenhos vivendo na Inglaterra, em comparação com afro-caribenhos vivendo no Caribe (James, 1998).
33. No Canadá, descobriu-se que os imigrantes tendem menos a confiar uns nos outros do que os nativos (Soroka et al., 2003), mas seus níveis de confiança são similares aos de seu país de origem. Veja também Rice e Feldman (1977) sobre imigrantes para os Estados Unidos.

34. Veja Layard et al. (1992). Em geral, a imigração deixa o índice de desemprego inalterado, mas aumenta o emprego total e a produção. A imigração de pessoas não qualificadas prejudica os cidadãos não qualificados existentes e beneficia o resto.
35. Halpern (1995), p. 207.
36. Michalos (2004).
37. UK National Child Development Study. Esse é um estudo de acompanhamento de todas as crianças nascidas em uma semana de março de 1958. Nós analisamos os dados de 1991, quando elas tinham 33 anos. A felicidade (*H*) é medida convertendo-se as quatro possíveis respostas em uma escala de 4 pontos (1-4). A renda (*Y*) é medida através do logaritmo da renda familiar por adulto. O mal-estar (*M*) é medido por um índice de incidência baseado em 24 indicadores Sim/Não. Se fizermos uma regressão múltipla (com coeficientes beta) para "explicar" a felicidade, teremos $H = -0{,}28M + 0{,}08Y$ e mais uma equação auxiliar $M = -0{,}21Y$. Mesmo se substituirmos a equação auxiliar na equação principal, essa análise sugere que o "mal-estar" é muito mais importante do que a renda. É claro que esse não é um modelo realmente causal, porque alguns dos indicadores do mal-estar são componentes diretos da felicidade. Mas, dada a enorme diferença nos coeficientes, a afirmação no texto parece correta.
38. Organização Mundial da Saúde (2002). Years lost to disability (YLD). Disponível no web site da Organização. Os números são muito parecidos nos Estados Unidos e na Europa Ocidental. Por isso, não há necessidade de mostrá-los separadamente.
39. www.who.org. Os dados se relacionam com a incidência de incapacidade. O grau de incapacidade para cada doença é avaliado por um grupo de médicos especialistas credenciados (em uma escala de 0 a 1). Então, a WHO soma os pontos de incapacidade e analisa quais doenças estão contribuindo, e o, quanto, para a incidência total da incapacidade. Os resultados são muito parecidos com os dos Estados Unidos e da União Européia.
40. As incidências anuais nos Estados Unidos são do Department of Health and Human Services (doravante abreviado DHHS, 1999), p. 47. As incidências durante toda a vida é do WHO International Consortium (2000), tabela 3, adequadamente reduzidas. Os dados excluem quem sofre apenas de dependência de álcool e drogas ou doença de Alzheimer. Os dados se baseiam no 1982 Epidemiologic Catchment Area Study e no 1990-92 National Co-Morbidity Study. As condições englobam (com suas incidências anuais) a esquizofrenia (1%), o transtorno bipolar (1%), a depressão grave (5%) e desordens da ansiedade (13%, inclusive ansiedade generalizada, ataques de pânico, fobias e desordem obsessiva-compulsiva). Os resultados dos Estados Unidos são compatíveis com o recente WHO World Mental Health Survey Consortium (2004), que cobre os Estados Unidos e 14 outros países.

    Para a Grã-Bretanha, os dados sobre os números de pessoas que sofrem de desordem mental em determinado ponto no tempo estão em ONS (2001), tabela 2.7. Em qualquer momento, a proporção é de 16%, incluindo 3% com um episódio de depressão grave e 9% com uma mistura um pouco menos grave de ansiedade e depressão.

Para um resumo dos números totais em diferentes países veja o anexo 11.1 em http://cep.lse.ac.uk/layard/annex.pdf, tabela A.

41. As fontes deste parágrafo são Craighead et al. (2002, tabelas 10.1 e 10.2), Hollon e Beck (2004, figuras 10.1 e 10.2), DHHS (1999, cap. 4) e o Department of Health (2001). A proporção das pessoas que se recuperam após quatro meses do diagnóstico é de cerca de 60% das "tratadas", 30% das que recebem placebo e um número menor das que se recuperariam espontaneamente.
    Mesmo na depressão grave, as drogas e a terapia parecem ser igualmente eficazes. Às vezes, a combinação das duas pode ajudar, mas geralmente não é melhor do que uma ou outra isoladamente. O que faz sentido é experimentar uma e, se não der certo, passar para a outra.
    Toda essa evidência provém de experiências controladas com profissionais bem treinados. Há poucas boas evidências sobre resultados no "campo".
42. Por volta de mil a 2 mil libras.
43. Sobre esse parágrafo veja o anexo 11.1 em http://cep.lse.ac.uk/layard/annex.pdf, tabela B. Somente nos casos de esquizofrenia e transtorno bipolar a maioria é tratada.
44. Em 2000, 6% de todos os adultos na Grã-Bretanha estavam sendo tratados com medicação para problemas mentais ou emocionais (ONS, 2001, tabela 5.2).
45. www.who.org; veja também World Health Organization (2002).
46. Para os Estados Unidos, veja DHHS (1999), capítulo 6; para a Grã-Bretanha, veja o Department of Health, Hospital and Community Health Services Programme Budget.
47. Isso se refere às pesquisas custeadas pelo governo. Nos Estados Unidos, o National Institute of Mental Health recebe 5% da verba dos National Institutes of Health. No Reino Unido, 5% da verba do UK Medical Research Council vão para a saúde mental.
48. De "Table Talk".

Capítulo 12: A mente pode controlar o humor?

1. Veja, por exemplo, Davidson et al. (2003), fig. 2. O efeito do curso é o de elevar alguém que estava inicialmente no qüinquagésimo percentil de felicidade para o septuagésimo.
2. Veja referências em Davidson et al. (2003).
3. Elbert et al. (1995). De igual modo, os motoristas de táxi fortalecem a parte do cérebro ligada à navegação espacial (Maguire et al., 2000).
4. Veja Dalai Lama e Cutler (1998) e, para mais detalhes sobre métodos de disciplina mental, Dalai Lama (2001).
5. Veja o Capítulo 2.
6. Thich Nhat Hanh (2001).
7. Davidson et al. (1990).
8. Goleman (2003), p. 284.
9. Também é verdade que algumas pessoas podem ser muito felizes sendo um pouco egoístas. Samuel Pepys registra sentimentos bastante agradáveis durante a peste

negra, quando ele estava atarefado no trabalho, ascendendo rapidamente e flertando (Tomalin 2002).

10. Gottman (1994).
11. Dito em seu leito de morte para seu discípulo Ananda (*Mahaparinibbana Sutta*).
12. No islamismo, a principal tradição mística é a dos sufis.
13. Para uma interpretação moderna dos *Exercícios espirituais* de Santo Inácio, veja Hughes (1985).
14. Citado em Farrow (1984).
15. Veja, por exemplo, Gorman (1973).
16. A redação do primeiro passo é a modificada usada pelo grupo Emocionais Anônimos. Eles substituem a palavra "álcool" por "nossas emoções". Para um bom guia para os Doze Passos veja Phillip (1990).
17. Quaisquer que fossem os motivos, não houve nenhuma experiência controlada da psicanálise (Roth e Fonagy, 1996). Experiências controladas de *debriefing* após acidentes mostram resultados negativos, embora, é claro, as vítimas de acidentes que desenvolvem sintomas possam ser ajudadas por terapia cognitiva que inclui um bem concentrado revivescimento do passado (Clark e Ehlers, 2005).
18. Citado por James (1998).
19. Veja o Capítulo 11, nota 41; veja também Seligman (1994).
20. Veja Seligman (2002), pp. 69, 211.
21. Pode ser demonstrado que as pessoas deprimidas são capazes de fazer previsões mais exatas do que as não deprimidas e excessivamente otimistas. Isso é chamado de "realismo depressivo". Mas (i) a previsão depressiva freqüentemente é uma profecia auto-realizável e (ii) o otimismo excessivo freqüentemente aumenta a chance de sucesso. Sobre o valor do otimismo, veja Frederickson (1998) e Frederickson et al. (2000). Contudo, em algumas áreas, o otimismo excessivo não funciona bem — como, por exemplo, a da especulação financeira.
22. Nesse (1999, 2000).
23. Seligman (2002). Seu livro apresenta técnicas para identificar pontos fortes.
24. Veja Schwartz et al. (2002), para este parágrafo e o próximo. Isso não significa que o ideal benthamiana da máxima felicidade máxima está errado, mas realmente revela como obtê-la.
25. Veja Thich Nhat (1975). A observação de Tolstoi está no conto "Three Questions".
26. *The Pisan Cantos.*
27. Wilson (1993).
28. Veja Greenberg et al. (2000) e a edição especial de *American Psychologist*, 2003, ed. 6-7, jun./jul., pp. 452-90. Veja também o cap. 11 em Goleman (2003), que descreve em alguns detalhes o programa PATHS (Promoting Alternative Thinking Strategies), de Greenberg, para crianças de 6 a 7 anos.
29. Goleman (1996).
30. Ela não é regulamentar, mas desde 1999 a "cidadania" se tornou regulamentar para jovens de 11 a 16 anos.
31. Evans (2003) e Humphrey (2002), cap. 19.

Capítulo 13: Medicamentos ajudam?

1. Em *Pentimento*, de Lillian Hellman.
2. As principais fontes para este capítulo são Barondes (1999) e Snyder (1996).
3. Para fontes veja o Capítulo 11, nota 40. Há controvérsias sobre se o transtorno bipolar deve ser classificado como um distúrbio da ansiedade.
4. A definição mais comum usada hoje em dia é a da American Psychiatric Association no sistema de classificação conhecido como DSMIV (significando a quarta edição do *Diagnostic and Statistical Manual* de distúrbios mentais): um episódio de depressão grave ocorre quando, por pelo menos duas semanas, há "humor deprimido e perda de interesse ou prazer em quase todas as atividades". Além disso, pelo menos cinco das condições a seguir devem estar presentes nas duas últimas semanas: humor deprimido durante a maior parte do dia; diminuição do interesse ou prazer; perda ou ganho de peso significativo; insônia ou excesso de sono; diminuição do controle dos movimentos do corpo; fadiga; sentimentos de inutilidade ou culpa; incapacidade de pensar ou se concentrar; pensamentos em morte ou suicídio.

   Uma depressão menos grave ocorre quando, na maioria dos dias nas últimas duas semanas, houve humor deprimido e pelo menos duas das condições a seguir: perda ou excesso de apetite; muito ou pouco sono; fadiga ou perda de energia; pouca auto-estima; pouca concentração ou incapacidade de tomar decisões; sentimentos de desesperança.
5. Citado em Jamison (1993), p. 19, que também cita muitos deprimidos famosos. Para outras descrições da depressão feitas por pessoas que a tiveram veja Styron (1991), Solomon (2001) e Wolpert (1999). O livro de Wolper é uma boa introdução geral à depressão e ao seu tratamento.
6. Um estudo do National Institute of Mental Health, em 2002, descobriu que, nos 13 anos anteriores, uma amostra de bipolares passara cerca de 40% do tempo em fases de depressão, cerca de 5% em fases de mania, 10% em uma mistura das duas e o resto do tempo normais.
7. Peters (1998). Os eventos-chave foram em 1767-68.
8. Laing (1960).
9. Gottesman (1991). Isso se refere ter esquizofrenia em qualquer momento da vida.
10. Para os Estados Unidos, veja o DHHS; para a Grã-Bretanha, veja o Department of Health, *Health and Personal Services Statistics.* Essas reduções também se deveram ao progresso da psicoterapia, à rejeição pública aos manicômios e ao desejo de economizar dinheiro. Dadas as falhas no "atendimento à comunidade", podem ter sido exageradas.
11. Citado em Barondes (1999).
12. Barondes (1999).
13. O número de conexões possíveis é, em cada caso, da ordem de 10^{15}.
14. O Prozac reduz a reabsorção de serotonina no neurônio pré-sináptico. Portanto, é um inibidor seletivo de reabsorção de serotonina (SSRI, de *selective serotonin reuptake inhibitor*). Também é conhecido como 5-HT.

15. A cocaína inibe a reabsorção de dopamina, enquanto a anfetamina desloca a dopamina das vesículas no neurônio pré-sináptico. O ecstasy (MDMA) também aumenta o fornecimento de dopamina e serotonina.
16. As pessoas observadoras notarão que eu não discuti como o lítio funciona nem drogas psicodélicas como a mescalina e o LSD. Não o fiz porque sua ação ainda não é bem compreendida.
17. Kramer (1993).
18. Post (1994). Contratastantemente, os cientistas, estadistas, pensadores e compositores se assemelhavam à população em geral. Sobre esse tema veja também Storr (1972) e Jamison (1993).
19. Há algumas exceções óbvias, como Gerard Manley Hopkins.
20. Veja Jamison (1993), pp. 61-89 e 241-51, para este e os dois parágrafos a seguir.
21. Schou (1979) e Marshall et al. (1970). Veja também Frederickson (1998) e Frederickson et al. (2000).
22. Veja Richards et al. (1988). Os parentes são de primeiro grau, como os irmãos. Veja também Nettle (2001), pp. 149-51 e 173-86, que argumenta que esses genes sobreviveram com porque as mulheres acham a criatividade atraente.

Capítulo 14: Conclusões para o mundo atual

1. Veja o Capítulo 3.
2. Relaciono algumas questões de pesquisa não resolvidas no anexo 14.1 e apresento leituras selecionadas (capítulo por capítulo) no anexo 14.2 em http://cep.lse.ac.uk/layard/annex.pdf.
3. Veja o Capítulo 2.
4. Veja o Capítulo 2.
5. Veja o Capítulo 8.
6. Veja o Capítulo 8.
7. Veja o Capítulo 5.
8. Veja os Capítulos 5 e 10.
9. Veja o Capítulo 11.
10. Veja os Capítulos 4 e 10.
11. Veja os Capítulos 4 e 10.
12. Veja os Capítulos 4 e 10.
13. Veja o Capítulo 12.
14. Veja os Capítulos 11 e 13 e o Capítulo 8, nota 20.
15. Veja os Capítulos 9, 10 e 11.
16. As versões populares do darwinismo (ao contrário do próprio Darwin) ignoram a importância da cooperação humana. A versão popular de Smith ignora sua análise paralela da importância da solidariedade humana (Smith, 1759).
17. Veja especialmente os Capítulos 10, 11 e 12.
18. www.oecd.org. Os números se referem ao auxílio ao desenvolvimento internacional como uma porcentagem do PNB em 2002.

19. Discutir as políticas necessárias está além do alcance deste livro, mas veja Tarp (2000).
20. Veja, por exemplo, Mill (1861). Mas os do outro lado incluem Sócrates, que acreditava na "vida examinada", Csikszentmihalyi (1990) e o Dalai Lama (2001).
21. Mas veja o Capítulo 8, nota 27.
22. Escrito em 22 de junho de 1830 e descoberto no álbum de aniversário da garota. Citado em B. Parekh (ed.), *Jeremy Bentham, Critical Assessments*, vol. I, pp. xvii.

Referências bibliográficas

Uma lista de leituras selecionadas aparece como um anexo em http://cep.lse.ac.uk/layard/annex.pdf.

ACADEMY OF MEDICAL SCIENCES. *Calling Time. The Nation's Drinking as a Major Health Issue.* Londres, 2004.

AINSLIE, G.; HERRNSTEIN, R. "Preference reversal and delayed reinforcement", 1981. *Animal Learning and Behaviour,* 9, pp. 476-82, 1981.

ALESINA, A.; DI TELLA, R.; MACCULLOCH, R. "Inequality and happiness: Are Europeans and Americans different?", Harvard, Institute of Economic Research Discussion Paper No. 1938, 2003.

ALESINA, A.; GLAESER, E.; SACERDOTE, B. "Why doesn't the United States have a European-style welfare state?", *Brookings Papers on Economic Activity,* Fall, pp. 187-277, 2001.

ALESINA, A.; LA FERRARA, E. "Participation in heterogeneous communities", *Quarterly Journal of Economics,* 115, pp. 847-904, 2000.

AMATO, P.; LOOMIS, L.; BOOTH, A. "Parental divorce, marital conflict, and offspring well-being during early adulthood", *Social Forces,* 73, pp. 895-915, 1995.

ANISMAN, H.; ZAHARIA, M.; MEANEY, M.; MERALI, Z. "Do early-life events permanently alter behavioural and hormonal responses to stressors?", *International Journal of Developmental Neuroscience,* 16, pp. 149-64, 1998.

ARROW, K.; HURWICZ, L. "Decentralization and computation in resource allocation", em K. Arrow e L. Hurwicz (eds.), *Studies in Resource Allocation Processes.* Cambridge: Cambridge University Press, 1977.

ASHENFELTER, O.; LAYARD, R. "Incomes policy and wage differentials", *Economica,* 198, pp. 127-43, 1983.

ATKINSON, A.; STIGLITZ, J. *Lectures in Public Economics.* Londres: McGraw-Hill, 1980.

AXELROD, R. *The Evolution of Cooperation.* Nova York: Basic Books, 1984.

AYER, A. "The principle of utility", em G. Keeton e G. Schwarzenberger (eds.), *Jeremy Bentham and The Law: A Symposium.* Londres: Stephens and Sons, 1948.

BADCOCK, C. *Evolutionary Psychology.* Londres: Polity Press, 2000.

BARGH, J.; CHARTRAND, T. "The unbearable automaticity of being", *American Psychologist,* 54, pp. 462-79, 1999.

BARONDES, S. *Molecules and Mental Illness.* Nova York: Scientific American Library, 1999.

BECKER, G. *A Treatise on the family.* Cambridge, MA: Harvard University Press, 1981.

BECKER, G.; STIGLER, G. "De gustibus non est disputandum", *American Economic Review,* 67, pp. 76-90, 1977.

BELK, R.; POLLAY, R. "Images of ourselves: The good life in twentieth-century advertising", *Journal of Consumer Research,* 11, pp. 887-97, 1985.

BENTHAM, J. *An Introduction to the Principles of Morals and Legislation,* ed. 1996 de J. H. Burns e H. L. A. Hart. Oxford: Clarendon Press, 1789.

BENTOLIA, S.; BERTOLA, G. "Firing costs and labour demand: How bad is eurosclerosis?", *Review of Economic Studies,* 57, pp. 381-402, 1990.

BERTOLA, G. "Flexibility, investment and growth", *Journal of Monetary Economics,* 34, pp. 215-38, 1994.

BEWLEY, T. *Why Wages Don't Fall in a Recession.* Cambridge, MA: Harvard University Press, 1999.

BISWAS-DIENER, R.; VITTERSO, J:; DIENER, E. "Most people are pretty happy but there is cultural variation: The Inughuit, the Amish and the Maasai", University of Illinois, mimeo, 2003.

BLANCHFLOWER, D; OSWALD, A. "Well-being, insecurity and the decline of American job satisfaction", Natural Bureau of Economic Research, 1999.

———. "Is the UK moving up the international well-being rankings?", Warwick University, mimeo, 2000.

———. "Well-being over time in Britain and the U.S.A", *Journal of Public Economics,* 88, pp. 1359-86, 2004.

BLOMQUIST, G.; BERGER, N.; HOEHN, J. "New estimates of quality of life in urban areas", *American Economic Review,* 78, pp. 89-107, 1988.

BOHMAN, M. "Predisposition to criminality: Swedish adoption studies in restrospec", em G. Bock e J. Goode (eds.), *Genetics of Criminal and Antisocial Behaviour,* CIBA Foundation Symposium 194. Chichester, Reino Unido: John Wiley, 1995.

BOSKIN, M.; SHESHINSKI, E. "Optimal redistribuitive taxation when individual welfare depends on relative income", *Quarterly Journal of Economics,* 92, pp. 589-601, 1978.

BRAITHWAITE, J. *Crime, Shame and Reintegration.* Cambridge: Cambridge University Press, 1989.

BRAMMER, G.; RALEIGH, M.; MCGUIRE, M. "Neutrotransmitters and social status", em L. Ellis (ed.), *Social Stratification and Socioeconomic Inequality*, v. 2. Westport, CT: Greenwood, 1994.

BRICKMAN, P.; COATES, D.; JANOFF-BULMAN, R. Lottery winners and accident victims: Is happiness relative? *Journal of Personality and Social Psychology*, 36, pp. 917-27, 1978.

BRIEF, A.; BUTCHER, A.; GEORGE, J.; LINK, K. Integrating bottom-up and top-down theories of subjective well-being: The case of health. *Journal of Personality and Social Psychology*, 64, pp. 646-53, 1993.

BROSNAN, S.; DE WAAL, F. Monkeys reject unequal pay. *Nature*, 425, pp. 297-99, 2003.

BROWN, D. *Human Universals*. Nova York: McGraw Hill, 1991.

CABANAC, M. Pleasure: The common currency. *Journal of Theoretical Biology*, 155, pp. 173-200, 1992.

CABINET OFFICE, Reino Unido. *Social Capital. A Discussion Paper*. Londres, 2002a.

———. *Life Satisfaction. The State of Knowledge and Implications for Government*. Londres, 2002b.

———. *Alcohol Harm Reduction Strategy for England*. Londres, 2004.

CADORET, R.; YATES, W.; TROUGHTON, E.; WOODWORTH, G; STEWART, M. Genetic-environmental interaction in the genesis of aggressivity and conduct disorders. *Archives of General Psychiatry*, 52, pp. 916-24, 1995.

CAMPBELL, A.; CONVERSE, P.; RODGERS, W. *The Quality of American Life*. Nova York: Sage, 1976.

CASPI, A.; MCCLAY, J.; MOFFITT, T.; MILL, J.; MARTIN, J.; CRAIG, I.; TAYLOR, A.; POULTON, R. Role of genotype in the cycle of violence in maltreated children. *Science*, 297, pp. 851-54, 2002.

CASPI, A.; MOFFIT, T.; MORGAN, J.; RUTTER, M.; TAYLOR, A.; ARSENEAULT, T.; TULLY, L.; JACOBS, C.; KIM-CO-

HEN, J.; POLO-TOMAS, M. Maternal expressed emotion predicts children's antisocial behavior problems: Using monozygotic-twin differences to identify environmental effects on behavioral development. *Developmental Psychology*, 40, pp. 149-61, 2004.

CASPI, A.; SUGDEN, K.; MOFFITT, T.; TAYLOR, A.; CRAIG, I.; HARRINGTON, H.; MCCLAY, J.; MILL, J.; MARTIN, J.; BRAITHWAITE, A.; POULTON, R. Influence of life stress on depression: Moderation by a polymorphism in the 5-HTT gene. *Science*, 301, pp. 386-89, 2003.

CHARLTON, T.; GUNTER, B.; HANNAN, A. *Broadcast Television Effects in a Remote Community*. Mahwah, NJ: Lawrence Erlbaum Associates, 2002.

CHERLIN, A.; CHASE-LANSDALE, P.; MCRAE, C. Effects of parental divorce on mental health throughout the life course. *American Sociological Review*, 63, pp. 239-40, 1998.

CLARK, A. E. Job satisfaction in Britain. *British Journal of Industrial Relations*, 34, pp. 189-217, 1996a.

———. L'utilité est-elle relative? Analyse a l'aide de données sur les menages. *Economie et Provision*, 121, pp. 151-64, 1996b.

———. What really matters in a job? Hedonic measurement using quit data. *Labour Economics*, 8, pp. 223-42, 2001.

———. Born to be mild: Cohort effects in subjective well-being. CNRS Working Paper, 2002a.

———. A note on unhappiness and unemployment duration. CNRS e DELTA, mimeo, 2002b.

———. Unemployment as a social norm: Psychological evidence from panel data. *Journal of Labor Economics*, 21, pp. 323-51, 2003a.

———. Inequality-aversion and income mobility: A direct test. CNRS e DELTA Working Paper No. 2003-11, 2003b.

CLARK, A. E.; DIENER, E.; GEORGELLIS, Y.; LUCAS, R. Lags and leads in life satisfaction: A rest of the baseline hypothesis. CNRS e DELTA-Fédération Jourdan, 2003.

CLARK, A. E.; GEORGELLIS, Y.; SANFEY, P. Scarring: The psychological impact of past unemployment. *Economica,* 68, pp. 221-41, 2001.

CLARK, A. E.; OSWALD, A. Satisfaction and comparison income. *Journal of Public Economics,* 61, pp. 359-81, 1996.

CLARK, D.; EHLERS, A. *Being There: Putting Brain, Body and World Together Again.* Cambridge, MA: MITPress, 1997.

CLARK, D.; EHLERS, A. Posttraumatic stress disorder: From cognitive theory to therapy, disponível em R. Leahy e D. Fazzari (eds.), *New Advances in Cognitive Therapy.* Nova York: Guilford Press, 2005.

CLARK M.; MILLS, J. Interpersonal attraction in exchange and communal relationships. *Journal of Personality and Social Psychology,* 37, pp. 12-24, 1979.

CLARKE, L.; BERRINGTON, A. Socio-demographic predictors of divorce, em J. Simons (ed.), *High Divorce Rates: The State of the Evidence on Reasons and Remedies.* Londres: Lord Chancellor's Department, 1999.

CLOW, A.; LAMBERT, S.; EVANS, P.; HUCKLEBRIDGE, F; HIGUCHI, K. An investigation into asymmetrical cortical regulation of salivary S-IgA in conscious man using transcranial magnetic stimulation. *International Journal of Psychophysiology,* 47, pp. 57-64, 2003.

COGHILL, R.; MCHAFFIE, J.; YEN, Y-F. Neural correlates of interindividual differences in the subjective experience of pain. *PNAS,* 100, 8538-42, 2003.

COLLIER, I. Can Gerhard Schroeder do it? Prospects for fundamental reform of the German economy and a return to high employment. IZA Discussion Paper No. 1059, 2004.

COLLINS, W.; MACCOBY, E.; STEINBERG, L.; HETHERINGTON, E.; BORNSTEIN. M. Contemporary research on parenting: The case for nature and nurture. *American Psychologist*, 55, pp. 218-32, 2000.

CRAIGHEAD, W.; HART, A.; CRAIGHEAD, L.; ILARDI, S. Psychosocial treatments for major depressive disorder, em P. Nathan e J. Gorman (eds.), *A Guide to Treatments That Work*. Nova York: Harper and Row, 2002.

CRISP, R.; "Hedonism reconsidered", University of Oxford, mimeo, 2003.

CUTLER, D.; GLAESER, E.; NORBERG, K. Explaining the rise in youth suicide. NBER Working Paper 7713, 2000.

DALAI LAMA. *An Open Heart: Practising Compassion in Everyday Life*. Nova York: Little, Brown, 2001.

DALAI LAMA; CUTLER, H. *The Art of Happiness. A Handbook for Living*. Nova York: Penguin Putnam, 1998.

DALAS LAMA. *A arte da felicidade, um manual para a vida*. Martins Fontes.

DAMASIO, A. *Descartes' Error: Emotion, Reason and the Human Brain*. Nova York: HarperCollins, 1994.

DANNER, D.; SNOWDEN, D.; FRIESEN, W. Positive emotions in early life and longevity: Findings from the nun study. *Journal of Personality and Social Psychology*, 80, pp. 804-13, 2001.

DAVIDSON, R. Emotion and affective style: Hemispheric substrates. *Psychological Science*, 3, pp. 39-43, 1992.

———. Affective style, psychopathology and resilience: Brain mechanisms and plasticity. *American Psychologist*, 55, pp. 1196-1214, 2000.

DAVIDSON, R.; EKMAN, P.; SARON, C.; SENULIUS, S.; FRIESEN, W. Emotional expression and brain physiology I: Approach/withdrawal and cerebral asymmetry. *Journal of Personality and Social Psychology*, 58, pp. 330-41, 1990.

DAVIDSON, R.; JACKSON, D.; KALIN, N. Emotion, plasticity, context and regulation: Perspectives from affective neuroscience. *Psychological Bulletin,* 126, pp. 890-906, 2000.

DAVIDSON, R.; KABAT-ZINN, J.; SCHUMACHER, J.; ROSENKRANZ, M.; MULLER, D.; SANTORELLI, S.; URBANOWSKI, F.; HARRINGTON, A.; BONUS, K.; SHERIDAN, J. Alterations in brain and immune function produced by mindfulness meditation. *Psychosomatic Medicine,* 65, pp. 564-70, 2003.

DAVIES, N. *Europe: A History.* Londres: Pimlico, 1997.

DAVIS, S.; HALTINWANGER, J. Gross job flows, em O. Ashenfelter e D. Card (eds.), *Handbook of Labor Economics,* v. 3B. Amsterdã: North-Holland Elsevier, 1999.

DAWKINS, M. Who needs consciousness? Department of Zoology, Oxford University, mimeo, 2003.

dE BOTTON, A. *Status Anxiety.* Londres: Penguin, 2004. (*Desejo do status,* Rocco, RJ.)

dE KONING, J.; LAYARD, R.; NICHELL, S.; WESTERGAARD-NIELSEN. N. Policies for full employment. UK Department for Work and Pensions, 2004. Também disponível on-line em www.dwp.gov.uk.

DEATON, A. Health, inequality and economic development. *Journal of Economic Literature,* 41, pp. 113-58, 2003.

DEATON, A.; MUELLBAUER, J. *Economics and Consumer Behaviour.* Cambridge: Cambridge University Press, 1980.

DECI, E. L.; RYAN, R. M. *Intrinsic Motivation and Self-Determination in Human Behaviour.* Nova York: Plenum Press, 1985.

DEPARTMENT OF HEALTH, UK. *Treatment Choice in Psychological Therapies and Counseling.* Londres, 2001.

DEPARTMENT OF HEALTH AND HUMAN SERVICES, U.S. (DHHS). *Mental Health, A Report of the Surgeon General.* Rockville, MD: DHHS, 1999.

DIEKSTRA, R.; KIENHORST, C.; DE WILDE, E. Suicide and suicidal behaviour among adolescents, 1995, em Rutter e Smith, 1995.

DIENER, E.; OISHI, S. Money and happiness: Income and subjective well-being across nations, 2000, em Diener e Suh, 2000.

DIENER E.; SUH, E. National differences in subjective well-being, 1999, em Kahneman et al., 1999.

———. (eds.) *Culture and Subjective Well-being.* Cambridge, MA: MIT Press, 2000.

DIENER, E.; WOLSIC, B.; FUJITA, F. Physical attractiveness and subjective well-being. *Journal of Personality and Social Psychology,* 69, pp. 120-29, 1995.

DI TELLA, R.; MACCULLOCH, R.; OSWALD, A. Preferences over inflation and unemployment: Evidence from surveys of happiness. *American Economic Review,* 91, pp. 335-41, 2001.

———. The macroeconomics of happiness. *Review of Economics and Statistics,* 85, pp. 809-27, 2003.

DONOHUE, J.; LEVITT, S. The impact of legalized abortion on crime. *The Quarterly Journal of Economics,* 116, pp. 379-419, 2001.

———. Further evidence that legalized abortion lowered crime: A reply to Joyce. NBER Working Paper 9532, 2003.

DUESENBERRY, J. S. *Income, Saving and the Theory of Consumer Behaviour.* Cambridge, MA: Harvard University Press, 1949.

EASTERLIN, R. Income and happiness: Towards a unified theory. *Economic Journal,* 111, pp. 465-84, 2001.

———. (ed.) *Happiness in Economics,* Cheltenham, RU: Edward Elgar, 2002.

———. Explaining happiness. *Proceedings of the National Academy of Sciences,* 100, 11176-83, 2003.

EDGERTON, R. *Sick Societies.* Nova York: Free Press, 1992.

ELBERT, T.; PANTEV, C.; WIENBRUCH, C.; ROCKSTROH, B.; TAUB, E. Increased cortical representation of the fingers of the left hand in string players. *Science*, 270, pp. 305-7, 1995.

ELLWOOD, D.; JENCKS, C. The spread of single-parent families in the United States since 1960, em Moynihan, D., Reinwater, L. e Smeeding, T. (eds.), *Public Policy and the Future of the Family*. Nova York: Russell Sage Foundation, 2004.

ERMISCH, J.; FRANCESCONI, M. Family structure and children's achievements. *Journal of Population Economics*, 14, pp. 249-70, 2001.

EVANS, D. *Placebo: The Belief Effect*. Londres: HarperCollins, 2003.

FARIS, R.; DUNHAM, H. *Mental Disorders in Urban Areas*. Chicago: University of Chicago Press, 1939.

FARROW, J. Spirituality and self-awareness. *Friends' Quarterly*, jul. 1984.

FEHR, E.; FISCHBACHER, U. The nature of human altruism. *Nature*, 425, pp. 785-91, 2003.

FERNIE, S.; METCALF, D. It's not what you pay it's the way that you pay it and that's what get results: Jockeys' pay and performance. *Labour*, 13, pp. 385-411, 1999.

FERRI, E.; BYNNER, J.; WADSWORTH, M. (eds.). *Changing Britain, Changing Lives. Three Generations at the Turn of the Century*. Londres: Institute of Education, 2003.

FIELDS, J. Children's living arrangements and characteristics, mar. 2002, Current Population Survey, U.S. Census Bureau, 2003.

FLOUD, R. Height, weight and body mass of the British population since 1820. NBER Historical Paper 108, 1995.

FOGEL, R.; EBGERNABM S,. *Time on the Cross: The Economics of American Negro Slavery*. Boston: Little, Brown, 1974.

FOMBONNE, E. Depressive disorders: Time trends and possible explanatory mecanisms, 1995, em Rutter e Smith, 1995.

FOX, N.; DAVIDSON, R. Taste-elicited changes in facial signs of emotion and the asymmetry of brain electrical activity in human newborns. *Neuropsychologia*, 24, pp. 417-22, 1986.

FRANK, R. *Choosing the Right Pond: Human Behaviour and the Quest for Status.* Nova York e Oxford: Oxford University Press, 1985.

———. *Passions Within Reason: The Strategic Role of the Emotions.* Nova York e Londres: W. W. Norton, 1988.

———. *Luxury Fever: Money and Happiness in an Era of Excess.* Nova York: Free Press, 1999.

FRANK, R.; GILOVICH, T.; REGAN, D. Do economists make bad citizens? *Journal of Economic Perspectives*, 10, pp. 187-92, 1996.

FRANK, R.; HUTCHENS, R. Wages, seniority and the demand for rising consumption profiles. *Journal of Economic Behavior and Organization*, 21, pp. 251-76, 1993.

FRANKL, V. *Man's Search for Meaning.* Nova York: Basic Books, 1985.

FREDERICK S.; LOEWENSTEIN, G. Hedonic adaption, 1999, em Kahneman et al., 1999.

FREDERICK, S.; LOEWENSTEIN, G.; O'DONOGHUE, T. Time discounting and time preference: A critical review. *Journal of Economic Literature*, 40, pp. 351-401, 2002.

FREDERICKSON, B. What good are positive emotions? *Review of General Psychology*, 2, pp. 300-319, 1998.

FREDERICKSON, B.; MANCUSO, R.; BRANIGAN, C.; TUGADE, M. The undoing effect of positive emotions. *Motivation and Emotion*, 24, pp. 237-58, 2000.

FREEMAN, R. The economics of crime, em O. Ashenfelter e D. Card (eds.), *Handbook of Labor Economics*, v. 3C. Nova York: Elsevier, 1999.

FREEMAN, R.; SCHETTKAT, R. Marketization of production and the US-Europe employment gap. *Oxford Bulletin of Economics and Statistics,* 63, pp. 647-70, 2001.

FREY, B.; JEGEN, R. Motivation crowding theory. *Journal of Economic Surveys,* 15, pp. 589-611, 2001.

FREY B.; MEIER, S. Two concerns about rational choice: indoctrination and imperialism. Working Paper, Institute for Empirical Research in Economics, University of Zurich, 2002.

———. Are political economists selfish and indoctrinated? Evidence from a natural experiment. *Economic Inquiry,* 41, pp. 448-62, 2003.

FREY, B.; OBERHOLZER-GEE, F. The cost of price incentives: An empirical analysis of motivation crowding-out. *American Economic Review,* 87, pp. 746-55, 1997.

FREY B.; STUTZER, A. Happiness, economy and institutions. *Economic Journal,* 110, out., pp. 918-38, 2000a. Também em Easterlin, 2002.

———. Maximising happiness? *German Economic Review 1,* pp. 145-67, 2000b.

———. *Happiness and Economics: How the Economy and Institutions Affect Well-Being.* Princeton: Princeton University Press, 2002.

———. Testing theories of happiness. Working Paper, Institute for Empirical Research in Economics, University of Zurich, 2003a.

———. Economic consequences of mispredicting utility. Working Paper, Institute for Empirical Research in Economics, University of Zurich, 2003b.

FURSTENBERG, F.; KIERNAN, K. Delayed parental divorce: How much do children benefit? *Journal of Marriage and the Family,* 63, pp. 446-57, 2001.

GALBRAITH, J. K. *The Affluent Society.* Londres: Hamish Hamilton, 1958.

GARDNER, J.; OSWALD, A. Is it money or marriage that keeps people alive? University of Warwick, mimeo, 2002.

GAVRON, R.; COWLING, M.; HOLTHAM, G.; WESTALL, A. *The Entrepreneurial Society*. Londres: Institute for Public Policy Research, 1998.

GERBNER, G.; CROSS, L.; MORGAN, M.; SIGNORIELLI, N. The "mainstreaming" of America: Violence profile No. 11. *Journal of Communications*, Verão, 10-29, 1980.

GILBERT, D.; WATSON, T. Miswanting: Some problems in the forecasting of future affective states, em J. Forgas (ed.), *Feeling and Thinking*. Cambridge: Cambridge University Press, 2001.

GILBERT, P. *Depression: The Evolution of Powerlessness*. Nova York: Guilford Press, 1992.

GLAESER, E.; DIPASQUALE, D. Incentives and social capital: Are homeowners better citizens? *Journal of Urban Economics*, 45, pp. 354-84, 1999.

GLAESER, E.; LAIBSON, D.; SCHEINKMAN, J.; SOUTTER, C. Measuring trust. *Quarterly Journal of Economics*, 115, pp. 811-46, 2000.

GLENN, N.; KRAMER, K. The psychological well-being of adult children of divorce. *Journal of Marriage and the Family*, 47, pp. 905-12, 1985.

GNEEZY, U.; RUSTICHINI, A. A fine is a price. *Journal of Legal Studies*, 29, pp. 1-18, 2000.

GOLEMAN, D. *Emotional Intelligence: Why It Can Matter More Than IQ*. Londres: Bloomsbury, 1996.

———. *Destructive Emotions: How Can We Overcome Them? A scientific dialogue with the Dalai Lama*. Nova York: Bantam Books, 2003.

GORMAN, G. *The Amazing Fact of Quaker Worship*. Londres: Quaker Home Service, 1973.

GOTTESMAN, I. *Schizophrenia Genesis.* Nova York: W. H. Freeman, 1991.

GOTTMAN, J. M. *What Predicts Divorce? The Relationship Between Marital Processes and Marital Outcomes.* Hillsdale, NJ: Lawrence Erlbaum Associates, 1991.

GOULD, M. Suicide and the media. *Awards of the New York Academy of Sciences,* 932, pp. 200-221, abr. 2001.

GRAHAM, C.; PETTINATO, S. *Happiness and Hardship: Opportunity and Insecurity in New Market Economies.* Washington, DC: Brookings Institution Press, 2002.

GREEN, D.; SALOVEY, P.; TRUAX, K. Static, dynamic and causative bipolarity of affect. *Journal of Personality and Social Psychology,* 76, pp. 856-67, 1999.

GREEN, L.; FISHER, E.; PERLOW, S.; SHERMAN, L. Preference reversal and self-control: Choice as a function of reward amount and delay. *Behaviour Analysis Letters,* 1, pp. 43-51, 1981.

GREENBERG, M.; DOMITROVICH, C.; BUMBARGER, B. Preventing mental disorders in school-age children. Prevention Research Center for the Promotion of Human Development, College of Health and Human Development, Pennsylvania State University, 2000.

GREGG, P.; WADSWORTH, J. Job tenure in Britain 1975-2000: Is a job for life or just for Christmas? *Oxford Bulletin of Economics and Statistics,* 64, pp. 111-34, 2002.

GRUBER, J.; MULLAINATHAN, S. Do cigarette taxes make smokers happier? NBER Working Paper 8872, 2002.

HAGNELL, O.; ESSEN-MÖLLER, E.; LANKE, J.; ÖJESJÖ, L.; RORSMAN, B. *The Incidence of Mental Illness Over a Quarter of a Century.* Estocolmo: Almqvist and Wiksell International, 1990.

HALL, P. Social capital in Britain. *British Journal of Political Science*, 29, pp. 417-61, 1999.

HALPERN, D. *Mental Health and the Built Environment.* Londres: Taylor and Francis, 1995.

———. Moral values, social trust and inequality: Can values explain crime? *British Journal of Criminology*, 41, pp. 236-51, 2001.

———. *Social Capital.* Cambridge: Polity Press, 2004.

HALPERN, D.; NAZROO, J. The ethnic density effect: Results from a national community survey of England and Wales. *International Journal of Social Psychiatry*, 46, pp. 34-46, 2000.

HARE, R. *Moral Thinking: Its Levels, Method and Point.* Oxford: Oxford University Press, 2001.

———. *Without Conscience.* Nova York: Guilford Press, 1999.

HARRIS, J. *The Nurture Assumption.* Nova York: Free Press, 1998.

HELLIWELL, J. How's life? Combining individual and national variables to explain subjective well-being. *Economic Modelling*, 20, pp. 331-60, 2003a.

———. Well-being and social capital: Does suicide pose a puzzle? University of British Columbia, mimeo, 2003b.

HENNIGAN, K.; HEALTH, L.; WHARTON, J.; DEL ROSARIO, M.; COOK, T.; CALDER, B. Impact of the introduction of television on crime in the United States: Empirical findings and theoretical implications. *Journal of Personality and Social Psychology*, 42, pp. 461-77, 1982.

HIRSCH, F. *Social Limits to Growth.* Londres: Routledge and Kegan Paul, 1976.

HOBBES, T. *De Cive* or *The Citizen*, 1642, ed. 1949 de S. Lamprecht. Nova York: Appleton-Centur-Crofts. (*Do cidadão*, Martins Fontes, SP, 2002.)

———. *Leviathan*, 1651, ed. 1996 de R. Tuck. Cambridge: Cambridge University Press. (*Leviatã*, Martins Fontes, SP, 2003.)

HOLLON, S.; BECK, A. Cognitive and cognitive behavioral therapies, em M. Lambert (ed.), *Handbook of Psychotherapy and Behavior Change*, 9ª ed. Nova York: John Wiley, 2004.

HOME OFFICE, UK. Crime in England and Wales 2002/2003. Londres, 2003.

HORNSTEIN, H.; FISCH, E.; HOLMES, M. Influence of a model's feelings about his behavior and his relevance as a comparison other on observers' helping behavior. *Journal of Personality and Social Psychology*, 10, pp. 220-26, 1968.

HUESMAN, L; ERON, L. *Television and the Agressive Child: A Cross-National Comparison*. Hillsdale, NJ: Lawrence Erlbaum Associates, 1986.

HUGHES, G. *God of Surprises*. Londres: Darton, Longman and Todd, 1985.

HUMPHREY, N. *The Mind Made Flesh: Essays from the Frontiers of Psychology and Evolution*. Oxford: Oxford University Press, 2002.

HUPPERT, F. A population approach to positive psychology: The potential for population interventions to promote well-being and prevent disorder, disponível em P. Linley e S. Joseph (eds.), *Positive Psychology in Practice*. Hoboken, NJ: John Wiley, 2003.

INGLEHART, R.; KLINGEMANN, H-D. Genes, culture, democracy and happiness, 2000, em Diener e Suh, 2000.

JAFFEE, S.; CASPI, A.; MOFFITT, T.; TAYLOR, A. Physical maltreatment victim to antisocial child: Evidence of an environmentally mediated process. *Journal of Abnormal Psychology*, 113, pp. 44-55, 2004.

JAFFEE, S.; MOFFITT, T.; CASPI, A.; TAYLOR, A. Life with (or without) father: The benefits of living with two biological parents depend on the father's antisocial behavior. *Child Development*, 74, pp. 109-26, 2003.

JAMES, O. *Britain on the Couch.* Londres: Arrow Books, 1998.

JAMISON, K. *Touched With Fire: Manic-Depressive Illness and the Artistic Temperament.* Nova York: Free Press, 1993.

KAHNEMAN, D. Objective happiness, 1999, em Kahneman et al., 1999.

———. A psychological perspective on economics. *American Economic Review*, 93, pp. 162-68, 2003a.

———. Maps of bounded rationality: Psychology for behavioural economics. *American Economic Review*, 93, pp. 1449-75, 2003b.

KAHNEMAN, D.; DIENER, E.; SCHWARZ, N. (eds.) *Well-Being: The Foundations of Hedonic Psychology.* Nova York: Russell Sage Foundation, 1999.

KAHNEMAN, D.; KNETSCH, J.; THALER, R. Experimental tests of the endowment effect and the Coase theorem. *Journal of Political Economy*, 98, pp. 1325-48, 1990.

KAHNEMAN, D.; KRUEGER, A.; SCHKADE, D.; SCHWARZ, N.; STONE, A. A survey method for characterizing daily life experience: The day reconstruction method (DRM). *Science*, 2004.

KAHNEMAN, D.; TVERSKY, A. (eds.) *Choices, Values and Frames.* Nova York: Cambridge University Press, 2000.

KATZ L.; AUTOR, D. Changes in the wage structure and earnings inequality, em O. Ashenfelter e D. Card (eds.), *Handbook of Labor Economics*, v. 3A. Nova York: Elsevier, 1999.

KEELY, L. *War Before Civilization: The Myth of the Peaceful Savage.* Nova York e Oxford: Oxford University Press, 1996.

KELTNER, D.; HARKER, L. Expressions of positive emotion in women's college yearbook pictures and their relationship to personality and life outcomes across adulthood. *Journal of Personality and Social Psychology*, 80, pp. 159-67, 2001.

KENRICK, D.; GUTIERRES, S.; GOLDBERG, L. Influence of popular erotica on judgments of strangers and mates. *Journal of Experimental Social Psychology*, 25, pp. 159-67, 1989.

KENRICK, D.; MONTELLO, D.; GUTIERRES, S.; TROST, M. Effects of physical attractiveness on affect and perceptual judgments: When social comparison overrides social reinforcement. *Personality and Social Psychology Bulletin*, 19, pp. 195-99, 1993.

KEYES, C.; SHMOTKIN, D.; RYFF, C. Optimizing well-being: The empirical encounter of two traditions. *Journal of Personality and Social Psychology*, 82, pp. 1007-22, 2002.

KEYNES, J. M. Economic possibilities for our grandchildren, 1930, em *Essays in Persuasion*, ed. 1963. Nova York: W. W. Norton.

KIERNAN, K. Cohabitation and divorce across nations and generations. CASE paper No. 65, London School of Economics, 2003.

KNACK, S. Trust, associational life and economic performance, em J. Helliwell e A. Bonikowska (eds.), *The Contribution of Human and Social Capital to Sustained Economic Growth and Well-Being*. Ottawa: HRDC e OECD, 2001.

KNACK, S.; KEEFER, P. Does social capital have an economic pay-off? A cross-country investigation. *Quarterly Journal of Economics*, 112, pp. 1251-88.

KRAMER, P. *Listening to Prozac*. Nova York: Viking, 1993.

KRUGMAN, P. *Pop Internationalism*. Cambridge, MA: MIT Press, 1996. (*Internacionalismo pop*. Ed. Campus.)

LA PORTA, R.; LOPEZ-DE-SILANES, F.; SHLEIFER, A.; VISHNY, R. W. Trust in large organizations. *American Economic Review*, 87, pp. 333-38, 1997.

LAING, R. D. *The Divided Self*. Londres: Penguin, 1960.

LANDERS, R. M.; REBITZER, J. B.; TAYLOR, L. J. Rat race redux: Adverse selection in the determination of work hours in law firms. *American Economic Review*, 86, pp. 329-48, 1996.

LANE, R. *The Loss of Happiness in Market Democracies*. New Haven e Londres: Yale University Press, 2000.

LAYARD, R. Human satisfactions and public policy. *Economic Journal*, 90, pp. 737-50, 1980. Também em Layard, 1999b, e Easterlin, 2002.

———. *What Labour Can Do*. Londres: Warner Books, 1997.

———. *Tackling Unemployment*. Londres: Macmillan, 1999a.

———. *Tackling Inequality*. Londres: Macmillan, 1999b.

———. Good jobs and bad jobs. London School of Economics, Centre for Economic Performance, Occasional Paper No. 19, 2003a.

———. Apprenticeship and the skills gap, em *Learning to Succeed. The Next Decade*. University of Brighton Education Research Centre, Occasional Paper, dez. 2003b.

———. Happiness: Has social science a clue? The Robbins Lectures disponíveis em http://cep.lse.ac.uk/layard.

———. Rethinking public economics: The implications of rivalry and habit, em L. Bruni e P. L. Porta (eds.), *Economics and Happiness: Reality and Paradoxes*. Oxford: Oxford University Press, 2005.

LAYARD, R.; BLANCHARD, O.; DORNBUSCH, R.; KRUGMAN, P. *East-West Migration: The Alternatives*. Cambridge, MA: MIT Press, 1992.

LAYARD, R.; GLAISTER, S. (eds.) *Cost-Benefit Analysis*. Cambridge: Cambridge University Press, 1994.

LAYARD, R.; NICKELL, S.; JACKMAN, R. *Unemployment. Macroeconomic Performance and the Labour Market*. Oxford: Oxford University Press, 1991.

LAYARD, R.; WALTERS. A. *Microeconomic Theory.* Nova York: McGraw-Hill, 1978.

LEPINE, J.; GASTPAR, M.; MENDLEWICZ, J.; TYLEE, A. Depression in the community: The first pan-European study DEPRESS (Depression Research in European Society). *International Clinical Psychopharmacology,* 12, pp. 19-29, 1997.

LEVITT, S. Understanding why crime fell in the 1990s: Four factors that explain the decline and six that do not. *Journal of Economic Perspectives,* 18, pp. 163-90, 2004.

LEWIS, T.; AMINI, F.; LANNON, R. *A General Theory of Love.* Nova York: Random House, 2000.

LIPSET, S. *Political Man: The Social Bases of Politics.* Nova York: Doubleday, 1960.

LISANBY, S. Focal brain stimulation with repetitive transcranial magnetic stimulation (rTMS): Implications for the neural circuitry of depression. *Psychological Medicine,* 33, pp. 7-13, 2003.

LOCKE, E.; SHAW, L.; SAARI, L.; LATHAM, G. Goal-setting and task performance. *Psychological Bulletin,* 90, pp. 125-52, 1981.

LOEHLIN, J. *Genes and Environment in Personality Development.* Newberry Park, CA: Sage, 1992.

LOEWENSTEIN, G.; O'DONOGHUE, T.; RABIN, M. Projection bias in predicting future utility. *Quarterly Journal of Economics,* 118, pp. 1209-48, 2003.

LOEWENSTEIN, G.; SCHKADE, D. Wouldn't it be nice? Predicting future feelings, 1999, em Kahneman et al., 1999.

LORD CHANCELLOR'S DEPARTMENT, UK. High divorce rates: The state of the evidence on reasons and remedies. LCD Research Series No. 2/99, v. 1. Londres, 1999.

LUCAS, R. Macroeconomic priorities. *American Economic Review,* 93, pp. 1-14, 2003.

LUCAS, R.; CLARK, A.; GEORGELLIS, Y.; DIENER, E. Reexamining adaptation and the set-point model of happiness: reactions to changes in marital status. *Journal of Personality and Social Psychology*, 84, pp. 527-39, 2003.

———. Unemployment alters the set-point for life satisfaction. *Psychological Science*, 15, pp. 8-13, 2004.

LYKKEN, D. *Happiness*. Nova York: St. Martin's Griffin, 1999. (*Felicidade*, Objetiva, 1999.)

———. Parental licensure. *American Psychologist*, 56, pp. 885-94, 2001.

LYUBOMIRSKY, S.; KING, L.; DIENER, E. Happiness as a strenght: A theory of the benefits of positive affect. University of California, Riverside, mimeo, 2003.

LYUBOMIRSKI, S.; ROSS, L. Hedonic consequences of social comparison: a contrast of happy and unhappy people. *Journal of Personality and Social Psychology*, 73, pp. 1141-57, 1997.

LYUBOMIRSKY, S.; SHELDON, K.; SCHKADE, D. Pursuing happiness: The architecture of sustainable change, disponível em *Review of General Psychology*, 2004.

MCGUE, M.; BOUCHARD, T. Genetic and environmental influences on human behavioral differences. *American Review of Neuroscience*, 21, pp. 1-24, 1998.

MCGUE, M.; LYKKEN, D. Genetic influence on risk of divorce. *Psychological Science*, e, pp. 368-73, 1992.

MCLANAHAN, S.; SANDEFUR, G. *Growing Up With a Single Parent*. Cambridge, MA: Harvard University Press, 1994.

MAGUIRE, E.; GADIAN, D.; JOHNSRUDE, I.; GOOD, C.; ASHBURNER, J.; FRACKOWIAK, R.; FRITH, C. Navigation-related structural change in the hippocampi of taxi drivers. *Proceedings of the National Academy of Science of the United States of America*, 97, pp. 4398-4403, 2000.

MARMOT, M. *Status Syndrome.* Londres: Bloomsbury, 2004.

MARSHALL, A. *Principles of Economics.* Londres: Macmillan, 1890.

MARSHALL, M.; NEUMANN, C.; ROBINSON, M. Lithium, creativity and maniac-depressive illness: Review and prospectus. *Psychosomatics,* 11, pp. 406-88, 1970.

MEDVEC, V.; MADEY, S.; GILOVICH, T. When less is more: Counterfactual thinking and satisfaction among Olympic medalists. *Journal of Personality and Social Psychology,* 69, pp. 603-10, 1995.

MELTZER, H.; GILL, B.; PETTICREW, M.; HINDS, K. Physical complaints, service use and treatment of adults with psychiatric disorders. OPMCS Surveys of Psychiatric Morbidity in Great Britain. Londres: Her Majesty's Stationery Office, 1995.

MICHALOS, A. *Essays on the Quality of Life.* Dordrecht, Neth.: Kluwer Academic Publishers, 2003.

———. Social indicators research and health-related quality of life research. *Social Indicators Research,* 65, pp. 27-72, 2004.

MICHALOS, A.; ZUMBO, B. Criminal victimization and the quality of life. *Social Indicators Research,* 50, pp. 245-95, 2000.

MILGRAM, S. Behavioural study of obedience. *Journal of Abnormal and Social Psychology,* 67, pp. 371-78, 1963.

MILL, J. S. *Utilitarianism,* 1861, ed. 1993 de G. Williams. Londres: Everyman. (*A liberdade/Utilitarismo,* Martins Fontes, 2000.)

MINCER J.; LAYARD, R. (eds.) Trends in women's work, education and family building. *Journal of Labor Economics,* pp. 351-96, 1985.

MIRLEES, J. An exploration in the theory of optimimum income taxation. *Review of Economic Studies,* 38, pp. 175-208, 1971.

MOSER WORKING GROUP. *A Fresh Start. Improving Literacy and Numeracy.* Londres: Department for Education and Employment, 1999.

MURSTEIN, B.; CERRETO, M:; MACDONALD, M. A theory and investigation of the effect of exchange-orientation on marriage and friendship. *Journal of Marriage and the Family*, 39, 543-48, 1977.

NESSE, R. The evolution of hope and despair. *Social Research*, 66, pp. 429-69, 1999.

———. Is depression an adaptation? *Archives of General Psychiatry*, 57, 14-20, 2000.

———. (ed.) *Evolution and the Capacity for Commitment.* Nova York: Russell Sage Foundation, 2001.

NESSE, R.; WILLIAMS, G. *Why We Get Sick: The New Science of Darwinian Medicine.* Nova York: Vintage Books, 1996.

NETTLE, D. *Strong Imagination: Madness, Creativity and Human Nature.* Oxford: Oxford University Press, 2001.

NICKELL, S. *The Performance of Companies.* Oxford: Blackwell, 1995.

NICKELL S.; LAYARD, R. Labor market institutions and economic performance, em O. Ashenfelter e D. Card (eds.), *Handbook of Labor Economics*, v. 3C. Nova York: Elsevier, 1999.

NICKERSON, C.; SCHWARZ, N.; DIENER, E.; KAHNEMAN, D. Zeroing in on the dark side of the American dream: A closer look at the negative consequences of the goal for financial success. *Psychological Science*, 14, pp. 531-36, 2003.

NORDHAUS, W.; TOBIN, J. Is growth obsolete? Em M. Moss (ed.), *The Measurement of Economic and Social Performance.* Nova York: National Bureau of Economic Research, 1973.

NOZICK, R. *Anarchy, State and Utopia.* Nova York: Basic Books, 1974. (R. Nozick, Ruy Jungmman, *Anarquia, estado e utopia*, Jorge Zahar, 1991.)

NUSSBAUM, M. *Women and Human Development: The Capabilities Approach.* Cambridge: Cambridge University Press, 2000.

O'CONNOR, T.; CASPI, A.; DEFRIES, J.; PLOMIN, R. Are associations between parental divorce and children's adjustment genetically mediated? An adoption study. *Developmental Psychology*, 36, pp. 429-37, 2000.

OFFICE OF NATIONAL STATISTICS, UK (ONS). *Psychiatric Morbidity Among Adults Living in Private Households, 2000.* Londres: Her Majesty's Stationery Office, 2001.

O'GUINN, T.; SHRUM, L. The role of television in the construction of consumer reality. *Journal of Consumer Research*, 23, pp. 278-94, 1997.

O'NEILL, O. *A Question of Trust.* Cambridge: Cambridge University Press, 2002.

OXFORD, J.; SPROSTON, K.; ERENS, B.; WHITE, C.; MITCHELL, L. *Gambling and Problem Glambling in the British.* Londres: Bonner-Routledge, 2003.

PAREKH, B. Bentham's justification of the principle of utility, em B. Parekh (ed.), *Jeremy Bentham: Ten Critical Essays.* Londres: Frank Cass, 1974.

PETERS, M. *The Elder Pitt.* Londres e Nova York: Longman, 1998.

PHILLIP, Z. *A Skeptic's Guide to the 12 Steps.* Center City, MN: Hazelden, 1990.

PHILLIPS, D. The impacto of mass media violence on US homicides. *American Sociological Review*, 48, pp. 560-68, 1983.

PINKER, S. *The Blank State: The Modern Denial of Human Nature.* Londres: Penguin, 2002.

PLOMIN, R.; DEFRIES, J.; MCCLEARN, G.; MCGUFFIN, P. *Behavioral Genetics.* Nova York: Worth Publishers, 2001.

POPENOE, D. *Life Without Father.* Cambridge. MA: Harvard University Press, 1996.

POST, F. Creativity and psychopathology: A study of 291 world-famous men. *British Journal of Psychiatry*, 165, pp. 22-34, 1994.

POSTLETHWAITE, A. ; COLE, H.; MAILATH, G. Class systems and the enforcement of social norms. *Journal of Public Economics*, 70, pp. 5-35, 1998.

POTTER, L. et al. The influence of geographical mobility on nearly lethal suicide attempts. *Suicide and Life-Threatening Behaviour*, 32 (suplemento especial), pp. 42-48, 2001.

PUTNAM, R. *Bowling Alone: The Collapse and Revival of American Community*. Nova York: Simon and Schuster, 2000.

RABIN, M. Psychology and economics. *Journal of Economic Literature*, 36, pp. 11-46, 1998.

———. Diminishing marginal utility of wealth cannot explain risk aversion, 2000, em Kahneman e Tversky, 2000.

RAINWATER, L. Poverty and equivalence as social constructions. Luxembourg Income Study Working Paper 55, 1990.

RAWLS, J. *A Theory of Justice*. Cambridge, MA: Harvard University Press, 1971. (*Uma teoria da justiça*, Martins Fontes, 2002, SP.)

RAYO, L.; BECKER, G. Evolutionary efficiency and mean reversion in happiness. University of Chicago, mimeo, 2004.

REDELMEIER, D.; SINGH, S. Survival in Academy Award-winning actors and actresses. *Annals of Internal Medicine*, 134, pp. 955-62, 2001.

REGIER, D.; NARROW, W.; RAE, D.; MANDERSCHEID, R.; LOCKE, B.; GOODWIN, F. The de facto US mental an addictive disorders service system. *Archives of General Psychiatry*, 50, pp. 85-94, 1993.

RICE, T.; FELDMAN, J. Civic culture and democracy from Europe to America. *Journal of Politics*, 59, pp. 1143-72, 1997.

RICHARDS, R.; KINNEY, D.; LUNDE, I.; BENNETT, M.; MERZEL, A. Creativity in manic-depressives, cyclothymes, their normal relatives and control subjects. *Journal of Abnormal Psychology*, 97, pp. 281-88, 1988.

RIDLEY, M. *The Origins of Virtue.* Londres: Viking, 1996. (Matt Ridley, *As origens da virtude*, Record, RJ, 2000.)

RIIS, J.; LOEWENSTEIN, G.; BARON, J.; JEPSON, C.; FAGARLIN, A.; UBEL, P. Ignorance of hedonic adaptation to hemodialysis. University of Michigan, mimeo, 2002.

RILLING, J.; GUTMAN, D.; ZEH, T.; PAGNONI, G.; BERNS, G.; KILTS, C. A neural basis for social cooperation. *Neuron,* 35, pp. 395-405, 2002.

ROBBINS, L. *An Essay on the Nature and Significance of Economic Science.* Londres, Macmillan, 1932.

ROBINSON, P.; DARLEY, J. The utility of desert. *Northwestern University Law Review,* 91, pp. 453-99, 1997.

ROBINSON, R.; DOWNHILL, J. Lateralization of psychopathology in response to focal brain injury, em R. Davidson e K. Hugdahl (eds.), *Brain Asymmetry.* Cambridge, MA: MIT Press, 1995.

ROMANO, J.; TURNER, J. Chronic pain and depression: Does the evidence support a relationship? *Psychological Bulletin,* 97, pp. 18-34, 1985.

ROSENKRANZ, M.; JACKSON, D.; DALTON, K.; DOLSKI, I.; RYFF, C.; SINGER, B.; MULLER, D.; KALIN, N.; DAVIDSON, R. Affective style and in vivo immune response: Neurobehavioral mechanisms. *Proceedings of the National Academy of Sciences,* 100, pp. 11148-52, 2003.

ROTH, A.; FONAGY, P. (eds.) *What Works for Whom?* Nova York: Guilford Press, 1996.

RUNCIMAN, W. *Relative Deprivation and Social Justice.* Londres: Routledge and Kegan Paul, 1966.

RUSSELL, B. *The Conquest of Happiness.* Londres: George Allen and Unwin, 1930. (Bertrand Russel, *A conquista da felicidade*, Ediouro, Rio de Janeiro, 2003.)

RUSSEL, J.; CARROLL, J. On the bipolarity of positive and negative affect. *Psychological Bulletin,* 125, pp. 3-30, 1999a.

———. The Phoenix of bipolarity: Response to Watson and Tellegen. *Psychological Bulletin,* 125, pp. 611-17, 1999b.

RUTTER, M. Intergenerational continuities and discontinuities in psychological problems. Institute of Psychiatry, Londres, 2001.

RUTTER, M.; SMITH, D. J. (eds.), *Psychosocial Disorders in Young People: Time Trends and Their Causes,* Chichester, Reino Unido: John Wiley, 1995.

RYFF, C.; SINGER, B. The role of emotion on pathways to positive health, em R. Davidson, K. Scherer e H. Goldsmith (eds.), *Handbook of Affective Science.* Nova York: Oxford University Press, 2003.

SAHLINS, M. *Stone-Age Economics.* Chicago: Aldine-Atherton, 1972.

SAMPSON, R.; GROVES, W. Community structure and crime: Testing social-disorganization theory. *American Journal of Sociology,* 94, pp. 774-802.

SAMPSON, R.; RAUDENBUSH, S.; EARLS, F. Neighborhoods and violent crime: A multilevel study of collective efficacy. *Science,* 277, pp. 918-24, 1997.

SAMUELSON, P. *Foundations of Economic Analysis.* Cambridge, MA: Harvard University Press, 1948.

SANDERSON, K.; ANDREWS, G.; CORRY, J.; LAPSLEY, H. Reducing the burden of affective disorders: Is evidence-based health care affordable? *Journal of Affective Disorders,* 77, pp. 109-25, 2003.

SCHMIDTKE, A.; HÄFNER, H. The Werther effect after television films: New evidence for an old hypothesis. *Psychological Medicine,* 18, pp. 665-76, 1988.

SCHOR, J. *The Overspent American: Upscaling, Downshifting and the New Consumer.* Nova York: HarperCollins, 1999.

SCHOU, M. Artistic productivity and lithium prophylaxis in manic-depressive illness. *British Journal of Psychiatry*, 135, pp. 97-103, 1979.

SCHREINER, O. *Woman and Labour*. Londres e Leipzig: T. Fisher Unwin, 1911.

SCHUDSON, M. *Advertising, the Uneasy Persuasion: Its Dubious Impact on American Society*. Londres: Routledge, 1984.

SCHWARTZ, B.; WARD, A.; LYUBOMIRSKI, S.; MONTEROSSO, J.; WHITE, K.; LEHMAN, D. Maximizing versus satisficing: Happiness is a matter of choice. *Journal of Personality and Social Psychology*, 83, pp. 1178-97, 2002.

SCHWARTZ, S. Elicitation of moral obligation and self-sacrificing behaviour: An experimental study of volunteering to be a bone marrow donor. *Journal of Personality and Social Psychology*, 15, pp. 283-93, 1970.

SCITOVSKY, T. *The Joyless Economy. An Inquiry Into Human Satisfaction and Consumer Dissatisfaction*. Nova York: Oxford University Press, 1976.

SCOTT-CLARK, C.; LEVY, A. Fast forward into trouble. *The Guardian Weekend*, 14 jun. 2003.

SELIGMAN, M. *What You Can Change and What You Can't*. Nova York: Knopf, 1994.

———. *Authentic Happiness*. Nova York: Free Press, 2002. (Martin E. P. Seligman. *Faculdade autêntica*, Objetiva, Rio de Janeiro, 2004.)

SEN, A. *Collective Choice and Social Welfare*. São Francisco: Holden-Day, 1970.

———. *Inequality Re-examined*. Oxford: Oxford University Press, 1992. (Amartya Sen, *Desigualdade reexaminada*, Record, Rio de Janeiro, 2001.)

———. *Development as Freedom*. Oxford: Oxford University Press, 1999. (*Desenvolvimento como libedade*, Record, Rio de Janeiro, 2001.)

SEN, A.; WILLIAMS, B. *Utilitarianism and Beyond.* Nova York: Cambridge University Press, 1982.

SENIK, C. What can we learn from subjective data? The case of income and well-being. Working Paper 2003-06, CNRS e DELTA-Fédération Jourdan, 2003.

SENNETT, R. *Respect.* Londres: Penguin Books, 2003. (Richard Sennet, Respeito — *A formação do carater em um mundo*, Record, Rio de Janeiro, 2004.)

SHAO, L. Multilanguage comparability of life satisfaction and happiness measures in mainland Chinese and American Students. University of Illinois, mimeo, 1993.

SHERIF, M. *Group Conflict and Cooperation: Their Social Psychology.* Londres: Routledge and Kegan Paul, 1966.

SHIZGAL, P.; CONOVER, K. On the neural computation of utility. *Current Directions in Psychological Science,* 5, pp. 37-43, 1996.

SIGLE-RUSHTON, W.; MCLANAHAN, S. Father absence and child well-being: A critical review. CASE, London School of Economics, 2002.

SIGNORIELLI, N.; MORGAN, M. Television and the family: The cultivation perspective, em J. Bryant e A. J. A. Bryant (eds.), *Television and the American Family.* Mahwah, NJ: Lawrence Erlbaum Associates, 2001.

SILBEREISEN, R.; ROBINS, L.; RUTTER, M. Secular trends in substance use: Concepts and data on the impact of social change on alcohol and drug abuse, 1995, em Rutter e Smith, 1995.

SINGER, P. *The Expanding Circle: Ethics and Sociobiology.* Oxford: Oxford University Press, 1981.

SINGER, T.; SEYMOUR, B.; O'DOHERTY, J.; KAUBE, H.; DOLAN, R.; FRITH, C. Empathy for pain involves the affective but not sensory components of pain. *Science,* 303, pp. 1157-62, 2004.

SKYRMS, B. *Evolution of the Social Contract.* Cambridge: Cambridge University Press, 1996.

SMART, J.; WILLIAMS, B. *Utilitarianism For and Against.* Cambridge: Cambridge University Press, 1973.

SMITH, A. *The Theory of Moral Sentiments,* 1759, ed. 1976 de D. Raphael e A. Macfie. Oxford: Oxford University Press. (Adam Smith, *Teoria dos sentimentos morais,* Martins Fontes, 1999, São Paulo.)

———. *Wealth of Nations,* 1776, ed. 1976. Oxford: Clarendon Press. (*A riqueza das nações,* Martins Fontes, 2003, São Paulo, 2 volumes.)

SMITH, D. Youth crime and conduct disorders: Trends, patterns and causal explanations, 1995a, em Rutter e Smith, 1995.

———. *Living conditions in the twentieth century,* 1995b, em Rutter e Smith, 1995.

SNYDER, S. *Drugs and the Brain.* Nova York: Scientific American Library, 1996.

SOLNICK, S.; HEMENWAY, D. Is more always better? A survey on positional concerns. *Journal of Economic Behaviour and Organisation,* 37, pp. 373-83, 1998.

SOLOMON, A. *The Noonday Demon: An Atlas of Depression.* Nova York: Scribner, 2001. (Andrew Sloman — *O demônio do meio-dia.*) — Uma anatomia da depressão, Objetiva, Rio de Janeiro, 2002.)

SOROKA, S. HELLIWELL, J.; JOHNSTON, R. Measuring and modeling trust, em F. Kay e R. Johnston (eds.), *Diversity, Social Capital and the Welfare State.* Vancouver, BC: University of Columbia Press, 2003.

STEEDMAN, H. Updating of skills audit data 1994-1998, report to the Department for Education and Employment. London School of Economics, Centre for Economic Performance, mimeo, 2000.

STONE, L. Interpersonal violence in English society 1300-1980. *Past and Present,* 101, nov., 22-33, 1983.

STORR, A. *The Dynamics of Creation.* Londres: Secker and Warburg, 1972.

STUTZER, A. The role of income aspirations in individual happiness. *Journal of Economic Behavior and Organization,* 54, pp. 89-109, 2003.

STUTZER, A.; FREY, B. Does marriage make people happy, or do happy people get married? Working Paper, Institute of Empirical Research in Economics, University of Zurich, 2003.

STYRON, W. *Darkness Visible: A Memoir of Madness.* Londres: Picador, 1991.

SUOMI, S. Long-term effects of different early rearing experiences on social, emotional, and physiological development in nonhuman primates, em M. Keshavan e R. Murray (eds.), *Neurodevelopment and Adult Psychopathology.* Cambridge: Cambridge University Press, 1997.

TARP, F. (ed.) *Foreign Aid and Development: Lessons Learned and Directions for the Future.* Londres: Routledge, 2000.

TEICHER, M. Scars that won't heal: The neurobiology of child abuse. *Scientif American,* mar., pp. 68-75, 2002.

THICH NHAT HANH. *The Miracle of Mindfulness.* Boston: Beacon Books, 1975.

———. *Anger: Buddhist Wisdom for Cooling the Flames.* Londres: Rider, 2001.

TIENARI, P.; WYNNE, L.; MORING, J. LAHTI, I.; NAARALA, M.; SORRI, A.; WAHLBERG, K-E.; SAARENTO, O.; SEITAMAA, M.; KALEVA, M.; LÄKSY, K. The Finnish adoptive family study of schizophrenia: Implications for family research. *British Journal of Psychiatry,* 164, supl. 23, pp. 20-26, 1994.

TITMUSS, R. H. *The Gift Relationship.* Londres: Allen and Unwin, 1970.

TOMALIN, C. *Samuel Pepys: The Unequalled Self.* Londres: Viking, 2002.

TURK, D.; OKIFUJI, A. Detecting depression in chronic patients: Adequacy of self-reports. *Behaviour Research and Therapy*, 32, pp. 9-16, 1994.

TURNER, A. *Just Capital: The Liberal Economy.* Londres: Macmillan, 2002.

VAN PRAAG, B.; FRIJTERS, P. The measurement of welfare and well-being: The Leyden approach, 1999, em Kahneman et al., 1999.

VEENHOVEN, R. Freedom and happiness: A comparative study in 44 nations in the early 1990s, 2000, em Diener e Suh, 2000.

WAITE, L. Does marriage matter? *Demography*, 32, pp. 483-507, 1995.

WALDFOGEL, J. Childcare, women's employment and child outcomes. *Journal of Population Economics*, 15, pp. 527-48, 2002.

WARNOCK, M. *An Intelligent Person's Guide to Ethics.* Londres: Duckworth, 1998.

WELLS, E.; HORWOOD, J. How accurate is recall of key symptoms of depression? A comparison of recall and longitudinal reports. *Psychological Medicine*, 34, pp. 1-11, 2004.

WHO INTERNATIONAL CONSORTIUM IN PSYCHIATRIC EPIDEMIOLOGY. Cross-national comparisons of the prevalences and correlates of mental disorders. *Bulletin of the World Health Organizations*, 78, pp. 413-26, 2000.

WHO WORLD MENTAL HEALTH SURVEY CONSORTIUM. Prevalence severity and unmet need for treatment of mental disorders. *Journal of American Medical Association*, 291, pp. 2581-89, 2004.

WILKINSON, R. *Unhealthy Societies: The Affliction of Inequality.* Londres: Routledge, 1996.

WILLIAMS, T. M. (ed.) *A Natural Experiment in Three Communities*. Nova York: Academic Press, 1986, resumido em The impact of television: A longitudinal Canadian Study, em B. Singer (ed.), *Communications in Canadian Society*. Scarborough, ON: Nelson Canada, 1991.

WILSON, J. Q. *The Moral Sense*. Nova York: Free Press, 1993.

WILSON, J. Q.; HERNSTEIN, R. *Crime and Human Nature*. Nova York: Simon and Schuster, 1985.

WINKELMANN, L.; WINKELMANN, R. Why are the unemployed so unhappy? Evidence from panel data. *Economica*, 65, pp. 1-15, 1998.

WOLPERT, L. *Malignant Sadness*. Nova York: Free Press, 1999. (Lewis Wolpert. *Tristeza maligna*, Martins Fontes, São Paulo, 2003.)

———. *To Believe Is Human: The Biology of Belief*, 2005.

WOLPIN, K. A time-series cross-section analysis of international variation in crime and punishment. *Review of Economics and Statistics*, 62, pp. 417-23, 1979.

WORLD HEALTH ORGANIZATION. *Reducing risks, promoting healthy life*. The World Health Report, 2002.

WRIGHT, R. *The Moral Animal*. Nova York: Pantheon, 1994.

———. *Nonzero: The Logic of Human Destiny*. Nova York: Pantheon, 2000.

YOUNG, M.; WILLMOTT, P. *Family and Kinship in East London*. Londres: Routledge and Kegan Paul, 1957.

ZAHN-WEXLER, C.; RADKE-YARROW, M.; WAGNER, E.; CHAPMAN, M. Development of concern for others. *Developmental Psychology*, 28, pp. 126-36, 1992.

Índice remissivo

Este livro foi composto na tipologia Minion-Regular, em corpo 11,5/15, impresso em papel off-white 80g/m^2 na Markgraph.